2024.4.19.
「농업재해보험 · 손해평가의 이론과 실무」 이론서 반영

손해평가사

최신기출유형 

실무 최종모의고사

2차

| 김봉호 편저 |

- 기출문제 완벽 분석 및 반영
- 소문제와 대문제의 체계적 분류
- 단답형, 서술형 문제 최대 수록
- 2023년 최신 기출문제 수록

에듀피디 동영상강의 www.edupd.com

에듀피디 EDUPD

손해평가사
최신기출유형 2차
실무 최종모의고사

6판 2쇄 2023년 9월 18일
7판 1쇄 2024년 7월 17일

편 저 자 김봉호
발 행 처 에듀피디
등 록 제300-2005-146
주 소 서울 종로구 대학로 45 임호빌딩 2층 (연건동)
전 화 1600-6690
팩 스 02)747-3113

PREFACE

손해평가사 시험이 실시된 지 벌써 10년째입니다.

그동안 적지 않은 수의 합격자가 배출되었지만 아직 적정한 손해평가 담당인력에는 미치지 못하고 있습니다. 더욱이 정부는 농작물재해보험 및 가축재해보험과 양식수산물에 대한 손해보험 보장범위를 확대할 예정이고 시범사업도 매년 확대되는 추세에 있습니다.

본 실전모의고사 교재는 이론과정에서 습득된 학습내용을 실전 문제풀이를 통하여 확인함과 더불어 수험생의 수험능력 평가를 가능하도록 편집되었습니다. 본 편집자는 교재 편집에 있어 아래 사항을 고려하여 학습과 평가가 가능하도록 하였습니다.

1. 과년도 기출문제에 대한 학습 확인하기
2. 최근 기출경향에 따른 출제 가능문제 수록
3. 24년 업무방법서에 추가된 내용 반영
4. 문제풀이를 통해 업무방법서 중요내용 점검 및 확인
5. 각 회차별로 출제유형별 작물 품목 문제 균등 수록

본 실전모의고사 수험서가 수험생 여러분의 합격 가능성을 일층 높일 수 있기를 바랍니다.

2024년 6월

편저자 김봉호

손.해.평.가.사

농업재해보험 100만 가입시대

농업재해보험 손해평가 전문가!

농작물 및 축산가축 손해평가 재해보험 평가 분야 진출 자격증!

1 손해평가사 자격시험이란?

기후변화에 따른 기상이변으로 자연재해가 빈번하게 발생되면서 농어업의 피해가 증가하고 있어 농가의 소득안정을 위한 농어업재해보험의 중요성과 필요인식이 높아짐에 따라 태풍, 동상해, 홍수 등 자연재해로 인한 농작물 재해 발생 시 농작물 피해를 정확히 조사해 손해액 산정 및 보험금 지급을 담당할 수 있도록 보험관련 법규와 약관 등의 전문지식을 갖추고 있는 전문 자격인을 양성하고 자질을 평가하는 시험

2 주요활동분야

국내 농작물재해보험은 농업인 실익 보험으로 2001년부터 NH 농협손해보험에서 맡아오고 있으며 농업재해보험 손해평가를 담당하는 지역 · 품목 농협 및 손해사정법인 업체에서 근무할 수 있다.

* 근무처 – 농협, 보험회사, 농산물 생산관련 단체 및 조합, 농협 농산물 품질관리업체, 농산물 브랜드 개발 업체 및 연구기관

3 시험과목 및 검정방법

구분	시험과목	문항수	시험시간	시험방법
1차 시험	1. 「상법」 보험편 2. 농어업재해보험법령 3. 농학개론 중 재배학 및 원예작물학	과목별 25문항 (총 75문항)	90분	객관식 4지 택일형
2차 시험	1. 농작물재해보험 및 가축재해보험의 이론과 실무 2. 농작물재해보험 및 가축재해보험 손해평가의 이론과 실무	과목별 10문항 (단답형 5문항, 서술형 5문항)	120분	단답형, 서술형

1, 2차 별도 실시

※ 최종합격 후 약 4개월 뒤 실무교육 필수(손해평가사 자격증은 실무교육 이수 후 교부함)

4 합격기준

구분	합격결정기준
1차	100점을 만점으로 하여 과목당 40점 이상, 전 과목 평균 60점 이상
2차	100점을 만점으로 하여 과목당 40점 이상, 전 과목 평균 60점 이상

5 손해평가사 학습 TIP

손해평가사 2차 실무 학습법

01. 정확하고 꼼꼼한 이론 및 개념 학습은 필수

2차 시험문제 중에서 수험생들이 가장 어려워하는 영역은 1차 시험과 마찬가지로 재배학과 원예학 부분으로, 1차 시험에서 이론 정립이 제대로 되어 있지 않고 빈약하다면 연쇄작용으로 2차 시험까지 영향이 오기 때문에 1차 시험의 학습과정에서 이론 정립과 개념암기를 정확히 해야 한다.

02. 문제와 답안 작성란이 함께 포함된 일체형 시험! 답안구성에도 전략이 필요하다!

2차 시험은 ▲서술형, ▲조건이용계산, ▲사례 + 풀이와 계산, ▲서술 + 보험금 계산 등 통합적인 시각을 요구하는 복합 응용 문제들이 다수 등장하므로, 기출 유형에 맞춰진 유사문제를 모범답안과 함께 풀어본 후 문제 유형별 내저법과 접근법을 익혀 낯선 유형의 문제도 문항의 의도와 답안구성의 형태를 파악해 답안을 작성해나갈 수 있도록 해야겠다. 특히 계산문제의 경우 시간이 많이 부족하고 실수를 조심해야 하기에 빈출 유형별 문제형태와 공식 등을 정확히 숙지해 놓는 것은 물론이고 문제에서 제시된 수치 및 피해율 등을 꼼꼼하게 보는 것도 중요하겠다.

손해평가사
최신기출유형 2차

실무 최종모의고사

문제편 1

최종모의고사

문제편 2

기출문제

CONTENTS

정답및해설편

부록편

온라인 교육의 명품브랜드 www.edupd.com

에듀피디 EDUPD

2024.4.19. 「농업재해보험 · 손해평가의 이론과 실무」 이론서 반영

손해평가사

최신기출유형 2차

실무 최종모의고사

PART 01

손해평가사2차실무

문제편 1

최종모의고사

손해평가사 2차 시험대비

최종모의고사

제 1 회

제1과목 농작물재해보험 및 가축재해보험 이론과 실무

01. 업무방법서상 위험과 관련하여 아래 설명에 알맞은 내용을 각각 쓰시오.[5점]

1) ( ) : 화재, 폭발, 지진, 폭풍우, 홍수, 자동차 사고, 도난, 사망 등이 이것이다.
2) ( ) : 위험 상황 또는 위험한 상태를 말하며, 특정한 사고로 인하여 발생할 수 있는 손해의 가능성을 새로이 창조하거나 증가시킬 수 있는 상태를 말한다.
3) ( ) : 위험한 상황에서 사고가 발생하여 초래되는 것이다.
4) ( ) : 실증자료 등이 있어 확률 또는 표준편차와 같은 수단을 통해 측정 가능한 위험을 말한다.
5) ( ) : 화산 폭발, 지진 발생, 사고와 같이 시간의 경과에 따라 성격이나 발생 정도가 크게 변하지 않을 것으로 예상되는 위험을 말한다.

02. 농작물재해보험 대상품목 및 가입조건과 관련하여 다음 〈보기〉의 가입자격을 농지의 보험가입금액(생산액 또는 생산비) 기준으로 각각 골라 쓰시오.[5점]

> 보기
>
> 인삼, 메밀, 사료용 옥수수, 시금치(노지), 마늘, 호두, 시설작물, 배추, 양배추

1) 200만원 이상 :
2) 100만원 이상 :
3) 50만원 이상 :
4) 단지 면적이 $300m^2$ 이상 :
5) 농지의 면적이 $1,000m^2$ 이상 :

03. 적과전종합위험 과수작물(사과, 배, 단감, 떫은감)의 적과종료 이후 보상하는 특정위험에 대한 다음 설명 중 각 빈칸에 알맞은 내용을 쓰시오.[5점]

> ㅇ 태풍 : 기상청에서 태풍에 대한 기상특보(태풍주의보 또는 태풍경보)를 발령한 때 발령지역 바람과 비를 말하며, 최대순간풍속 (①) 이상의 바람(이하 "강풍")을 포함
> ㅇ 집중호우 : 기상청에서 호우에 대한 기상특보(호우주의보 또는 호우경보)를 발령한 때 발령지역의 비 또는 과수원에서 가장 가까운 3개소의 기상관측장비(기상청 설치 또는 기상청이 인증하고 실시간 관측 자료를 확인할 수 있는 관측소)로 측정한 (②) 누적강수량이 80mm 이상인 강우상태
> ㅇ 지진 : 지구 내부의 급격한 운동으로 지진파가 지표면까지 도달하여 지반이 흔들리는 자연지진을 말하며, 대한민국 기상청에서 규모 (③) 이상의 지진통보를 발표한 때
> ㅇ 가을동상해 : 잎 피해는 단감, 떫은감 품목에 한하여 (④)까지 발생한 가을동상해로 나무의 전체 잎 중 50% 이상이 고사한 경우에 피해를 인정
> ㅇ 일소피해 : 폭염은 대한민국 기상청에서 폭염특보(폭염주의보 또는 폭염경보)를 발령한 때 과수원에서 가장 가까운 3개소의 기상관측장비(기상청 설치 또는 기상청이 인증하고 실시간 관측 자료를 확인할 수 있는 관측소)로 측정한 낮 최고기온이 (⑤) 이상 33℃ 이상으로 관측된 경우

① ②
③ ④
⑤

04. 다음 조사자료와 조건을 근거로 "복분자" 품목의 평년결과모지수를 구하시오.[5점]

> ㅇ 최근 5년간 포기당 평균결과모지수 합계 : 15개
> ㅇ 복분자 수령 : 3년
> ㅇ 최근 5년간 보험가입횟수 : 3회
> ㅇ 보험가입연도 표준결과모지수 : 5개

05. 가축재해보험의 아래 각 질문에 답하시오.[5점]

1) 소도체결함보장 특별약관으로 보상하는 결함 6종류는?

2) 돼지 질병위험보장 특별약관으로 보상하는 질병 3가지는?

3) 돼지 전기적 장치 위험보장에서 일반적인 경우 전기장치의 이상으로 손해가 발생하여 폐사한 경우 사고 발생한 때로부터 보상하는 폐사 한계 시점은?

4) 말 운송위험 확장보장 특별약관으로 보상하기 위해서는 수탁물이 수하인에게 인도된 후 언제까지인가?

5) 사슴과 양이 이 특약에 가입하는 경우에 질병 또는 불의의 사고로 인한 폐사 및 긴급도축의 경우에도 보상하는 특약은?

06. 다음 〈보기〉의 조건을 기준으로 ① 보험가입금액의 감액 사유와 ② 보험료 및 ③ 환급보험료를 구하여 쓰시오.(풀이과정을 반드시 쓸 것)[15점]

보기

○ 보험가입품목 : 사과	○ 평년착과량 : 2,500kg
○ 보험가입금액 : 10,000,000원	○ 가입수확량 : 2,500kg
○ 지역 보통약관 영업요율 : 10%	○ 적과후착과량 : 2,000kg
○ 적과종료이전 특정위험 5종 한정특약 가입	○ 미납입보험료 없음
* 한정보장 특약 할인율 : 5%	○ 적과전 사고 없었음

※ 주어진 조건 외 고려하지 않음
※ 적과전착과감소보험금 보장수준 : 50%

1) 보험가입금액의 감액 사유(5점) :

2) 보험료(5점) :

3) 환급보험료(5점) :

07. 종합위험 과실손해보장방식(온주밀감류)의 아래 조건을 근거로 동상해과실손해보장 보험금과 손해액 및 동상해 피해율을 구하시오.(단, 사고일자는 12월 30일이다.)[15점]

- 보험가입금액 : 1,000만원
- 주계약 기사고피해율 : 24.75%
- 주계약 미보상비율 : 10%
- 동상해 미보상비율 : 10%
- 자기부담비율 : 20%
- 동상피해과실수

구분	정상과	80%형 피해과	100%형 피해과
동상해피해과실수	40	40	20

- 잔존비율표

사고발생 월	잔존비율(%)
12월	(100−38) − (1×사고발생일자)
1월	(100−68) − (0.8×사고발생일자)
2월	(100−93) − (0.3×사고발생일자)

주) 사고 발생일자는 해당월의 사고 발생일자

1) 보험금(2점) :

2) 손해액(10점) :

3) 동상해 피해율(3점) :

08. 종합위험 수확감소보장 "밭작물"에 대한 다음 각 질문에 답을 쓰시오.[15점]

1) 양배추 품목에 대한 경작불능보험금(3점)

보험가입금액	자기부담비율
500만원	30%

2) 사료용 옥수수의 경작불능보험금(3점)

보험가입금액	보장비율	사고일자
500만원	40%	6월 20일

3) 옥수수의 수확감소보험금(3점)

보험가입금액	피해수확량	가입가격	자기부담비율
500만원	500kg	3,000원/kg	10%

4) 감자(봄재배)의 수확감소보험금(자기부담비율 20%)(3점)

보험가입금액	평년수확량	수확량	병충해감수량	미보상비율
1,000만원	1,400kg	600kg	20kg	15%

5) 감자의 병충해감수량(3점)

병충해 입은 괴경의 무게	손해정도	병충해
40kg	43%	둘레썩음병

09. 농작물재해보험 보험가입금액 산정과 관련된 다음 조사자료를 근거로 각 보험가입금액을 산출하시오.(단, 계산과정을 쓰고, 1만원 미만 단위는 절사한다.)[15점]

1) 비가림시설(포도) 보험가입금액(5점)

비가림시설 면적	m^2당 시설비	보험가입비율
1,000m^2	20,000원	선택 가능한 최소 비율 선택

2) 해가림시설 보험가입금액(5점)

재배 칸수	가입 칸수	1칸의 면적	m^2당 시설비	설치유형	시설연도	가입시기
500칸	400칸	3.3m^2	20,000원	목재	2020년 5월	2022년 11월

3) 원예시설작물 보험가입금액(5점)

재배면적	하우스 내 재배작물별 생산비(원/m^2)			계약자 선택 가입비율
	배추	상추	시금치	
1,000m^2	2,600	4,600	2,000	최소 가입비율 선택

10. 甲의 사과 과수원에 대한 내용이다. 조건 1~3을 참조하여 다음 물음에 답하시오. (단, 주어진 조건 외 다른 사항은 고려하지 않음)[15점]

조건1

- 2018년 사과(홍로/3년생, 밀식재배) 300주를 농작물재해보험에 신규로 보험 가입함
- 2019년과 2021년도에는 적과 전에 우박과 냉해 피해로 과수원의 적과 후 착과량이 현저하게 감소하였음
- 사과(홍로)의 일반재배방식 표준수확량은 아래와 같음

수령	5년	6년	7년	8년	9년
표준수확량	6,000kg	8,000kg	8,500kg	9,000kg	10,000kg

조건2

[甲의 과수원 과거수확량 자료]

구분	2018년	2019년	2020년	2021년	2022년
평년착과량	1,500kg	3,200kg	–	4,000kg	3,700kg
표준수확량	1,500kg	3,000kg	4,500kg	5,700kg	6,600kg
적과후착과량	2,000kg	800kg	–	950kg	6,000kg
보험가입여부	가입	가입	미가입	가입	가입

조건3

[2023년 보험가입내용 및 조사결과 내용]

- 적과전 종합위험방식Ⅱ 보험가입(적과종료 이전 특정위험 5종 한정보장 특별약관 미가입)
- 가입가격 : 2,000원/kg
- 보험가입당시 계약자부담보험료 : 200,000원(미납보험료 없음)
- 자기부담비율 20%
- 착과감소보험금 보장수준 50%형 가입
- 2023년 과수원 적과 전 냉해피해로, 적과후 착과량이 2,500kg으로 조사됨
- 미보상감수량 없음

1) 2023년 평년착과량의 계산과정과 값(kg)을 쓰시오.(5점)

2) 2023년 착과감소보험금의 계산과정과 값(원)을 쓰시오.(5점)

3) 만약 2023년 적과전 사고가 없이 적과후착과량이 2,500kg으로 조사되었다면, 계약자 甲에게 환급해야 하는 차액보험료의 계산과정과 값(원)을 쓰시오.(보험료는 일원 단위 미만 절사, 예시 12,345.678원 → 12,345원)(5점)

제2과목 농작물재해보험 및 가축재해보험 손해평가의 이론과 실무

11. 적과전종합위험Ⅱ(과수4종)에 대한 다음 각 조건을 참조하여 질문에 답하시오.[5점]

1) 침수주수를 구하시오.(소수점 첫째자리에서 반올림)(2점)

침수나무수	침수꽃의 합계	미침수꽃의 합계
20주	200개	120개

2) 떫은감의 낙엽인정피해율을 구하시오.(피해율은 %단위로 소수점 셋째자리에서 반올림)(2점)

사고발생일	낙엽수 합계	착엽수 합계
6월 20일	10개	15개

3) 동일 농지내 사과(홍로)의 적정표본주수를 산정하시오.(소수점 첫째자리에서 반올림)(1점)

	실제결과주수	미보상주수
홍로	300	10
부사	250	10

12. 농작물재해보험 과수작물 과중조사에서 다음 각 질문에 대한 알맞은 내용을 쓰시오.[5점]

1) 과중조사시 비대추정지수를 적용하는 작물은?

2) 과중조사시 표본으로 추출한 과실 중량은 3,000g 이상(조사한 총착과 과실 무게가 3,000g 미만인 경우에는 해당 과실 전체)으로 하는 작물은?

3) 과중조사시 개별 과실 과중이 50g 초과하는 과실과 50g 이하인 과실을 구분하여 무게를 조사하는 작물은?

4) 과중조사시 지름 길이를 기준으로 정상(30mm 초과) · 소과(30mm 이하)를 구분하여 무게를 조사하는 작물은?

5) 과중조사시 품종별로 착과가 평균적인 3주 이상의 나무에서 크기가 평균적인 과실을 20개 이상 추출하고 농지당 표본과실수가 30개 이상인 과수작물은?

13. 종합위험보장 "벼" 상품의 수확불능확인 조사시 다음 각 사항에 대하여 올바르게 쓰시오.[5점]

1) 수확불능보장 보험금 지급사유(2점)

2) 자기부담비율 20%인 경우 수확불능보험금 산출식(1점)

3) 수확을 포기한 것으로 판단하기 위한 요건(2점)

14. 농작물재해보험 업무방법서상 "고구마" 품목의 피해 고구마 분류 방법에 대하여 서술하시오.[5점]

15. 가축재해보험 돼지 축산휴지위험보장 특약에서 다음 조건을 참조하여 1) 보험금, 2) 보험가액, 3) 이익률을 구하시오.[5점]

100kg 1두 비육돈 평균가격	종빈돈	경영비	보험가입금액
100만원	50두	80만원	5,000만원

1) 보험금(1점)

2) 보험가액(2점)

3) 이익률(2점)

16. 수확전 종합위험 과실손해보장 "복분자" 상품의 다음 계약내용과 조사내용을 근거로 아래 각 질문에 답하시오.(단, 개수는 소수점 셋째자리에서 반올림하고, %는 소수점 첫째자리에서 반올림한다.)[15점]

○ 계약내용

보험가입금액	평년결과모지수	가입포기수	가입면적	자기부담비율
1,200만원	6	2,500포기	1,200m^2	20%

○ 조사내용(표본조사)

사고일	표본포기수	살아있는 결과모지수	표본송이(6송이)		미보상비율
			피해열매수	전체열매수	
5월 25일	12포기	240	54	180	20%

사고일	결실율	미보상비율	잔여수확량비율
6월 3일	55%	10%	95%
6월 10일	40%	20%	65%

1) 종합위험 과실손해 고사결과모지수(6점)

2) 특정위험 과실손해 고사결과모지수(6점)

3) 피해율(3점)

17. 종합위험 수확감소보장방식 '양파' 상품에 대한 다음 자료를 이용하여 다음 각 질문에 답하시오. (단, 표본구간 수확량과 표본구간 단위면적당 수확량은 kg단위로 소수점 이하 다섯째 자리에서 반올림하여 넷째 자리까지 구하고, 수확량과 미보상감수량은 kg단위로 소수점 첫째 자리에서 반올림하여 정수단위로, 피해율은 %단위로 소수점 셋째 자리에서 반올림하여 둘째 자리까지 구하여 계산하시오.)[15점]

○ 계약사항

상품명	보험가입금액	가입면적	평년수확량	자기부담비율
종합위험보장 양파	3,000만원	5,000m^2	20,000kg	10%

○ 조사내용

조사내용	실제경작 면적	수확불능 면적	기수확면적	타작물면적	미보상비율
수확량조사	5,000m^2	200m^2	200m^2	100m^2	10%
표본구간	**표본구간 면적합계**	**표본구간 수확량(중량)**		**수확적기 잔여일수**	**일자별 비대추정지수**
7개	14m^2	정상양파 40kg	80%피해양파 20kg	5일	2.2%

1) 표본구간 단위면적당 수확량(4점)

2) 수확량(5점)

3) 피해율(2점)

4) 미보상감수량(2점)

5) 보험금(2점)

18. 농작물재해보험 수입보장방식 "감자" 품목에 대한 다음 계약내용과 조사자료를 근거로 아래 각 질문에 답하시오.(단, 피해율은 %단위로 소수점 셋째자리에서 반올림한다.)[15점]

○ 계약내용

품목	보험가입금액	가입면적	평년수확량	기준가격	자기부담비율
감자(가을재배)	2,100만원	5,000m^2	20,000kg	1,500원/kg	선택가능한 최저 비율

○ 조사내용 : 보상하는 재해로 인한 피해를 확인함

면적확인				표본구간(5개) 면적합계	미보상비율
실제경작면적	고사면적 (수확불능면적)	기수확면적	미보상면적		
5,000m^2	500m^2	500m^2	200m^2	10m^2	10%

표본구간 감자의 무게 조사					수확기가격
정상	최대지름 5cm 미만	50% 이상 피해감자	병충해 감자(더뎅이병)		
			괴경무게	손해정도비율	
29kg	5kg	5kg	6kg	60%	1,200원/kg

1) 병충해감수량(3점)

2) 수확량(5점)

3) 피해율(5점)

4) 수입감소보험금(2점)

19. 수확감소보장방식 벼 품목에 관한 다음 계약사항과 조사내용을 근거로 1) 수량요소조사보험금 2) 표본조사보험금 3) 전수조사보험금을 각각 구하시오.(단, 유효중량은 g단위 정수로 소수점 첫째자리에서 반올림, 단위면적당 평년수확량은 kg단위로 소수점 셋째자리에서 반올림, 수확량 및 미보상감수량은 kg 정수로 소수점 첫째자리에서 반올림, 피해율은 %단위로 소수점 셋째자리에서 반올림할 것)[15점]

○ 계약사항

보험가입금액	가입면적	품종	자기부담비율	표준수확량	평년수확량
400만원	2,500m^2	메벼	20%	1,500kg	1,815kg

1) 수량요소조사보험금

○ 조사내용

재해	이삭상태점수	완전낟알상태점수	피해면적	미보상비율
자연재해	6점	10점	625m^2	10%

* 조사수확비율은 해당 최대비율을 적용한다.

2) 표본조사보험금

○ 조사내용

면적조사		표본구간조사			표본구간 중량합계	함수율	미보상 비율
고사면적	기수확 면적	4포기 길이	포기 간격	표본구간수			
100m^2	100m^2	0.8m	0.3m	4	534g	18%	10%

* 각 표본구간별 거리 및 간격은 모두 동일함

3) 전수조사보험금

○ 조사내용

면적조사			작물중량 합계	함수율	미보상비율
고사면적	기수확면적	타작물 및 미보상면적			
800m^2	100m^2	100m^2	163kg	20%	10%

20. 다음의 계약사항과 조사내용에 따라 ① 착과감소보험금, ② 과실손해보험금을 구하시오.(단, 과실수와 감수량은 kg 정수 단위로 반올림하여 계산하고 비율로 계산되는 것은 %단위로 소수점 이하 셋째자리에서 반올림하여 계산한다. 나무주수는 소수점 아래 첫째자리에서 반올림하여 정수로 표시한다.)[15점]

ㅇ 계약사항

상품명	평년착과수	가입주수	가입과실수	표준수확량	가입과중
적과전종합위험 사과(5종특약가입)	20,000개	200주	20,000개	A품종2,750kg B품종2,250kg	250g

보험가입금액	자기부담비율	실제결과주수	가입가격(원/kg)	가입비율
20,000,000원	10%	A품종 120주 B품종 80주	4,000	100%

※ 보장수준 : 70%, 주어진 조건 외 다른 조건은 고려하지 않음

ㅇ 조사내용

<table>
<tr><th>구분</th><th>재해
종류</th><th>사고일자</th><th>조사일자</th><th>조사내용</th></tr>
<tr><td rowspan="3">계약일
~
적과전</td><td rowspan="3">자연
재해</td><td>5월 10일</td><td>5월 11일</td><td>동상해로 인한 피해사실확인조사
미보상비율 : 10%</td></tr>
<tr><td>6월 11일</td><td>6월 12일</td><td>우박피해 확인
- 표본의 피해유과, 정상유과는 각각 66개, 234개</td></tr>
<tr><td>6월 29일</td><td>6월 30일</td><td>집중호우로 인한 침수피해
<table><tr><th>피해주수</th><th>유실</th><th>매몰</th><th>고사</th><th>미보상</th></tr><tr><td>A품종</td><td>10</td><td>5</td><td></td><td>10</td></tr><tr><td>B품종</td><td></td><td></td><td>20</td><td></td></tr></table>미보상비율 : 10%</td></tr>
<tr><td colspan="2">적과후착과수</td><td>-</td><td>7월 10일</td><td><table><tr><th></th><th>1주당 표본주 착과수</th></tr><tr><td>A품종</td><td>100개</td></tr><tr><td>B품종</td><td>80개</td></tr></table></td></tr>
<tr><td rowspan="2">적과 종료
이후</td><td>태풍</td><td>9월 2일</td><td>9월 4일</td><td>총낙과수 5,000개(전수조사)
<table><tr><th>피해율</th><th>50%</th><th>80%</th><th>100%</th><th>정상과</th></tr><tr><td>개수</td><td>20</td><td>30</td><td>10</td><td>40</td></tr></table>절단나무 : 5주
무피해 1주당 평균착과수 : 100개</td></tr>
<tr><td>일소</td><td>9월 15일</td><td>9월 20일</td><td>낙과손해 : 총낙과수 500개(전수조사)
낙과피해구성률 : 25%
착과손해 확인
착과피해구성률 : 20%</td></tr>
<tr><td>수확 직전</td><td>우박</td><td>6월 11일</td><td>10월 10일</td><td>착과피해구성률 : 33%</td></tr>
</table>

1) 착과감소보험금(7점)

2) 과실손해보험금(8점)

손해평가사 2차 시험대비

최종모의고사

제 2 회

제1과목 농작물재해보험 및 가축재해보험 이론과 실무

01. 다음 〈보기〉의 내용은 보험자가 보험증권에 기재하여야 하는 사항이다. 〈보기〉에 제시되지 않은 내용 5가지를 쓰시오.[5점]

보기

① 보험기간을 정한 때에는 그 시기(始期)와 종기(終期)
② 계약자의 주소와 성명 또는 상호
③ 보험계약의 연월일
④ 보험증권의 작성자와 그 작성 연월일 등

02. 농작물재해보험 생산비보장방식 "고추" 품목에 대한 다음 조사자료를 근거로 1) 경과비율, 2) 피해율, 3) 생산비보장보험금(원단위 절사)을 각각 구하시오.(단, 수확기 이전 사고이다.)[5점]

○ 보험가입금액 : 1,000만원
○ 정식일 : 5월 21일
○ 사고발생일자 : 6월 20일
○ 피해면적(탄저병) : 800m^2
○ 보험가입면적 : 2,000m^2
○ 최근 2년 연속 보험 가입 및 2년간 수령한 보험금이 순보험료의 110%
○ 미보상비율 : 10%

〈고추 손해정도 조사 표〉

손해정도	1~20%	21~40%	41~60%	61~80%	81~100%	정상고추
피해개수	–	–	20	7	10	63

1) 경과비율(2점)

2) 피해율(소수점 이하 셋째자리에서 반올림)(2점)

3) 생산비보장보험금(원단위 절사)(1점)

03. 수확감소보장방식 "밭작물(고구마)"의 ① 평년수확량 산출식과 ② 적용항목에 대하여 쓰시오.[5점]

1) 평년수확량 산출식(2점)

2) 적용항목(3점)

04. 종합위험 생산비보장 "밭작물"의 보험기간과 관련하여 보장개시는 정식완료일 24시이며, 보험계약 시 정식완료일이 경과한 경우에는 계약체결일 24시이다. 아래 각 작물에 해당하는 정식완료일의 한계일자(초과할 수 없는 일자)를 각 번호에 따라 쓰시오.(단, 판매개시연도 기준일자이다.)[5점]

품목	고랭지배추	가을배추	월동배추	대파	단호박
보장종료일	①	②	③	④	⑤

05. 가축재해보험 "유량검정젖소"의 협정보험가액 특별약관에 가입될 수 있는 요건을 각각 쓰시오.[5점]

1) 농가(2점)

2) 소(3점)

06. 다음 각 질문에 답하시오.[15점]

○ 농작물재해보험 보험상품에 대한 다음 각 조사자료를 근거로 아래 각 질문에 답하시오.[7점]

1) "조사료용 벼" 경작불능보험금(3점)

조사자료

보험가입금액	사고발생일	자기부담비율
1,000만원	7월 20일	20%

2) "부추" 생산비보장 보험금(4점)

재배면적	단위면적당 보장생산비	피해면적	손해정도
1,000m^2	5,500원/m^2	400m^2	35%

○ 다음 〈보기〉의 과수작물 중에서 보험료 산출시 적용하지 않는 내용으로 각 질문에 알맞은 작물을 골라 쓰시오.[8점]

보기

복숭아, 자두, 매실, 살구, 오미자, 밤, 호두, 유자, 포도, 대추, 참다래, 복분자, 무화과, 오디, 감귤

3) 방재시설할인율을 적용하지 않는 작물(4점)

4) 나무손해보장 특별약관을 적용하지 않는 작물(4점)

07. 인삼 해가림시설의 '감가상각률' 적용방법에 대한 다음 각 질문에 답하시오.[15점]

1) 해가림시설 설치시기에 따른 감가상각방법(4점)

2) 해가림시설 설치재료에 따른 감가상각방법(4점)

3) 경년감가율 적용시점과 목재의 경우 경년감가율(2점)

① 경년감가율 적용시점 :

② 목재의 경우 경년감가율 :

4) 잔가율의 정의(5점)

08. 종합위험보장방식 "감자(가을재배)"에 대하여 다음 보기의 조건을 기준으로 각 질문에 답하시오. (단, 다른 조건은 고려하지 않으며, 산출식은 반드시 쓰시오.)[15점]

보기

- 보험가입금액 : 10,000,000원
- 조사대상면적 : 2,000m^2
- 평년수확량 : 8,000kg
- 수확량 : 4,000kg
- 자기부담비율 : 20%
- 미보상비율 : 10%

표본조사 자료

- 표본조사면적합계 : 5m^2
- 병충해 입은 괴경무게 : 5kg
- 병충해 손해정도비율 : 60%
- 병충해 인정비율 : 50%

1) 조사대상면적 병충해 감수량(5점)

2) 피해율(2점)

3) 지급보험금(2점)

4) 감자(가을재배) 농지의 보험 인수제한 사유(단, 밭작물 수확감소보장 공통사항은 제외한다.)(6점)

09. 작물특정 및 시설종합위험 인삼손해방식의 해가림시설에 관한 내용이다. 다음 물음에 답하시오. (단, A시설과 B시설은 별개 계약임)[15점]

시설	시설유형	재배면적	시설년도	가입시기
A시설	목재B형	3,000m^2	2017년 4월	2022년 10월
B시설	07-철인-A-2형	1,250m^2	2014년 5월	2022년 11월

1) A시설의 보험가입금액의 계산과정과 값(원)을 쓰시오.(7점)

2) B시설의 보험가입금액의 계산과정과 값(원)을 쓰시오.(8점)

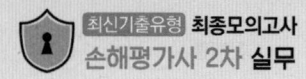

10. 종합위험보장 논벼에 관한 내용이다. 계약내용과 조사내용을 참조하여 다음 물음에 답하시오.[15점]

ㅇ 계약내용	ㅇ 조사내용
– 보험가입금액: 3,500,000원	– 재이앙 전 피해면적: 2,100m^2
– 가입면적: 7,000m^2	– 재이앙면적: 1,400m^2
– 자기부담비율: 15%	

1) 재이앙 · 재직파보험금과 경작불능보험금을 지급하는 경우를 각각 서술하시오.(4점)

2) 재이앙 · 재직파보장과 경작불능보장의 보장종료시점을 각각 쓰시오.(2점)

3) 재이앙 · 재직파보험금의 계산과정과 값을 쓰시오.(6점)

4) 경작불능보험금의 계산과정과 값을 쓰시오.(3점)

제2과목 농작물재해보험 및 가축재해보험 손해평가의 이론과 실무

11. 다음은 수확전 종합위험 복분자, 무화과 품목의 보험기간표이다. 각 빈칸에 알맞은 내용을 쓰시오.[5점]

구분		보험의 목적	보험기간			
약관	보장		보상하는 재해		보장개시	보장종료
보통약관	경작불능보장	복분자	자연재해, 조수해, 화재		계약체결일 24시	수확개시시점 다만, 이듬해 (②)을 초과할 수 없음
	과실손해보장		이듬해 5월 31일 이전 (수확개시 이전)	자연재해 조수해 화재	계약체결일 24시	(③)
			이듬해 6월 1일 이후 (수확개시 이후)	(①)	이듬해 6월 1일	이듬해 수확기 종료 시점 다만, 이듬해 (④)을 초과할 수 없음
	과실손해보장	무화과	이듬해 7월 31일 이전 (수확개시 이전)	자연재해 조수해 화재	계약체결일 24시	이듬해 7월 31일
			이듬해 8월 1일 이후 (수확개시 이후)	태풍 (강풍) 우박	이듬해 8월 1일	이듬해 수확기 종료 시점 다만, 이듬해 (⑤)을 초과할 수 없음

12. **돼지를 사육하는 축산농가에서 화재가 발생하여 사육장이 전소되고 사육장 내 돼지가 모두 폐사하였다. 다음의 계약 및 조사내용을 참조하여 보험금을 구하시오.[5점]**

○ 계약 및 조사내용

보험가입 금액(만원)	사육 두수(두)	두당 단가(만원)	자기 부담금	잔존물 처리비용(만원)	잔존물 보전비용(만원)
1,000	30	50	보험금의 10%	150	15

13. **다음의 계약사항과 조사내용을 참조하여 착과감소보험금을 구하시오.(단, 착과감소량은 소수점 첫째자리에서 반올림하여 다음 예시와 같이 구하시오. 예시 123.4kg → 123kg)[5점]**

○ 계약사항 (해당 과수원의 모든 나무는 단일 품종, 단일 재배방식, 단일 수령으로 함)

품목	가입금액	평년착과수	자기부담비율
사과(적과전종합)	20,000,000원	25,000개	15%

가입과중	가입가격	나무손해보장 특별약관	특정위험 5종 한정 특별약관	보장수준
0.4kg	2,200원/kg	미가입	미가입	70%

○ 조사내용

구분	재해종류	사고일자	조사일자	조사내용
계약일 ~ 적과종료 이전	조수해	5월 7일	5월 8일	• 피해규모: 일부 • 미보상주수: 10주 • 미보상비율: 5%
	냉해	6월 10일	6월 11일	• 피해규모: 전체 • 냉해피해 확인 • 미보상비율: 10%
적과후 착과수 조사	–	7월 25일		• 실제결과주수: 125주 • 적과후착과수: 15,000개

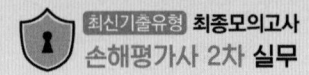

14. 농작물재해보험 "감귤" 품목에 대한 다음 표본 〈조사내용〉을 근거로 과실손해 피해율을 구하시오.[5점]

조사내용

과실손해 조사(단, 수확전 과실손해 없었고, 미보상비율은 20%이다.)

	30%형	50%형	80%형	100%형	정상과
등급내 피해과실수	10개	6개	5개	5개	22개
등급외 피해과실수	–	6개	–	6개	

15. 인삼 해가림시설의 제시된 다음 자료를 참조하여 보험금을 산정하시오.(추가비용의 경우 보험금 지급조건을 갖춘 것으로 한다.)[5점]

보험가입금액	손해방지비용	시설비
770만원	30만원	5,000원/m^2

전체 칸수	피해칸수(전손)	표본칸넓이합계	표본칸수	보험가입일 기준 시설경과년수
1,000칸	500칸	21m^2	7칸	2년

※ 보험가액, 손해액, 보험금 : 천원 이하 절사

※ 보험사고는 보험가입연도에 발생

16. 업무방법서에서 정하는 종합위험방식 벼 상품에 관한 다음 물음에 답하시오.[15점]

1) 아래 각 항목에 대한 조사시기와 지급사유를 각각 서술하시오.(9점)

조사시기 (4점)

이앙 · 직파불능 조사	
재이앙 · 재직파 조사	1차 조사 : 2차 조사 :
경작불능 조사	
수확불능 조사	

지급사유 (5점)

이앙 · 직파불능 보험금	
재이앙 · 재직파 보험금	
경작불능 보험금	
수확감소 보험금	

2) 아래 조건(1, 2, 3)에 따른 보험금을 산정하시오.(단, 아래의 조건들은 지급사유에 해당된다고 가정한다.)(6점)

조건 1 재이앙 · 재직파 보험금
- ㅇ 보험가입금액: 2,000,000원
- ㅇ 자기부담비율: 20%
- ㅇ 피해면적: 500m^2
- ㅇ 보험가입면적: 1,000m^2

조건 2 경작불능 보험금
- ㅇ 보험가입금액: 2,000,000원
- ㅇ 자기부담비율: 15%
- ㅇ 식물체 80% 고사

조건 3 수확불능 보험금
- ㅇ 보험가입금액: 2,000,000원
- ㅇ 자기부담비율: 30%
- ㅇ 벼 제현율: 60%

(1) 재이앙 · 재직파 보험금(2점)

(2) 경작불능 보험금(2점)

(3) 수확불능 보험금(2점)

17. "자두" 품목에 대한 다음 계약사항과 조사내용을 근거로 1) 보험금, 2) 수확량, 3) 피해율을 각각 구하시오.(단, 수확량은 정수로 소수점 첫째 자리에서 반올림하고, 피해율은 %단위로 소수점 셋째 자리에서 반올림한다.)[15점]

ㅇ 계약사항

품목	보험가입금액	평년수확량	가입주수	자기부담비율
추희	1천만원	16,000kg	400주	10%

ㅇ 착과수 및 과중조사

수확개시전 착과수 조사(수확개시전 피해 있음)				과중조사	
실제결과주수	미보상주수	고사주수	주당착과수	표본과실수	표본과실중량
400주	10주	5주	180개	60개	12,000g

ㅇ 착과(낙과) 피해조사

착과수(표본조사)	낙과수(표본조사)	수확개시 후 고사주수
표본주(10주), 1,500개	표본주(10주), 1,000개	20주

ㅇ 착과(낙과) 피해구성 조사

	50%	80%	100%	정상과
착과피해과실수	10	20	20	50
낙과피해과실수	20	30	10	40

1) 보험금(3점)

2) 수확량(10점)

3) 피해율(2점)

18. **종합위험 수확감소보장 밭작물 "옥수수" 품목의 수확감소보험금을 구하시오.(단, 피해수확량 및 미보상감수량 산정시 소수점 셋째자리에서 반올림할 것)[15점]**

○ 계약사항

품종	표준수확량	가입면적	표준(가입)가격	표준중량
미백2호	1,400kg	2,800m^2	2,500원/kg	0.18kg
보험가입금액	재식시기지수	재식밀도지수	자기부담비율	
350만원	0.95	1.1	20%	

○ 조사내용

표본구간			면적	
이랑길이	이랑폭	표본구간수	실제경작면적	고사면적
1.2m	1.5m	5	2,800m^2	500m^2
표본구간내 수확 옥수수			타작물면적	기수확면적
'상' 옥수수14개	'중' 옥수수4개	'하' 옥수수12개	100m^2	200m^2

※ 미보상비율 : 10%

19. **특정위험방식 인삼품목에 대한 다음 [전수조사] 내용을 근거로 피해율과 지급보험금을 구하시오. (단, 풀이과정은 반드시 쓰고, 피해율은 %단위로 소수점 셋째자리에서 반올림한다.)[15점]**

조사내용

보험가입금액	실제경작칸수	금차수확칸수	4년근(표준) 기준수확량	자기부담비율
4천만원	200칸	120칸	0.71kg/m^2	10%
총 조사수확량	두둑폭	고랑폭	지주목간격	미보상비율
318kg	2m	0.5m	2m	20%

1) 피해율(10점)

2) 지급보험금(5점)

20. 가축재해보험 “산란계”에 대한 다음 〈조사자료〉를 근거로 해당 주령의 보험가액을 구하시오.[15점]

조사자료

구분	가격
생후 1주 이하 산란실용계 병아리 평균가격	160원
사고 당일 포함 직전 5영업일의 생후 12주 산란중추 평균가격	2,950원
생후 20주 산란계 가격	4,000원
산란계 사고 당일 포함 직전 5영업일의 계란 1개 평균가격	140원
계란 1개의 생산비	77원

1) 사고 주령 8주 병아리 보험가액(5점)

2) 사고 주령 18주 산란중추 가격(5점)

3) 사고 주령 생후 60주 산란계 가격(5점)

손해평가사 2차 시험대비

최종모의고사

제 3 회

제1과목 농작물재해보험 및 가축재해보험 이론과 실무

01. 다음은 각 위험에 대한 정의이다. 업무방법서에 따른 알맞은 내용을 빈칸에 각각 쓰시오.[5점]

1) (①)은 실증자료 등이 있어 확률 또는 표준편차와 같은 수단을 통해 측정 가능한 위험을 말한다.
2) (②)은 손실의 기회만 있고 이득의 기회는 없는 위험이다.
3) (③)은 화산 폭발, 지진 발생, 사고와 같이 시간의 경과에 따라 성격이나 발생 정도가 크게 변하지 않을 것으로 예상되는 위험을 말한다.
4) (④)은 불특정 다수나 사회 전체에 손실을 초래하는 위험을 의미한다.
5) (⑤)은 보험자가 책임을 면하기로 한 위험이다.

02. "표고버섯" 확장위험 담보 특별약관의 보상하는 재해(자연재해, 조수해)의 경우 2가지를 쓰시오.[5점]

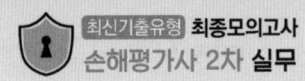

03. 다음은 "벼"의 병해충에 대한 증상이다. 각 항목에서 설명하는 병해충 이름을 쓰시오.[5점]

1) 잎에서 초기병반은 암갈색 타원형 괴사부 주위에 황색의 중독부를 가지고, 시간이 지나면 원형의 대형 병반으로 윤문이 생긴다. 벼알에는 암갈색의 반점으로 되고 후에는 회백색 붕괴부를 형성한다.
2) 진균의 일종으로 잎에는 방추형의 병반이 형성되어 심하면 포기 전체가 붉은 빛을 띄우며 자라지 않게 되고, 이삭목이나 이삭가지는 옅은 갈색으로 말라죽으며 습기가 많으면 표면에 잿빛의 곰팡이가 핀다.
3) 바이러스병으로 전형적인 병징은 넓은 황색줄무늬 혹은 황화 증상이 나타나고, 잎이 도장하면서 뒤틀리거나 아래로 처진다.
4) 병징은 주로 엽신 및 엽초에 나타나며, 때에 따라서는 벼알에서도 나타난다. 병반은 수일이 경과 후 황색으로 변하고 선단부터 하얗게 건조 및 급속히 잎이 말라 죽게 된다.
5) 포장에서 일찍 감염된 이삭은 전체가 옅은 붉은색을 띠며 고개를 숙이지 못하고 꼿꼿이 서 있으며, 벼알은 배의 발육이 정지되고 쭉정이가 된다.
6) 성충과 약충 모두 벼의 줄기에 구침을 박고 흡즙하여 피해를 준다. 흡즙 부위는 퇴색하며 흡즙 부위에서 자란 잎은 피해를 받은 부분부터 윗부분이 마르고 피해가 심하면 새로 나온 잎이 전개하기 전에 말라죽는다.
7) 흡즙으로 인한 전형적인 피해 양상은 논 군데군데 둥글게 집중고사 현상이 나타나고, 피해는 고사시기가 빠를수록 수확량도 크게 감소하며, 불완전 잎의 비율이 높아진다.

04. 종합위험 과실손해보장방식(온주밀감류)의 아래 조건을 근거로 과실손해보장 보험금과 피해율을 구하시오.(단, 수확전 사고는 없었다.)[5점]

보기

- 보험가입금액 : 1,000만원
- 자기부담비율 : 20%
- 미보상비율 : 10%
- 피해과실수 구분(기준과실수 200개)

구분	정상과	30%피해과	50%피해과	80%피해과	100%피해과
등급내피해과실수	40	20	16	5	19
등급외피해과실수	50	10	12	5	23

1) 보험금(2점)

2) 피해율(3점)

05. 가축재해보험에서 아래 각 손해발생시 보상하는 손해의 합계를 구하시오.(단, 다른 조건은 고려하지 않음)[5점]

구분	보상하는 재해로 인한 보험가입자의 지출 비용	금액
①	축사화재시 잔존물의 해체비용	100만원
②	보상하는 손해로 인한 비용 중 휴업 손실	300만원
③	보험목적이 질병에 걸리거나 부상을 당한 경우 치료비용	60만원
④	재해보험사업자가 잔존물에 대한 취득의사를 포기한 잔존물 보전비용	50만원
⑤	재해보험사업자의 요구에 따라 지출한 필요 또는 유익한 비용	120만원

06. 적과전종합위험보장 과수 상품에서 다음 조건에 따라 올해 2024년의 평년착과량을 구하시오.(단, 풀이과정은 반드시 쓰고, 제시된 조건 외의 다른 조건은 고려하지 않음)[15점]

(단위: 개)

구 분	2019년	2020년	2021년	2022년	2023년
표준수확량	7,900	7,300	8,700	8,900	9,200
적과후착과량	미 가입	6,500	5,600	미 가입	7,100

※ 기준표준수확량은 2019년부터 2023년까지 8,500개로 매년 동일한 것으로 가정함

※ 2024년 기준표준수확량은 9,350개임

07. 벼농사를 짓고 있는 甲은 가뭄으로 농지 내 일부 면적의 벼가 고사되는 피해를 입어 재이앙 조사 후 모가 없어 경작면적의 일부만 재이앙을 하였다. 이후 수확 전 태풍으로 도복피해가 발생해 수확량 조사방법 중 표본조사를 하였으나 甲이 결과를 불인정하여 전수조사를 실시하였다. 계약사항(종합위험 수확감소보장방식)과 조사내용을 참조하여 다음 물음에 답하시오.[15점]

○ 계약사항

품종	보험가입금액	가입면적	평년수확량	표준수확량	자기부담비율
동진찰벼	3,000,000원	2,500m^2	3,500kg	3,200kg	20%

ㅇ 조사내용

〈재이앙 조사〉

재이앙 전 조사내용		재이앙 후 조사내용	
실제 경작면적	2,500m^2	재이앙 면적	800m^2
피해면적	1,000m^2		

〈수확량 조사〉

표본조사 내용		전수조사 내용	
표본구간 총중량 합계	0.48kg	전체 조곡 중량	1,200kg
표본구간 면적	0.96m^2	미보상 비율	10%
함수율	16%	함수율	20%

1) 재이앙보험금의 지급가능한 횟수를 쓰시오.(2점)

2) 재이앙보험금의 계산과정과 값을 쓰시오.(3점)

3) 수확량감소 보험금의 계산과정과 값을 쓰시오.(단, 무게(kg) 및 피해율(%)은 소수점 이하 절사. 예시 12.67% → 12%)(10점)

08. **종합위험 생산비보장 "원예시설"의 다음 각 조사자료에 근거하여 아래 각 질문에 답하시오.[15점]**

1) 농업용시설물에 대한 보험금을 산출하시오.(7점)

보험가입금액	구조체 손해액	복구여부
1,000만원	800만원	복구완료

2) 시설작물 "딸기" 품목에 대한 다음 조사자료를 근거하여 보험금을 산출하시오.(8점)

단위면적당 보장생산비	피해면적	재배면적	손해정도비율	보험가입금액
14,500원	560m^2	700m^2	80%	1,200만원

* 단, 생장일수는 45일, 표준생장일수는 90일로 한다.

09. **아래 조건에 의해 농업수입감소보장 포도 품목의 피해율 및 농업수입감소보험금을 산출하시오.[15점]**

- 평년수확량 : 1,000kg
- 미보상감수량 : 100kg
- 수확기 가격 : 3,000원/kg
- 자기부담비율 : 20%
- 조사수확량 : 500kg
- 농지별 기준가격 : 4,000원/kg
- 보험가입금액 : 4,000,000원

1) 피해율(피해율은 %단위로 소수점 셋째자리에서 반올림하여 둘째자리까지 다음 예시와 같이 구하시오. 예시 0.12345 → 12.35%로 기재)(10점)

2) 농업수입감소보험금(5점)

10. **다음은 농작물재해보험 업무방법서상 작물별 인수제한목적물에 대한 내용이다. 각 질문에 알맞은 작물의 이름을 쓰시오.[15점]**

1) 친환경재배과수원으로서 일반재배와 결실 차이가 현저히 있다고 판단되는 과수원 :
2) 주간거리가 50㎝ 이상으로 과도하게 넓은 과수원 :
3) 관수시설이 미설치된 과수원 :
4) 출현율 80% 미만인 농지 :
5) 전작으로 유채를 재배한 농지 :
6) 출현율이 90% 미만인 농지 :
7) 출현율이 85% 미만인 농지 :
8) 두둑높이가 15cm 미만인 농지 :
9) 정식 6개월 이내에 인삼을 재배한 농지 :
10) 재식밀도가 5,000주/10a 미만인 시설작물 :

11. 적과전종합위험방식 "사과" 품목에서 적과후착과수조사를 실시하고자 한다. 과수원의 현황(품종, 재배방식, 수령, 주수)이 다음과 같이 확인되었을 때 ①, ②, ③, ④에 대해서는 계산과정과 값을 쓰고, ⑤에 대해서는 산정식을 쓰시오.(단, 적정표본주수 최솟값은 소수점 첫째자리에서 올림하여 다음 예시와 같이 구하시오. 예시 10.2 → 11로 기재)(5점)

○ 과수원의 현황

품종	재배방식	수령	실제결과주수	고사주수
스가루	반밀식	10	620	10
후지	밀식	5	60	30

○ 적과후착과수 적정표본주수

품종	재배방식	수령	조사대상주수	적정표본주수	적정표본주수 산정식
스가루	반밀식	10	(①)	(③)	(⑤)
후지	밀식	5	(②)	(④)	–

①

②

③

④

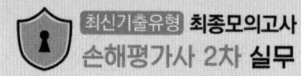

⑤

12. 다음의 계약사항 및 조사내용에 따라 참다래 수확량(kg)을 구하시오.(단, 수확량은 소수점 첫째 자리에서 반올림하여 다음 예시와 같이 구한다. 예시 1.6kg → 2kg로 기재)[15점]

ㅇ 계약사항

실제결과주수(주)	고사주수(주)	재식면적	
		주간거리(m)	열간거리(m)
300	50	5	5

ㅇ 조사내용(수확전 사고)

표본주수	표본구간 면적조사(m)			표본구간 착과수합	착과피해 구성율%	과중조사	
	윗변	아랫변	높이			50g이하	50g초과
8주	1.2	1.8	1.5	720	30	1,440g 36개	2,160g 24개

13. 농작물재해보험 "콩" 품목에 대한 다음 조사자료를 근거로 1) 경작불능보험금과 2) 수확감소보험금을 구하시오.(자기부담비율은 계약자가 선택 가능한 최소비율을 적용한다.)[5점]

보험가입금액	식물체 피해율	미보상비율	평년수확량	수확량
1,000만원	70%	10%	1,000kg	700kg

※ 단, 식물체피해율은 경작불능보험금에서만 적용하고 수확감소보험금 산출시에는 적용하지 않는다.
※ 최근 2년간 연속 보험가입계약자로서 2년간 수령한 보험금이 순보험료의 120%이다.

1) 경작불능보험금(2점)

2) 수확감소보험금(3점)

14. 종합위험방식 원예시설작물 "딸기"에 관한 내용이다. 아래의 내용을 참조하여 물음에 답 하시오.[5점]

ㅇ 계약사항

품목	보험가입금액(원)	가입면적(m^2)	전작기 지급보험금(원)
종합위험방식 원예시설(딸기)	12,300,000	1,000	2,300,000

ㅇ 조사내용

재배면적 (m^2)	손해정도 (%)	피해비율 (%)	정식일로부터 수확개시일까지의기간	수확개시일로부터 수확종료일까지의 기간
800	30	30	90일	50일

1) 수확일로부터 수확종료일까지의 기간 중 1/5 경과시점에서 발생한 경우 경과비율을 구하시오.(단, 풀이과정 기재)(2점)

2) 정식일로부터 수확개시일까지의 기간 중 1/5 경과시점에서 사고가 발생한 경우 보험금을 구하시오.(단, 풀이과정 기재)(3점)

15. 종합위험 과실손해보장방식 “복분자” 품목의 1) 고사결과모지수와 2) 피해율 및 3) 과실손해보험금을 구하시오.[5점]

ㅇ 보험가입금액 : 1,000만원	ㅇ 평년결과모지수 : 300개
ㅇ 기준 살아있는 고사결과모지수 : 120개	ㅇ 수정불량환산 고사결과모지수 : 30개
ㅇ 미보상 고사결과모지수 : 60개	ㅇ 자기부담비율 : 20%

※ 사고발생일자 : 5월 30일

1) 고사결과모지수(2점)

2) 피해율(2점)

3) 과실손해보험금(1점)

16. 다음 [표]는 농협축산정보센터에서 발표하는 2022년 한우 월별산지 평균가격표이다. 이를 근거로 보험사고 발생 시, 다음 각 질문에 답하시오.(단, 천원 미만 절사)[15점]

구분	2022년 한우 가격표(단위: 천원)							
	송아지(4~6월령)		송아지(7월령)		350kg		600kg	
	암	수	암	수	암	수	암	수
1월	0	3,300	2,860	3,840	3,590	3,170	6,020	5,370
2월	0	3,100	2,860	3,640	3,420	3,070	5,880	5,140
3월	0	2,800	2,730	3,680	3,260	3,990	5,770	5,150
4월	0	3,000	2,880	4,000	3,180	3,960	5,600	4,960

1) 2022년 4월 10일 송아지(월령 2개월) 질병사고 폐사, 보험가액은?(5점)

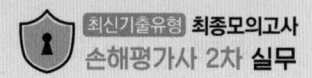

2) 2022년 4월 10일 한우수컷(월령 28개월) 폐사, 보험가액은?(5점)

3) 2022년 4월 10일 한우암컷(월령 41개월) 폐사, 보험가액은?(5점)

17. 종합위험 수확감소보장방식 '마늘' 상품에 대한 아래 계약사항과 조사내용을 이용하여 지급보험금을 구하시오.(단, 풀이과정을 쓰고, 수확량과 미보상감수량은 소수점 첫째자리에서 반올림하여 정수처리하고, 피해율은 %단위로 소수점 셋째자리에서 반올림하여 다음 예시와 같이 구하시오. 예시 0.12345 → 12.35%)[15점]

○ 계약사항

상품명	보험가입금액	가입면적	평년수확량	자기부담비율
종합위험 마늘(한지형)	5,000만원	10,000m^2	13,000kg	10%

○ 조사내용

조사방법	실제경작면적	수확불능면적	기수확면적	타작물면적	미보상비율
표본조사	10,000m^2	500m^2	500m^2	1,000m^2	10%
표본구간	표본구간면적	표본구간 수확량		수확적기 잔여일수	일자별 비대추정지수
7개	14m^2	정상마늘 10kg	80%피해마늘 2kg	10일	0.8%

18. 다음은 종합위험 수확감소보장방식 "복숭아"에 관한 내용이다. 아래의 계약사항과 조사내용을 참조하여 ① A품종 수확량(kg), ② B품종 수확량(kg), ③ 수확감소보장피해율(%)을 구하시오.(단, 피해율은 소수점 셋째자리에서 반올림하여 다음 예시와 같이 구한다. 예시 12.345% → 12.35%)[15점]

○ 계약사항

품목	가입금액	평년수확량	자기부담비율	수확량감소 추가보장 특약	나무손해보장 특약
복숭아	15,000,000원	4,000kg	20%	미가입	미가입

품종 / 수령	가입주수	1주당 표준수확량	표준과중
A / 9년생	200주	15kg	300g
B / 10년생	100주	30kg	350g

○ 조사내용 (보상하는 재해로 인한 피해 확인됨)

조사종류	품종 / 수령	실제결과주수	미보상주수	품종별 · 수령별 착과수(합계)
착과수조사	A / 9년생	200주	8주	5,000개
	B / 10년생	100주	5주	3,000개

조사종류	품종	개당 과중	미보상비율
과중조사	A	290g	5%
	B	310g	10%

1) A품종 수확량(kg)(6점)

2) B품종 수확량(kg)(6점)

3) 수확감소보장피해율(%)(3점)

19. 종합위험 "감귤" 품목의 다음 조사내용에 따라 1) 과실손해피해율과 2) 과실손해보험금을 산정하시오.(단, 풀이과정은 쓰고, 피해율은 %단위로 소수점 셋째자리에서 반올림한다. 주어진 조건 외 다른 것은 고려하지 않는다.)[15점]

[수확전 사고조사 내용]

품종	보험가입금액	가입면적	표본주 조사
온주(5년생)	1천만원	4,000m^2	4주
정상과	100%형 피해과	미보상비율	자기부담비율
565	70개	15%	20%

[과실손해조사 내용]

미보상비율	등급내피해과	등급외피해과	정상과
10%	68개	60개	172개

1) 과실손해피해율(10점)

2) 보험금(5점)

20. **"배" 과수원은 적과전 과수원 일부가 호우에 의한 유실로 나무 50주가 고사되는 피해(자연재해)가 확인되었고, 적과 이후 봉지 작업을 마치고 태풍으로 낙과피해조사를 받았다. 계약사항(적과전 종합위험 방식)과 조사내용을 참조하여 다음 물음에 답하시오.(감수과실수와 착과피해인정계수, 피해율(%)은 소수점 이하 절사. 예시 12.67% → 12%)[15점]**

○ 계약사항

계약사항			적과후착과수 조사내용	
품목	가입주수	평년착과수	실제결과주수	1주당 평균착과수
배(단일 품종)	250주	40,000개	250주	150개

※ 적과종료 이전 특정위험 5종 한정 보장 특약 미가입

○ 낙과피해 조사내용

사고일자	조사방법	전체 낙과과실수	낙과피해구성률(100개)				
9월 18일	전수조사	7,000개	정상 10개	50%형 80개	80%형 0개	100%형 2개	병해충 과실 8개

1) 적과종료 이전 착과감소과실수의 계산방법과 값을 쓰시오.(5점)

2) 적과종료 이후 착과손해 감수과실수의 계산과정과 값을 쓰시오.(5점)

3) 적과종료 이후 낙과피해 감수과실수와 착과피해 인정개수의 계산과정과 합계 값을 쓰시오.(5점)

손해평가사 2차 시험대비

최종모의고사

제 4 회

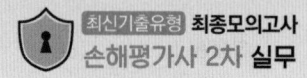

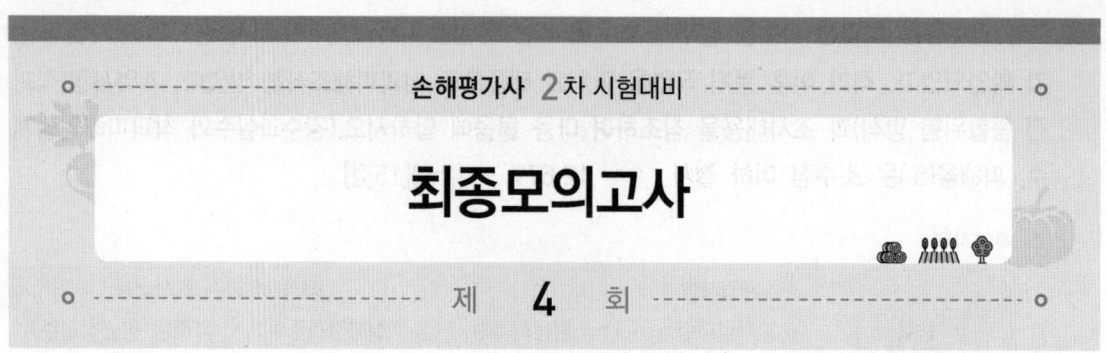

제1과목 농작물재해보험 및 가축재해보험 이론과 실무

01. 업무방법서에서 위험관리방법으로 제시한 "물리적 위험관리 방법" 5가지를 서술하시오.[5점]

02. 종합위험 원예시설 손해보장방식(농업용 시설물 및 부대시설과 시설작물)의 보험료 산정을 위한 조건이 아래와 같다. 보험료를 구하여 쓰시오.[5점]

대상품목	보험개시일	보험종료	보험가입금액	지역별보험요율
상추	6월 1일	7월 30일	300만원	10%

〈단기요율표〉

보험기간	15일까지	1개월까지	2개월까지	3개월까지	4개월까지	5개월까지	6개월까지	7개월까지	8개월까지	9개월까지	10개월까지	11개월까지
단기요율	15%	20%	30%	40%	50%	60%	70%	75%	80%	85%	90%	95%

03. 다음 〈보기〉의 내용은 종합위험 수확감소보장방식 "밭작물"의 보상하지 않는 손해를 서술한 것이다. 업무방법서상 제시되지 않은 내용을 쓰시오.[5점]

보기

① 계약자, 피보험자 또는 이들의 법정대리인의 고의 또는 중대한 과실로 인한 손해
② 제초작업, 시비관리 등 통상적인 영농활동을 하지 않아 발생한 손해
③ 계약체결 시점(계약체결 이후 파종 또는 정식 시, 파종 또는 정식 시점) 현재 기상청에서 발령하고 있는 기상특보 발령 지역의 기상특보 관련 재해로 인한 손해
④ 보상하는 재해에 해당하지 않은 재해로 발생한 손해
⑤ 전쟁, 혁명, 내란, 사변, 폭동, 소요, 노동쟁의, 기타 이들과 유사한 사태로 생긴 손해

04. 수확전 종합위험 과실손해보장방식(무화과)의 아래 조건을 근거로 보험금을 구하시오.(단, 수확전 사고는 없었으며, 사고일자는 8월 30일이다. 피해율은 %단위로 소수점 첫째자리에서 반올림한다.)[5점]

- 보험가입금액 : 1,000만원
- 고사결과지수 : 10개
- 미고사(살아있는)결과지수 : 10개
- 미보상고사결과지수 : 4개
- 착과피해율 : 20%
- 자기부담비율 : 10%

〈사고발생일에 따른 잔여수확량 산정식〉

품목	사고발생 월	잔여수확량 산징식(%)
무화과	8월	100 - 1.06 × 사고 발생일자
	9월	(100 - 33) - 1.13 × 사고 발생일자
	10월	(100 - 67) - 0.84 × 사고 발생일자

05. 가축재해보험에서 아래 빈칸에 알맞은 내용을 쓰시오.[5점]

1) "돼지"의 보상하는 재해에 의한 폐사는 사고 발생 때부터 (①) 이내인 경우 보상한다.
2) "가금"의 폭염손해는 폭염특보 발령 전 (②) 전부터 해제 후 (②) 이내에 폐사되는 보험 목적에 한하여 보상한다.
3) "소"의 도난손해가 생긴 후 (③) 이내에 발견하지 못한 손해는 보상하지 않는다.
4) "말" 긴급도축의 범위 중 부상 범위는 경추골절, 사지골절과 (④)에 한하여 인정한다.
5) "축사"의 화재 또는 풍재 · 수재 · 설해 · 지진에 따른 보상하는 피난손해에는 피난지에서 보험기간 내의 (⑤) 동안에 생긴 손해를 포함한다.

06. 농작물재해보험 "벼"에 관한 내용이다. 다음 물음에 답하시오.(단, 보통약관과 특별약관 보험가입금액은 동일하며, 병해충특약에 가입되어 있다.)[15점]

○ 계약사항 등
- 보험가입일 : 2022년 5월 22일
- 품목 : 벼
- 재배방식 : 친환경 직파 재배
- 가입수확량 : 4,500kg
- 보통약관 기본 영업요율 : 12%
- 특별약관 기본 영업요율 : 5%
- 손해율에 따른 할인율 : −13%
- 직파재배 농지 할증률 : 10%
- 친환경 재배시 할증율 : 8%

○ 조사내용
- 민간 RPC(양곡처리장) 지수 : 1.2
- 농협 RPC 계약재배 수매가(원/kg)

연도	수매가	연도	수매가	연도	수매가
2016	1,300	2018	1,600	2020	2,000
2017	1,400	2019	1,800	2021	2,200

1) 보험가입금액의 계산과정과 값을 쓰시오.(5점)

2) 수확감소보장 보통약관(주계약) 적용보험료의 계산과정과 값을 쓰시오.(천원단위 미만 절사)(5점)

3) 병충해보장 특별약관 적용보험료의 계산과정과 값을 쓰시오.(천원단위 미만 절사)(5점)

07. 다음은 농작물재해보험 종합위험보장 양파 상품에 가입하려는 농지의 최근 5년간 수확량 정보이다. 다음 물음에 답하시오.[15점]

(단위: kg)

년도	2019년	2020년	2021년	2022년	2023년	2024년
평년수확량	1,000	800	900	1,000	1,100	
표준수확량	900	950	950	900	1,000	1,045
조사수확량			300	무사고	700	
보험가입여부	미가입	미가입	가입	가입	가입	

1) 2024년 평년수확량 산출을 위한 과거평균수확량의 계산과정과 값을 쓰시오.(8점)

2) 2024년 평년수확량의 계산과정과 값을 쓰시오.(7점)

08. 농작물재해보험의 다음 각 질문에 답하시오.[15점]

1) 적과전종합위험방식 “계약인수 관련 수확량”과 관련된 다음 각 빈칸에 답을 쓰시오.(5점)

- 표준수확량이란 과거의 통계를 바탕으로 품종, (①), 수령, 지역 등을 고려하여 산출한 나무 1주당 예상 수확량이다.
- 신규가입하는 과수원의 평년착과량 산정은 (②)에 의해 산출한다.
- 최근 5년 이내 보험에 가입한 이력이 있는 과수원은 최근 5개년 적과후착과량 및 (③)에 의해 평년착과량을 산정한다.
- 평년착과량의 주요 용도로는 보험가입금액(가입수확량)의 결정 및 적과 종료 전 보험사고 발생 시 (④) 산정을 위한 기준으로 활용된다.
- 가입수확량이란 보험에 가입한 수확량으로 가입가격에 곱하여 보험가입금액을 결정하는 수확량을 말하며 (⑤)를 가입수확량으로 결정한다.

2) 종합위험 비가림과수 손해보장방식(포도, 대추, 참다래 3개 품목)의 아래 보험기간표의 빈칸에 알맞은 내용을 쓰시오.(5점)

<table>
<tr><th colspan="2">구분</th><th rowspan="2">보험의 목적</th><th colspan="2">보험기간</th></tr>
<tr><th>약관</th><th>보장</th><th>보장개시</th><th>보장종료</th></tr>
<tr><td rowspan="4">보통약관</td><td rowspan="4">종합위험 수확감소 보장</td><td>포도</td><td>계약체결일 24시</td><td>수확기 종료 시점
다만, 이듬해 (③)을 초과할 수 없음</td></tr>
<tr><td>이듬해에 맺은 참다래 과실</td><td>(①)
다만, (①)가 지난 경우에는 계약체결일 24시</td><td>수확기 종료 시점.
다만, 이듬해 11월 30일을 초과할 수 없음</td></tr>
<tr><td>대추</td><td>(②)
다만, (②)가 지난 경우에는 계약체결일 24시</td><td>수확기 종료 시점
다만, 판매개시연도 (④)을 초과할 수 없음</td></tr>
<tr><td>비가림 시설</td><td>계약체결일 24시</td><td>포도 : 이듬해 (③)
참다래 : 이듬해 (⑤)
대추 : 판매개시연도 (④)</td></tr>
</table>

3) 다음 〈보기〉의 내용은 적과전종합위험방식(과수4종)의 적과종료 이전 “보상하지 않는 손해” 중 일부이다. 빈칸에 알맞은 내용을 쓰시오.(5점)

보기

1) 계약자, 피보험자 또는 이들의 (①)의 고의 또는 중대한 과실로 인한 손해
2) 제초작업, 시비관리 등 (②)을 하지 않아 발생한 손해
3) 원인의 직·간접을 묻지 않고 (③)으로 발생한 손해
4) 보상하는 자연재해로 인하여 발생한 동녹(과실에 발생하는 검은 반점 병) 등 (④)
5) 식물방역법 제36조(방제명령 등)에 의거 금지 병해충인 (⑤) 발생에 의한 폐원으로 인한 손해 및 정부 및 공공기관의 매립으로 발생한 손해

09. 다음 각 질문에 답하시오.[15점]

1) 비가림시설보장 "대추" 품목 보험가입금액 산정과 관련한 다음 조사자료를 근거로 계약자가 가입할 수 있는 보험가입금액의 ① 최소값과 ② 최대값을 구하고, ③ 계약자가 부담할 보험료의 최소값은 얼마인지 쓰시오.(단, 화재위험보장 특약은 제외하고, 가입금액은 만원 미만 절사)[7점]

- ○ 가입면적: 2,500m²
- ○ 지역별 보험요율(순 보험요율): 5%
- ○ 순 보험료 정부 보조금 비율: 50%
- ○ 순 보험료 지방자치단체 보조금 비율: 30%
- ○ 대추 비가림시설의 m² 당 시설비: 19,000원
- ○ 손해율에 따른 할인 · 할증과 방재시설 할인 없음
- ○ 주어진 조건 외 다른 사항은 고려하지 않음

① 최소가입금액(2점)

② 최대가입금액(2점)

③ 계약자부담보험료(3점)

2) 다음 〈보기〉의 조건을 참조하여 ① 보험료와 ② 환급보험료를 구하여 쓰시오.(풀이과정을 반드시 쓸 것)[8점]

보기

- ○ 보험가입품목 : 사과
- ○ 평년착과량 : 3,000kg
- ○ 보험가입금액 : 30,000,000원
- ○ 가입수확량 : 3,000kg
- ○ 지역 보통약관 영업요율 : 10%
- ○ 적과후착과량 : 1,500kg
- ○ 적과종료이전 특정위험 5종 한정특약 가입
  * 한정보장 특약 할인율 : 5%
- ○ 미납입보험료 없음
- ○ 적과전 사고 없었음

※ 주어진 조건 외 고려하지 않음

※ 적과전착과감소보험금 보장수준 : 50%

① 보험료(4점)

② 환급보험료(4점)

10. 다음은 종합위험보장 과수 상품을 요약한 내용이다. 다음 ( )에 들어갈 내용을 쓰시오.[15점]

<table>
<tr><th rowspan="2">보험의 목적</th><th rowspan="2">구분</th><th rowspan="2">대상재해</th><th colspan="2">보험기간</th></tr>
<tr><th>시기</th><th>종기</th></tr>
<tr><td rowspan="2">이듬해에 맺은 유자 과실</td><td>수확 감소보장</td><td rowspan="2">자연재해 조수해 화재</td><td>계약체결일 24시</td><td>(①)</td></tr>
<tr><td>나무 손해보장</td><td>계약연도 12월 1일 (다만, 12월 1일 이후 보험에 가입하는 경우에는 계약체결일 24시)</td><td>이듬해 11월 30일</td></tr>
<tr><td rowspan="3">무화과</td><td rowspan="2">과실손해 보장</td><td>자연재해 조수해 화재</td><td>(④)</td><td>(②)</td></tr>
<tr><td>(③)</td><td>이듬해 8월 1일 이후</td><td>(⑤)</td></tr>
<tr><td>나무 손해보장</td><td>자연재해 조수해 화재</td><td>Y년 12월 1일 (다만, 12월 1일 이후 보험에 가입하는 경우에는 계약체결일 24시)</td><td>(Y+1)년 11월 30일</td></tr>
<tr><td rowspan="2">포도</td><td>수확 감소보장</td><td rowspan="2">자연재해 조수해 화재</td><td>계약체결일 24시</td><td>(⑥)</td></tr>
<tr><td>나무 손해보장</td><td>Y년 12월 1일 (다만, 12월 1일 이후 보험에 가입하는 경우에는 계약체결일 24시)</td><td>(Y+1)년 11월 30일</td></tr>
<tr><td rowspan="2">감귤 (만감류)</td><td>종합 위험수확 감소보장</td><td rowspan="2">자연재해 조수해 화재</td><td>계약체결일 24시</td><td>(⑦)</td></tr>
<tr><td>나무 손해보장</td><td>계약체결일 24시</td><td>(⑧)</td></tr>
<tr><td>오디</td><td>종합 위험과실 손해보장</td><td>자연재해 조수해 화재</td><td>계약체결일 24시</td><td>결실완료시점, 다만, (⑨)을 초과할 수 없음</td></tr>
<tr><td>복분자</td><td>종합 위험과실 손해보장</td><td>자연재해 조수해 화재</td><td>계약체결일 24시</td><td>(⑩)</td></tr>
</table>

※ "판매개시연도(Y년)"는 해당 품목 판매개시일이 속하는 연도를 말하며, "이듬해(Y+1)년"는 판매개시 연도의 다음 연도를 말함

제2과목 농작물재해보험 및 가축재해보험 손해평가의 이론과 실무

11. 종합위험생산비보장방식'느타리버섯(균상재배)'에 대한 다음 조사표를 이용하여 1) 피해율, 2) 경과비율 및 3) 보험금을 산출하시오.(단, 수확기 이전사고이며, % 단위는 소수점 셋째자리에서 반올림한다.)[5점]

- 가입면적 : 1,000m^2
- 단위면적당 보장생산비 : 10,000원/m^2
- 생장일수 : 10일
- 미보상비율 : 20%
- 재배면적 : 800m^2
- 피해면적 : 400m^2
- 손해정도 : 50%

1) 피해율(2점)

2) 경과비율(2점)

3) 보험금(천원 미만 절사)(1점)

12. 수확감소보장방식 마늘에 대한 다음 각 질문에 답하시오.[5점]

1) 조기파종보장 마늘의 재파종보장 보장종료일

2) 보험가입금액 500만원, 출현주수 18,000주일 때 산출한 조기파종 보험금

3) 보험가입금액 500만원, 자기부담비율 20%일 때 산출한 조기파종 마늘 경작불능보험금(단, 경작불능보험금 지급조건을 충족함)

13. 가축재해보험의 다음 〈조사자료〉를 이용하여 비육돈(100kg)의 보험가액을 산출하시오.[5점]

조사자료

- 비육돈의 체중 : 100kg
- 사고 당일 포함 직전 5영업일 평균돈육대표가격(전체, 탕박) : 5,000원/kg
- 30kg 기준 자돈가격 : 20만원

14. 농작물재해보험 "밭작물"의 다음 각 품목별 "표본구간 수확량 합계 산정" 산출식을 쓰시오.[5점]

품목	산출식
양배추	
차	
양파	
마늘	
고구마	
옥수수 (피해수확량)	
콩	

15. 종합위험생산비보장방식 "고추"의 계약조건 및 조사내용을 이용하여 피해율과 경과비율 및 보험금을 산출하시오.(% 단위는 소수점 셋째자리에서 반올림하고, 보험금 1만원 단위 미만은 절사한다)[5점]

• 계약조건 1) 보험가입금액 : 1,000만원 2) 계약(재배)면적 : 2,000m^2	• 조사내용 1) 재배방식 : 노지재배 2) 정식일 : 5월 1일 3) 집중호우 피해발생일 : 6월 20일 4) 피해면적 : 1,000m^2 5) 100주의 손해정도 구성비율 정상 30주, 100% 10주, 80% 10주, 60% 10주, 40% 20주, 20% 20주 6) 최근 2년간 보험에 가입하고 보험료 대비 수령한 보험금이 120%임

5) 100주의 손해정도 구성비율

정상	100%	80%	60%	40%	20%
30주	10주	10주	10주	20주	20주

1) 피해율(2점)

2) 경과비율(2점)

3) 보험금(1점)

16. 농작물재해보험의 다음 각 질문에 답하시오.[15점]

1) 생산비보장방식 월동무 품목의 재파종 조사자료가 다음과 같을 때 보험금은?(5점)

보험가입금액	보험가입면적	피해면적	재파종면적	자기부담비율
1,000만원	1,000m^2	400m^2	500m^2	20%

2) 생산비보장방식 브로콜리 품목의 수확기 이전 사고 조사자료가 다음과 같을 때 피해율은? (단, 원단위 절사)(10점)

보험가입금액	피해면적	재배면적	미보상비율	자기부담비율
1,000만원	400m^2	1,000m^2	10%	최소비율 선택

정식일자	사고발생일자	표본구간(4이랑) 작물피해조사			
		정상구	50%형	80%형	100%형
23.09.20.	23.10.16.	21구	4구	5구	10구

17. 농업수입감소보장 마늘 품목에 한해와 조해피해가 발생하여 아래와 같이 수확량조사를 하였다. 계약사항과 조사내용을 토대로 하여 ① 표본구간 단위면적당 수확량, ② 수확량, ③ 실제수입, ④ 피해율, ⑤ 농업수입감소보험금의 계산과정과 값을 각각 구하시오.(단, 소수점 셋째자리에서 반올림하여 둘째자리까지 다음 예시와 같이 구하시오. 예시 수확량 3.456kg → 3.46kg, 피해율 0.12345 → 12.35%로 기재) (단, 환산계수는 적용하지 않음)[15점]

계약사항

- 품종 : 남도
- 평년수확량 : 10,000kg
- 가입면적 : 3,300m²
- 가입수확량 : 10,000kg
- 자기부담비율 : 20%
- 기준가격 : 3,000원

조사내용

- 실제경작면적 : 3,300m²
- 수확불능 면적 : 300m²
- 타 작물 면적 : 500m²
- 표본구간 : 7구간
- 표본구간면적 : 10.50m²
- 표본구간수확량 : 30kg
- 미 보상 비율 : 20%
- 수확기 가격 : 2,500원

① 표본구간 단위면적당 수확량(2점)

② 수확량(5점)

③ 실제수입(3점)

④ 피해율(3점)

⑤ 농업수입감소보험금(2점)

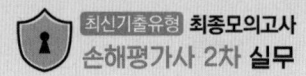

18. **계약사항과 조사내용을 조건으로 종합위험보장 "포도"에 대한 아래 각 질문에 답하시오.(단, 수확량, 착과량, 낙과량, 감수량, 착과수, 낙과수는 소수점 첫째짜리에서 반올림, 피해율은 %단위로 소수점 셋째 자리에서 반올림한다.)[15점]**

• 계약사항

<table>
<tr><th rowspan="2">상품명</th><th rowspan="2">보험가입금액</th><th rowspan="2">평년
수확량</th><th colspan="2">표준수확량</th><th rowspan="2">가입
주수</th><th rowspan="2">자기부담비율</th></tr>
<tr><th>A품종</th><th>B품종</th></tr>
<tr><td>포도</td><td>25,000,000원</td><td>2,400kg</td><td>1,200kg</td><td>1,200kg</td><td>200주</td><td>20%</td></tr>
</table>

• 조사내용

<table>
<tr><th>구분</th><th>재해
종류</th><th>사고
일자</th><th>조사
일자</th><th>조사내용</th></tr>
<tr><td>착과수조사</td><td>–</td><td>–</td><td>7월
25일</td><td>• 실제결과주수 : 200주(A품종 100주, B품종 100주)
• 착과수 : 8,000개(A품종 3,600개, B품종 4,400개)
• 미보상주수 : A품종 10주
• 미보상비율 : 20%
• 착과수조사 이전 사고 있었음(사고 인정)</td></tr>
<tr><td rowspan="3">과중조사
착과피해조사
낙과피해조사</td><td rowspan="3">집중
호우
태풍</td><td rowspan="3">8월
15일</td><td rowspan="3">8월
30일</td><td>• 과중조사 : 평균과중 300g
• 표본주 : A품종 4주, B품종 4주</td></tr>
<tr><td>• 착과피해조사(표본조사)
• 총 착과수 : A품종 120개, B품종 80개
• 착과피해구성률(A, B품종 동일)<table><tr><td>피해구분</td><td>정상</td><td>50%</td><td>80%</td><td>100%</td></tr><tr><td>과실수</td><td>30</td><td>30</td><td>20</td><td>20</td></tr></table></td></tr>
<tr><td>• 낙과피해조사(전수조사)
• 총 낙과수 : A품종 1,400개, B품종 2,100개
• 낙과피해구성률(A, B품종 동일)<table><tr><td>피해구분</td><td>정상</td><td>50%</td><td>80%</td><td>100%</td></tr><tr><td>과실수</td><td>10</td><td>40</td><td>20</td><td>30</td></tr></table></td></tr>
</table>

1) 수확감소보험금(3점)

2) 수확량(2점)

3) 착과량(5점)

4) 감수량(5점)

19. 종합위험방식 원예시설(버섯) 품목에 관한 내용이다. 각 내용을 참조하여 다음 물음에 답하시오.[15점]

• 표고버섯(원목재배)

표본원목의 전체면적	표본원목의 피해면적	재배원목(본)수	피해원목(본)수	원목(본)당 보장생산비
$40m^2$	$20m^2$	2,000개	400개	7,000원

• 표고버섯(톱밥배지재배)

준비기 생산비 계수	피해배지(봉)수	재배배지(봉)수	손해정도비율
79.8%	500개	2,000개	50%

배지(봉)당 보장생산비	생장일수	비고
2,800원	45일	수확기 이전 사고임

• 느타리버섯(균상재배)

준비기 생산비 계수	피해면적	재배면적	손해정도
72.3%	$500m^2$	$2,000m^2$	55%

단위면적당 보장생산비	생장일수	비고
16,400원	14일	수확기 이전 사고임

1) 표고버섯(원목재배) 생산비보장보험금의 계산과정과 값을 쓰시오.(5점)

2) 표고버섯(톱밥배지재배) 생산비보장보험금의 계산과정과 값을 쓰시오.(5점)

3) 느타리버섯(균상재배) 생산비보장보험금의 계산과정과 값을 쓰시오.(5점)

20. 농작물재해보험 "밤" 품목에 대한 다음 계약사항과 조사내용을 근거로 다음 각 질문에 답하시오.(단, 피해율은 % 단위로 소수점 아래 셋째자리에서 반올림한다.)[15점]

- 계약사항

보험가입금액	자기부담비율	평년수확량	실제결과주수
1,500만원	10%	1) 4,500kg 2) 5,000kg	600주

- 조사내용(수확개시 후 최초 조사)

금차착과량	금차감수량	기수확량	미보상비율
3,500kg	900kg	200kg	5%

1) 평년수확량 4,500kg일 때 수확감소보험금(7점)

2) 평년수확량 5,000kg일 때 수확감소보험금(8점)

손해평가사 2차 시험대비

최종모의고사

제 5 회

제1과목 농작물재해보험 및 가축재해보험 이론과 실무

01. 과수작물 종합위험 수확감소보장방식(복숭아, 자두, 매실, 살구, 오미자, 밤, 호두, 유자 8개 품목)에 대한 보험료 산출의 경우 다음 각 빈칸에 알맞은 내용을 쓰시오.[5점]

1) 손해율에 따른 할인 · 할증은 (①)를 기준으로 판단
2) 손해율에 따른 할인 · 할증 폭은 (②)로 제한
3) 방재시설 할인은 복숭아, 자두, 매실, 살구, 감귤(만감류), (③) 품목에만 해당
4) 2개 이상의 방재시설이 있는 경우 합산하여 적용하되, 최대 할인율은 (④)로 제한
5) 조수해(鳥獸害) 부보장 특약에 가입할 수 있는 품목은 (⑤)이다.

02. 다음 각 질문에 답하시오.[5점]

1) 과수작물 손해보장 보험계약시 계약자가 선택할 수 있는 자기부담비율이 20%, 30%, 40%인 과수작물은?(2점)
2) 적과전 종합위험 과수4종의 자기부담비율 15%형의 선택 기준은?(2점)
3) 적과전 종합위험의 평년착과량 산출식이 "〔A + (B − A) × (1 − Y ÷ 5)〕 × C ÷ D"와 같을 때 "C"값에 해당하는 내용은?(1점)

03. 아래 조건은 인삼해가림시설 보험료 산출을 위한 조건이다. 순보험료를 구하시오.[5점]

○ 보험가입금액 : 800만원
○ 지역별 보통약관 영업요율 : 10%
○ 허용적설심 및 허용풍속이 지역별 내재해형 설계기준 100% 이상~120% 미만인 인삼재배시설

04. 다음 〈보기〉는 적과전종합위험보장방식 나무손해보장특약의 보상하지 않은 손해이다. 〈보기〉에서 제시하지 않은 내용 4가지를 쓰시오.[5점]

보기

- 계약자, 피보험자 또는 이들의 법정대리인의 고의 또는 중대한 과실로 인한 손해
- 제초작업, 시비관리 등 통상적인 영농활동을 하지 않아 발생한 손해
- 하우스, 부대시설 등의 노후 및 하자로 생긴 손해
- 계약체결 시점 현재 기상청에서 발령하고 있는 기상특보 발령 지역의 기상특보 관련 재해로 인한 손해
- 보상하는 재해에 해당하지 않은 재해로 발생한 손해
- 전쟁, 혁명, 내란, 사변, 폭동, 소요, 노동쟁의, 기타 이들과 유사한 사태로 생긴 손해

05. 다음 각 질문에 답하시오.[5점]

1) 시설작물 및 버섯작물에 적용되는 소손해면책금의 기준 금액은?(2점)

2) 표고버섯 확장위험 담보 특약의 "보상하는 재해" 중 기상청 기상특보발령 지역의 작물피해 외에 한 가지를 설명하시오.(3점)

06. 다음 각 질문에 대한 올바른 내용을 쓰시오.[15점]

1) 농업수입감소보장의 기준가격을 정할 때 농가수취비율을 적용하지 않는 작물은?(3점)

2) 농업수입감소보장에서 하나의 농지에 2개 이상 용도(또는 품종)의 콩이 식재된 경우에는 기준가격과 수확기 가격을 해당 용도(또는 품종)의 ( )에 따라 가중 평균하여 산출한다. 빈칸에 알맞은 것을 쓰시오.(2점)

3) 아래 조건에 의해 농업수입감소보장 포도 품목의 피해율 및 농업수입감소보험금을 산출하시오.(10점)

- 평년수확량 : 1,000kg
- 조사수확량 : 500kg
- 미보상감수량 : 100kg
- 농지별 기준가격 : 4,000원/kg
- 수확기 가격 : 3,000원/kg
- 보험가입금액 : 4,000,000원
- 자기부담비율 : 20%

① 피해율(피해율은 %단위로 소수점 셋째자리에서 반올림하여 둘째자리까지 다음 예시와 같이 구하시오. 예시 0.12345 → 12.35%로 기재)(5점)

② 보험금(5점)

07. 종합위험보장 “참다래” 상품에서 다음 조건에 따라 1) 과거수확량을 구하고, 2024년(보험가입연도)의 2) 평년수확량을 구하시오.(단, 주어진 조건 외 다른 조건은 고려하지 않는다.)[15점]

(단위: kg)

구분	2019년	2020년	2021년	2022년	2023년	합계	평균
평년수확량	8,000	8,100	8,100	8,300	8,400	40,900	8,180
표준수확량	8,200	8,200	8,200	8,200	8,200	41,000	8,200
조사수확량	7,000	4,000	무사고	무사고	8,500	–	–
과거수확량							
가입여부	가입	가입	가입	가입	가입	–	–

※ 2024년의 표준수확량은 8,200kg임

1) 과거수확량

2) 평년수확량

08. 농작물재해보험 종합위험 수확감소보장 복숭아 상품에 관한 내용이다. 다음 조건에 대한 1) 보험금 지급사유와 2) 지급시기를 서술하고 3) 보험금을 구하시오.(단, 보험금은 계산과정을 반드시 쓰시오.)[15점]

1. 계약사항
   - 보험가입품목 : (종합)복숭아
   - 품종 : 백도
   - 수령 : 10년
   - 가입주수 : 150주
   - 보험가입금액 : 25,000,000원
   - 평년수확량 : 9,000kg
   - 가입수확량 : 9,000kg
   - 자기부담비율 : 2년 연속가입 및 2년간 수령보험금이 순보험료의 100% 미만인 과수원으로 최저 자기부담비율 선택
   - 특별약관 : 수확량감소추가보장
2. 조사내용
   - 사고접수 : 2019.07.05. 기타자연재해, 병충해
   - 조사일 : 2019.07.06.
   - 사고조사내용 : 강풍, 병충해(복숭아순나방)
   - 수확량 : 4,500kg(병충해과실무게 포함)
   - 병충해과실무게 : 1,200kg
   - 미보상비율 : 10%

1) 보험금 지급사유(2점)

2) 지급시기(2점)

3) 보험금(11점)

09. 종합위험방식 고추 품목에 관한 다음 내용을 각각 서술하시오.[15점]

1) 다음 독립된 A, B, C 농지 각각의 보험가입 가능여부와 그 이유 (단, 각각 제시된 조건 이외는 고려하지 않음)(5점)

- A농지 : 가입금액이 100만원으로 농지 10a 당 재식주수가 4,000주로 고추정식 1년 전 인삼을 재배
- B농지 : 가입금액이 200만원, 농지 10a 당 재식주수가 2,000주로 4월 2일 고추를 터널 재배 형식만으로 식재
- C농지 : 연륙교가 설치된 도서 지역에 위치하여 10a 당 재식주수가 5,000주로 전 농지가 비닐멀칭이 된 노지재배

2) 병충해가 있는 경우 생산비보장 보험금 계산식(5점)

3) 수확기 이전에 보험사고가 발생한 경우 경과비율 계산식(5점)

10. **가축재해보험(2023년 기준)에 따라 다음 각 질문에 답하시오.[15점]**

1) “소” 주계약으로 보상하는 사고(4점)

2) “소” 특별약관(4점)

3) “돼지” 질병위험보장 특약의 자기부담금(3점)

4) “가금” 축사보장에서 “풍 · 수재 · 설해 · 지진” 사고시 최저 자기부담금(2점)

5) “소” 보험가입이 가능한 월령(나이)(2점)

제2과목 농작물재해보험 및 가축재해보험 손해평가의 이론과 실무

11. **농작물재해보험 종합위험 수확감소보장 “밭작물”의 “표본구간별 수확량 조사방법” 중 다음 각 빈칸에 알맞은 내용을 쓰시오.[5점]**

품목	표본구간별 수확량 조사 방법
양파	표본구간 내 작물을 수확한 후, 종구 (①) 윗부분 줄기를 절단하여 해당 무게를 조사(단, 양파의 최대지름이 (②) 미만인 경우에는 80%(보상하는 재해로 인해 피해가 발생하여 일반시장 출하가 불가능하나, 가공용으로는 공급될 수 있는 작물을 말하며, 가공공장 공급 및 판매 여부와는 무관), 100%(보상하는 재해로 인해 피해가 발생하여 일반시장 출하가 불가능하고 가공용으로도 공급될 수 없는 작물) 피해로 인정하고 해당 무게의 20%, 0%를 수확량으로 인정)
마늘	표본구간 내 작물을 수확한 후, 종구 3cm 윗부분을 절단하여 무게를 조사(단, 마늘통의 최대지름이 (③)(한지형), (④)(난지형) 미만인 경우에는 80%(보상하는 재해로 인해 피해가 발생하여 일반시장 출하가 불가능하나, 가공용으로는 공급될 수 있는 작물을 말하며, 가공공장 공급 및 판매 여부와는 무관), 100%(보상하는 재해로 인해 피해가 발생하여 일반시장 출하가 불가능하고 가공용으로도 공급될 수 없는 작물) 피해로 인정하고 해당 무게의 20%, 0%를 수확량으로 인정)
감자	표본구간 내 작물을 수확한 후 정상 감자, 병충해별 20% 이하, 21~40% 이하, 41~60% 이하, 61~80% 이하, 81~100% 이하 발병 감자로 구분하여 해당 병충해명과 무게를 조사하고 최대지름이 (⑤) 미만이거나 피해 정도 50% 이상인 감자의 무게는 실제 무게의 50%를 조사 무게로 함.

① ② ③ ④ ⑤

12. 가축재해보험 “소도체결함보장특약”에 가입한 사고 소에 대한 다음 자료를 근거로 지급보험금을 산출하시오.[5점]

보험가입금액	정상도체 300kg 사고소 등급 1두 가격	경매일자	사고소의 도체중량
288만원	360만원	2023년 8월 10일	300kg

〈2023년 전국지육경매평균가격(원/kg)〉

5월	6월	7월	8월
8,000	10,000	9,000	10,000

13. 다음은 8월 20일 태풍피해를 입은 논벼(메벼) 작물 전수조사 결과이다. 계약조건에 따른 피해율과 보험금을 계산하시오.(단, 수확량은 kg단위로 소수점 첫째자리에서 반올림하고, 피해율은 % 단위로 소수점 셋째자리에서 반올림하여 둘째자리까지 다음 예시와 같이 구하시오. 예시 0.12345 → 12.35%)[5점]

• 계약조건	• 전수조사내용
1. 보험가입금액 : 20,000,000원	1. 작물중량 : 1,000kg
2. 실제경작면적 : 2,000m^2	2. 함수율 : 20%
3. 자기부담비율 : 10%	3. 타작물면적 : 200m^2
4. 평년수확량 : 1,500kg	4. 기타 다른 조건은 고려하지 않음

1) 피해율(3점)

2) 보험금(2점)

14. 다음은 종합위험 수확감소보장 "밭작물"에 대한 "수확량 조사 적기"이다. 각 품목별 빈칸에 알맞은 내용을 쓰시오.[5점]

품목	수확량 조사 적기
마늘	마늘의 비대가 종료된 시점(잎과 줄기가 (①) 황변하여 말랐을 때와 해당 지역의 통상 수확기가 도래하였을 때)
고구마	고구마의 비대가 종료된 시점(삽식일로부터 (②) 이후에 농지별로 적용)
감자 (봄재배)	감자의 비대가 종료된 시점(파종일로부터 (③) 이후)
옥수수	옥수수의 수확 적기(수염이 나온 후 (④) 이후)
콩	콩의 수확 적기(콩잎이 누렇게 변하여 떨어지고 꼬투리의 (⑤) 이상이 고유한 성숙(황색) 색깔로 변하는 시기인 생리적 성숙기로부터 7~14일이 지난 시기)

15. 농작물재해보험 "감귤" 품목에 대한 다음 표본 〈조사내용〉을 근거로 동상해 손해액을 각각 구하시오.[5점]

〈동상해 조사〉

구분	80% 형	100%형	정상과
피해과실수	10개	27개	63개

보험가입금액	사고발생일자	미보상비율	주계약피해율 (미보상비율 10%)
1,000만원	1월 20일	20%	45%

※ 수확기잔존비율 = (100 − 68) − (0.8 × 사고발생일)

16. 다음은 종합위험 생산비보장방식 고추에 관한 내용이다. 아래의 조건을 참조하여 다음 물음에 답하시오.[15점]

조건 1

잔존보험 가입금액	가입면적 (재배면적)	피해면적	손해정비율 (심도)	자기부담금 비율	정식일	미보상 비율
8,000,000원	3,000m^2	1,500m^2	30%	5%	2020년 5월 10일	20%

조건 2

재해종류	내용
한해 (가뭄피해)	– 보험사고 접수일 : 2020년 8월 7일(정식일로부터 경과일수 89일) – 조사일 : 2020년 8월 8일(정식일로부터 경과일수 90일) – 수확개시일 : 2020년 8월 18일(정식일로부터 경과일수 100일) – 가뭄 이후 첫 강우일 : 2020년 8월 20일(수확개시일로부터 경과일수 2일) – 수확종료(예정)일 : 2020년 10월 7일(수확개시일로부터 경과일수 50일)

(1) 위 조건에서 확인되는 ① 사고(발생)일자를 기재하고 그 일자를 사고(발생)일자로 하는 ② 근거를 쓰시오.(5점)

(2) 경과비율(%)을 구하시오.(단, 경과비율은 소수점 셋째자리에서 반올림하여 다음 예시와 같이 구하시오. 예시 12.345% → 12.35%)(5점)

(3) 보험금을 구하시오.(5점)

17. 농작물재해보험 "유자" 상품에서 보험계약사항 및 조사내용이 다음과 같다. 유자상품의 1) 수확량, 2) 피해율, 3) 보험금을 구하시오.(단, 풀이과정은 반드시 쓴다.)[15점]

평년수확량	실제결과주수	미보상주수	고사나무주수	피해구성(피해과)			
12,000kg	300주	50주	50주	50%	80%	100%	정상과
미보상비율	자기부담비율	표본주수	표본주착과무게	10	20	30	40
10%	10%	8주	240kg	보험가입금액 : 4,000만원			

1) 수확량(10점)

2) 피해율(3점)

3) 보험금(2점)

18. 농작물재해보험 수확감소보장방식 "포도" 품목의 착과피해조사방법에 대하여 기술하시오.[15점]

19. 다음 조건에 의한 적과전 종합위험(사과)의 착과감소보험금과 과실손해보험금을 산정하시오.(단, 감수과실수와 감수량은 정수 또는 kg단위로 반올림하여 계산한다.)[15점]

• 계약사항

상품명	가입특약	보장수준	실제결과주수	평년착과수
적과전 종합위험 (보통약관 사과)	적과전 특정 5종 한정특약	70%	100주	10,000개

가입과실수	가입과중	가입가격	자기부담비율
10,000개	0.25kg	4,000원	15%

• 조사내용

<table>
<tr><th>구분</th><th>재해
종류</th><th>사고
일자</th><th>조사
일자</th><th>조사내용</th></tr>
<tr><td rowspan="2">계약일
~
적과전</td><td>우박</td><td>6.10</td><td>6.11</td><td>- 유과타박률조사 : 피해유과 30, 정상유과 70
- 미보상비율 10%</td></tr>
<tr><td>집중
호우</td><td>6.22</td><td>6.23</td><td>- 수확불능나무주수 : 10주(매몰)
- 미보상비율 15%</td></tr>
<tr><td>적과후
착과수</td><td colspan="2">-</td><td>6.30</td><td>적과후 착과수 : 8,000개</td></tr>
<tr><td rowspan="4">적과후
수확전</td><td>태풍</td><td>8.15</td><td>8.17</td><td>- 피해나무수 조사 : 피해 없음
- 낙과수 전수조사 : 낙과수 1,000개
- 낙과피해구성률 조사<table><tr><th>피해과실구분</th><th>100%</th><th>80%</th><th>50%</th><th>정상과</th></tr><tr><td>과실수(개)</td><td>15</td><td>10</td><td>12</td><td>63</td></tr></table></td></tr>
<tr><td rowspan="2">일소</td><td rowspan="2">9.11</td><td rowspan="2">9.18</td><td>- 낙과피해 전수조사 : 낙과수 1,000개
- 낙과피해구성률 : 40%</td></tr>
<tr><td>- 착과피해조사 : 사고당시착과수 6,000개
- 착과피해구성률 : 30%</td></tr>
<tr><td>우박</td><td>6.10</td><td>9.25</td><td>- 수확직전 착과수 조사 : 착과수 5,000개
- 착과피해구성률 : 43%</td></tr>
<tr><td>수확
개시후</td><td>가을
동상해</td><td>9.30</td><td>10.2</td><td>- 사고당시 착과수 : 3,000개
- 착과피해구성률 : 63%</td></tr>
</table>

1) 착과감소보험금

2) 과실손해보험금

20. 가축재해보험(젖소) 사고 시 월령에 따른 보험가액을 산출하고자 한다. 각 사례별(①~⑤)로 보험가액 계산과정과 값을 쓰시오.(단, 유량검정젖소 가입시는 제외, 만원 미만 절사)[15점]

사고 전전월 전국산지 평균가격

- 분유떼기암컷 : 100만원
- 수정단계 : 300만원
- 초산우 : 350만원
- 다산우 : 480만원
- 노산우 : 300만원

① 월령 2개월 질병사고 폐사(3점)

② 월령 11개월 대사성 질병 폐사(3점)

③ 월령 20개월 유량감소 긴급 도축(3점)

④ 월령 35개월 급성고창 폐사(3점)

⑤ 월령 60개월 사지골절 폐사(3점)

손해평가사 2차 시험대비

최종모의고사

제 6 회

제1과목 농작물재해보험 및 가축재해보험 이론과 실무

01. 업무방법서상 재무적 위험관리기법 3가지를 간략하게 서술하시오.[5점]

02. 작물특정 및 시설종합위험 손해보장방식 "인삼(해가림시설)" 품목의 보상하는 재해에 대하여 각각 구분하여 쓰시오.[5점]

1) 인삼(작물)

2) 해가림시설

03. 종합위험 원예시설 손해보장방식(농업용 시설물 및 부대시설과 시설작물)에서 다음 각 시설(작물)의 보험가입금액을 결정하는 방법을 약술하시오.(단, 시설의 경우 재조달가액 특약 가입여부는 고려하지 않는다.)[5점]

1) 농업용 시설물 :
2) 유리온실(경량철골조) :
3) 부대시설 :
4) 연간 재배예정인 시설작물 :

04. 종합위험 생산비보장 "밭작물"의 보험기간과 관련하여 다음 각 빈칸에 알맞은 내용을 쓰시오.[5점]

<table>
<tr><th rowspan="2">보장</th><th rowspan="2">보험의 목적</th><th colspan="2">보험기간</th></tr>
<tr><th>보장개시</th><th>보장종료</th></tr>
<tr><td rowspan="5">종합위험 생산비보장</td><td>고추</td><td>계약체결일 24시</td><td>정식일부터 (①)째 되는 날 24시</td></tr>
<tr><td>브로콜리</td><td>정식완료일 24시
다만, 보험계약시 정식완료일이 경과한 경우에는 계약체결일 24시이며 정식완료일은 판매개시연도 9월 30일을 초과할 수 없음</td><td>정식일부터 (②)이 되는 날 24시</td></tr>
<tr><td>메밀</td><td>파종완료일 24시
다만, 보험계약시 파종완료일이 경과한 경우에는 계약체결일 24시(단, 판매개시연도 9월 15일을 초과할 수 없음)</td><td>최초 수확 직전
다만, 판매개시연도 (③)을 초과할 수 없음</td></tr>
<tr><td>고랭지무</td><td rowspan="2">파종완료일 24시
다만, 보험계약 시 파종완료일이 경과한 경우에는 계약체결일 24시
단, 파종완료일은 아래의 일자를 초과할 수 없음
- 고랭지무 : 판매개시연도 7월 31일
- 월동무 : 판매개시연도 10월 15일</td><td>파종일부터 (④)째 되는 날 24시</td></tr>
<tr><td>월동무</td><td>최초 수확 직전
다만, 이듬해 (⑤)을 초과할 수 없음</td></tr>
</table>

① ② ③ ④ ⑤

05. 가축재해보험(소 부문) 도난손해(도난, 행방불명)와 관련하여 〈보기〉에서 제시하지 않은 "보상하지 않는 손해" 5개를 기술하시오.[5점]

보기

가) 계약자, 피보험자 또는 이들의 법정대리인의 고의 또는 중대한 과실로 생긴 도난 손해
나) 피보험자의 가족, 친족, 피고용인, 동거인, 숙박인, 감수인(監守人) 또는 당직자가 일으킨 행위 또는 이들이 가담하거나 이들의 묵인하에 생긴 도난손해
다) 지진, 분화, 풍수해, 전쟁, 혁명, 내란, 사변, 폭동, 소요, 노동쟁의 기타 이들과 유사한 사태가 발생했을 때 생긴 도난손해
라) 화재, 폭발이 발생했을 때 생긴 도난 손해
마) 절도, 강도 행위로 발생한 화재 및 폭발 손해
바) 보관장소 또는 작업장 내에서 일어난 좀도둑으로 인한 손해
사) 망실 또는 분실 손해

06. 종합위험방식 수확감소보장 벼 상품에서 다음 조건에 따라 과거수확량을 구하고, 2023년(가입연도)의 평년수확량을 구하시오.(단, 가입연도 직전 4년간 보험에 가입하였고, 주어진 조건 외 다른 조건은 고려하지 않음)[15점]

(단위 : kg)

구분 \ 연도	2018	2019	2020	2021	2022	평균
평년수확량	2,600	2,000	2,600	2,400	2,600	2,540
표준수확량	2,600	2,600	2,500	2,800	2,800	2,660
조사수확량	600	무가입	무사고	800	무사고	–

- 가입연도 지역별 기준수확량 : 2,600kg
- 가입연도 보정계수 : 1.1
- 가입연도 직전 5년간 평균보정계수 : 1.1

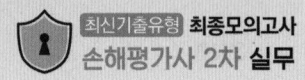

07. 다음과 같은 '인삼'의 해가림시설이 있다. 다음 물음에 답하시오.(단, 주어진 조건 외 다른 조건은 고려하지 않음)[15점]

- 가입시기 : 2022년 6월
- 농지 내 재료별(목재, 철재)로 구획되어 해가림시설이 설치되어 있음

해가림시설(목재)

- 시설년도 : 2015년 9월
- 면적 : 4,000m^2
- 단위면적당 시설비 : 30,000원/m^2

※ 해가림시설 정상 사용 중

해가림시설(철재)

- 전체면적 : 6,000m^2
  - 면적 ① : 4,500m^2(시설년도 2017년 3월)
  - 면적 ② : 1,500m^2(시설년도 2019년 3월)
- 단위면적당 시설비 : 50,000원/m^2

※ 해가림시설 정상 사용 중이며, 면적 ①, ②는 동일 농지에 설치

1) 해가림시설(목재)의 보험가입금액의 계산과정과 값을 쓰시오.

2) 해가림시설(철재)의 보험가입금액의 계산과정과 값을 쓰시오.

08. 농작물재해보험의 아래 각 질문에 답하시오.[15점]

1) 종합위험 비가림과수 손해보장방식(포도)에서 아래 조사자료를 근거로 보험금을 구하시오.(단, 화재 특약에 가입하였으며, 주어진 조건 외 다른 조건은 고려하지 않음)(8점)

- 보험가입 시설면적 : 2,000m^2, 시설비 : 2,000원/m^2, 가입비율 : 100%
- 구조체(피복재 포함) : 화재로 인한 전손 발생

2) 농작물재해보험 계약에서 보험료 환급시 계약자 또는 피보험자의 책임 있는 사유 3가지를 쓰시오.(7점)

09. 가축재해보험의 다음 각 질문에 올바른 내용을 쓰시오.[15점]

1) 다음은 가축재해보험의 보상하지 않는 손해의 내용 중 일부이다. 빈칸에 알맞은 내용을 쓰시오.

- 계약자, 피보험자 및 이들의 법정대리인의 고의 또는 중대한 과실
- 계약자, 피보험자의 (①) 및 (②)에 의한 가축사망으로 인한 손해
- 가축전염병 예방법에서 정하는 가축전염병으로 사망하거나, 정부 및 공공기관의 (③) 또는 (④)로 발생한 손해
- 계약자, 피보험자 또는 이들의 (⑤)의 고의 또는 중대한 과실

2) 가축재해보험에서 정의하고 있는 아래 〈보기〉의 내용 중 빈칸에 알맞은 내용을 쓰시오.

보기

- "종모우"의 보상하는 손해 대상인 "경제적 도살"이란 종모우가 (①) 동안 정상적으로 정액을 생산하지 못하고, 자격 있는 수의사에 의하여 종모우로서의 경제적 가치가 없다고 판정되었을 때로 한다.
- "돼지"의 보상하는 손해 대상인 "폐사"란 사고 발생 때부터 (②) 이내에 폐사되는 보험목적에 한하여 보상하며 다만, 재해보험사업자가 인정하는 경우에 한하여 사고 발생 때부터 (③) 이후에 폐사되어도 보상한다.
- "가금"의 보상하는 "폭염" 손해는 폭염특보 발령 전 (④) 전부터 해제 후 (⑤) 이내에 폐사되는 보험목적에 한하여 보상한다.

10. 종합위험보장 수확감소보장(벼)에 대한 각 보장 내용에 따라 "보험금 지급사유"를 쓰시오.[15점]

보장	보험금 지급사유
이앙 · 직파 불능 보장 (보통약관)	①
재이앙 · 재직파 보장 (보통약관)	②
경작불능 보장 (보통약관)	③
수확불능 보장 (보통약관)	④
수확감소 보장 (보통약관)	⑤

제2과목 농작물재해보험 및 가축재해보험 손해평가의 이론과 실무

11. 다음은 가축재해보험 "돼지"에 대한 보험가액 산정방법이다. 각 빈칸에 알맞은 내용을 쓰시오. [5점]

1) 종모돈 = 종빈돈가액 × (　　)
2) 종빈돈의 보험가액 산정 : 임신, 분만 및 포유 등 종빈돈으로서 기능을 하지 않는 경우에는 (　　)의 산출방식과 같이 계산한다.
3) 110kg 비육돈 수취가격 = 사고 당일 포함 직전 5영업일 평균돈육대표가격(전체, 탕박) × 110kg × (　　　　)
4) 자돈의 보험가액 : 자돈은 포유돈(젖먹이 돼지)과 이유돈(젖을 뗀 돼지)으로 구분하여 재해보험사업자와 (　　　　)으로 한다.
5) 비육돈(육성돈 및 후보돈) 보험가액(31kg~110kg 미만)

$$= \text{자돈가격(30kg 기준)} + (\text{적용체중} - 30\text{kg}) \times \frac{110kg\ \text{비육돈 수취가격} - \text{자돈가격}(30kg\text{기준})}{(\quad)}$$

12. 농작물재해보험 업무방법에서 정하는 용어를 순서대로 답란에 쓰시오.[5점]

- (   ) : 영양조건, 기간, 기온, 일조시간 등 필요조건이 다 차서 꽃눈이 형성되는 현상
- (   ) : 가입수확량 산정 및 적과종료전 보험사고시 감수량 산정의 기준이 되는 수확량
- (   ) : 햇가지가 1~2mm 정도 자라기 시작하는 현상
- (   ) : 보상하는 재해 이외의 원인으로 수확량이 감소되었다고 평가되는 부분을 말하며, 계약 당시 이미 발생한 피해, 병해충으로 인한 피해 및 제초상태 불량 등으로 인한 수확감소량으로서 피해율 산정시 감수량에서 제외되는 것
- (   ) : 보험의 목적에 대한 피보험이익을 금전으로 평가한 금액 또는 보험의 목적에 발생할 수 있는 최대 손해액

13. 다음은 종합위험 수확감소보장방식 논작물(벼)에 관한 내용이다. 아래의 내용을 참조하여 다음 물음에 답하시오.[5점]

1) A농지의 재이앙·재직파 보험금을 구하시오.

구분	보험가입금액	보험가입면적	실제경작면적	피해면적
A농지	5,000,000원	2,000m^2	2,000m^2	500m^2

2) B농지의 수확감소보험금을 구하시오.(수량요소조사, 표본조사, 전수조사가 모두 실시됨)

구분	보험가입금액	조사방법에 따른 피해율	자기부담비율
B농지	8,000,000원	– 수량요소조사 : 피해율 30% – 표본조사 : 피해율 40% – 전수조사 : 피해율 35%	20%

14. 손해평가사 A는 B씨의 포도 품목 과수원 농지에 대하여 미보상비율을 정하려고 한다. 아래 〈보기〉의 기준에 따라 미보상비율 적용 기준을 각각 정하여 쓰시오.[5점]

보기

제초상태 · 병해충 상태 · 기타	미보상비율
잡초가 농지 면적의 20% 이상 40% 미만으로 분포한 경우	1)
정상적인 영농활동 시행을 증빙하는 자료(비료 및 농약 영수증 등)가 부족한 경우	2)
영농기술 부족으로 인한 피해가 20% 미만으로 판단되는 경우	3)

15. 다음 〈보기〉의 조사내용을 근거로 농작물재해보험 각 품목의 과중(무게)을 구하시오.(단, 무게는 kg 단위로 소수점 넷째 자리에서 반올림한다.)[5점]

보기

1) 밤(개당과중) : 개당 지름길이 30mm 이하 표본과실(송이) 무게 합 0.5kg
개당 지름길이 30mm 초과 표본과실(송이) 무게 합 1.5kg, 표본과실수 60개
2) 참다래(개당과중) : 개당 50g 이하 표본과실 무게 합 1.5kg
개당 50g 초과 표본과실 무게 합 3.5kg, 표본과실수 60개
3) 양배추(무게) : 표본구간 정상양배추 무게 25kg, 80% 피해 양배추 무게 13kg
4) 마늘(난지형)(무게) : (표본구간) 마늘통 지름 3.5cm 미만 무게 180g(일반시장 출하는 불가능하나 가공용 출하는 가능), 마늘통 지름 3.5cm 이상 무게 200g, 단, 비대추정지수와 환산계수는 적용하지 않음
5) 콩 수확량(무게) : (표본구간) 종실중량 1kg, 함수율 20%

1) 밤

2) 참다래

3) 양배추

4) 마늘

5) 콩

16. 종합위험 수확감소보장방식 복숭아(1품종, 동일수령)에 대한 다음 계약사항과 조사내용을 조건으로 아래 각 질문에 답하시오.(단, 착과감수량과 낙과감수량은 정수단위로, 피해율은 소수점 셋째 자리에서 반올림하여 둘째 자리까지 다음 예시와 같이 구하시오. 예시 피해율 0.12345 → 12.35%)[15점]

• 계약사항

상품명	특약	보험가입금액	평년수확량	표준수확량	가입주수	자기부담비율
복숭아	없음	15,000,000원	7,400kg	7,200kg	370주	10%

• 조사내용

<table>
<tr><th>구분</th><th>재해
종류</th><th>사고
일자</th><th>조사
일자</th><th>조사내용</th></tr>
<tr><td>착과수조사</td><td>–</td><td>–</td><td>7월
28일</td><td>실제결과주수 : 370주 미보상주수 : 10주
고사나무주수 : 10주 착과수 : 20,000개
미보상비율 : 10%</td></tr>
<tr><td rowspan="3">과중조사
착과피해조사
낙과피해조사</td><td rowspan="3">집중
호우
태풍</td><td rowspan="3">8월
15일</td><td rowspan="3">8월
30일</td><td>과중조사 : 평균과중 300g</td></tr>
<tr><td>• 착과피해조사(표본조사)
• 총 착과수 : 19,250개(주당착과수 55개)
<table>
<tr><th>피해
구분</th><th>정상</th><th>50%</th><th>80%</th><th>100%</th><th>보장
병충해</th></tr>
<tr><td>과실수</td><td>32</td><td>10</td><td>10</td><td>2</td><td>6</td></tr>
</table></td></tr>
<tr><td>• 낙과피해조사(표본조사)
• 총 낙과수 : 2,380개(주당낙과수 7개)
<table>
<tr><th>피해
구분</th><th>정상</th><th>50%</th><th>80%</th><th>100%</th><th>보장
병충해</th></tr>
<tr><td>과실수</td><td>16</td><td>24</td><td>10</td><td>4</td><td>6</td></tr>
</table>
• 고사주수 : 30주(금차고사주수 20주)</td></tr>
</table>

1) 수확감소보험금(3점)

2) 피해율(3점)

3) 착과량(3점)

4) 감수량(병충해 감수량 제외)(3점)

5) 병충해 감수량(3점)

17. **종합위험 수확감소보장 논작물 벼보험에 관한 내용이다. 아래와 같이 보험가입을 하고 보험사고가 발생한 것을 가정한 경우 다음의 물음에 답하시오.[15점]**

• 보험가입내용
– 실제경작면적은 가입면적과 동일한 것으로 조사됨

구분	농지면적 (m^2)	가입면적 (m^2)	평년수확량 (kg/m^2)	가입가격 (원/kg)	자기부담 비율(%)	가입비율
A농지	18,000	16,000	0.85	1,300	20	평년수확량의 100%
B농지	12,500	12,500	0.84	1,400	15	평년수확량의 100%

• 보험사고내용

구분	사고내용	조사방법	수확량(kg)	미보상비율(%)	미보상사유
A농지	도열병	전수조사	4,080	10	방재 미흡
B농지	벼멸구	전수조사	4,000	10	방재 미흡

– 위 보험사고는 각각 병충해 단독사고이며, 모두 병충해 특약에 가입함
– 함수율은 배제하고 계산함
– 피해율 계산은 소수점 셋째자리에서 반올림하여 둘째자리까지 구함(예시 123.456% → 123.46%)
– 보험금은 원단위 이하 버림

1) 병충해담보 특약에서 담보하는 7가지 병충해를 쓰시오.

2) 수확감소에 따른 A농지 ① 피해율, ② 보험금과 B농지, ③ 피해율, ④ 보험금을 각각 구하시오.

3) 각 농지의 식물체가 65% 이상 고사하여 경작불능보험금을 받을 경우, A농지 ⑤ 보험금과 B농지 ⑥ 보험금을 구하시오.

18. 다음 각 시설별로 제시된 자료를 참조하여 각각의 보험금을 산정하시오.(추가비용의 경우 보험금 지급조건을 갖춘 것으로 한다.)[15점]

시설 1 비가림시설(구조체 단독사고)

보험가입금액	손해액	잔존물제거비용	손해방지비용	기타 협력비용
1,000만원	800만원	200만원	100만원	50만원

※ 보험가입비율 100%

시설 2 해가림시설

보험가입금액	손해방지비용	시설비
770만원	30만원	5,000원/m^2

전체 칸수	피해칸수(전손)	표본칸넓이합	표본칸수	보험가입일 기준 시설경과년수
1,000칸	500칸	21m^2	7칸	2년

※ 보험가액, 손해액, 보험금 : 1천원 이하 절사
※ 보험사고는 보험가입연도에 발생

시설 3 원예시설(구조체와 피복재 복합사고)

보험가입금액	손해액	잔존물제거비용	손해방지비용	기타협력비용
1,000만원	800만원	100만원	20만원	50만원

※ 보험가액 : 1,000만원, 특약 없음

19. 아래의 계약사항과 조사내용에 따른 표본구간 유효중량, 피해율 및 보험금을 구하시오.[15점]

• 계약사항

품목명	가입특약	가입금액	가입면적
벼(메벼)	병해충보장특약	55,000,000원	5,000m^2

평년수확량	가입수확량	자기부담비율	품종구분
3,850kg	3,850kg	15%	새누리(메벼)

• 조사내용

조사종류	재해내용	실제경작면적	고사면적
수확량(표본)조사	병해충(도열병)/호우	5,000m^2	1,000m^2

타작물 및 미보상면적	기수확면적	표본구간면적	표본구간작물중량합계	함수율
0m^2	0m^2	0.5m^2	300g	23.5%

1) 표본구간 유효중량(표본구간 유효중량은 g단위로 소수점 첫째자리에서 반올림하여 다음 예시와 같이 구하시오. 예시 123.4g → 123g로 기재)(6점)

2) 피해율(피해율은 % 단위로 소수점 셋째자리에서 반올림하여 둘째자리까지 다음 예시와 같이 구하시오. 예시 0.12345 → 12.35%로 기재)(6점)

3) 보험금(3점)

20. 적과전 종합위험 단감(부유 7년생) 품목의 계약내용과 조사내용을 근거로 1) 착과감소보험금, 2) 과실손해보험금을 구하시오.(단, 계산과정은 반드시 쓰고, 착과수(량)와 낙과수(량)는 소수점 첫째자리에서 반올림하고, 착과율과 피해율은 %단위로 소수점 셋째자리에서 반올림한다. 주어진 조건 외 다른 것은 고려하지 않는다.)[15점]

• 계약내용

품종	가입금액	특약	평년착과수	가입가격
부유(7년생)	8천만원	미가입	80,000개	5,000원/kg

실제결과주수	가입과중	자기부담비율	보장수준
600주	200g	10%	70%

• 조사내용

<table>
<tr><th>구분</th><th>재해종류</th><th>사고일자</th><th>조사일자</th><th>조사내용</th></tr>
<tr><td rowspan="2">적과종료
이전</td><td>냉해</td><td>4.3</td><td>4.4</td><td>• 과수원 전체에 냉해피해 확인
• 미보상비율 : 10%</td></tr>
<tr><td>우박</td><td>5.10</td><td>5.11</td><td>• 우박피해사실 확인
• 미보상비율 : 15%</td></tr>
<tr><td>적과후
착과수조사</td><td></td><td></td><td>7.10</td><td>• 미보상주수 : 15주
• 적과후 착과수 : 60,000개</td></tr>
<tr><td rowspan="2">적과종료
이후</td><td>태풍</td><td>8.24</td><td>8.28</td><td>• 총낙과수 : 5,000개
• 고사주수 : 10주
• 수확불능주수 : 30주
• 낙과피해과실분류(전수조사)
<table>
<tr><th rowspan="2">정상과</th><th colspan="3">피해과</th></tr>
<tr><th>50%</th><th>80%</th><th>100%</th></tr>
<tr><td>5개</td><td>20개</td><td>30개</td><td>45개</td></tr>
</table>
• 무피해나무 1주당 평균착과수 : 133주
• 낙엽피해 : 낙엽율 25%, 경과일수 75일
• 미보상비율 : 10%</td></tr>
<tr><td>우박</td><td>5.10</td><td>9.30</td><td>• 수확직전 착과피해조사(표본조사)
<table>
<tr><th rowspan="2">정상과</th><th colspan="3">피해과</th></tr>
<tr><th>50%</th><th>80%</th><th>100%</th></tr>
<tr><td>6개</td><td>30개</td><td>30개</td><td>34개</td></tr>
</table></td></tr>
</table>

1) 착과감소보험금(7점)

2) 과실손해보험금(8점)

손해평가사 2차 시험대비

최종모의고사

제 7 회

제1과목 농작물재해보험 및 가축재해보험 이론과 실무

01. 다음 표는 업무방법서에서 제시하는 위험 특성에 따른 위험관리방법이다. 다음 각 빈칸에 알맞은 내용을 각각 쓰시오.[5점]

손실 규모(심도) \ 손실 횟수(빈도)	적음(少)	많음(多)
작음(小)	①	③
큼(大)	②	④

02. 농업수입감소보장방식 포도 품목 캠벨얼리(노지)의 기준가격(원/kg)과 수확기가격(원/kg)을 구하고 산출식을 답란에 서술하시오.(단, 2024년에 수확하는 포도를 2023년 11월에 보험가입을 하였다. 가격은 원단위 절사, 농가수취비율은 소수점 이하 절사)[5점]

년도	서울 가락도매시장 캠벨얼리(노지)		
	연도별 평균 가격(원/kg)		연도별 농가수취비율(%)
	중품	상품	
2018	3,500	3,700	75
2019	3,000	3,600	90
2020	3,200	5,400	83
2021	2,500	3,200	80
2022	3,000	3,600	86
2023	2,900	3,700	83
2024	3,000	3,900	86

03. 종합위험 수확감소보장방식 "밭작물"의 보험기간 중 보장종료는 수확기종료시점이다. 아래 각 번호의 빈칸에 알맞은 수확기종료시점을 초과할 수 없는 한계일자를 쓰시오.[5점]

품목	마늘	양파	감자 (고랭지재배)	고구마	옥수수
보장종료일	①	②	③	④	⑤

04. 종합위험보장 수확감소보장(벼)에 대한 각 보장 내용에 따라 "보험금 계산식"을 쓰시오.[5점]

보장	보험금 계산(지급금액)
이앙 · 직파 불능 보장 (보통약관)	①
재이앙 · 재직파 보장 (보통약관)	②
경작불능 보장 (보통약관)	③ 단, 자기부담비율은 20% 적용
수확불능 보장 (보통약관)	④ 단, 자기부담비율은 20% 적용
수확감소 보장 (보통약관)	⑤

05. 가축재해보험 "소(한우 · 육우 · 젖소)"의 주계약에서 보상하는 재해 4가지를 구체적으로 쓰시오.[5점]

06. 농작물재해보험 "인삼" 품목에 대한 다음 조사자료를 근거로 1) 인삼보험금과 2) 해가림시설 보험금을 각각 구하시오.[15점]

1) 인삼(1형-3년근)보험금

연근별보상가액	1칸넓이	재배칸수	피해칸수
10,600원	$3m^2$	500칸	300칸

기준수확량(표준)	수확량	자기부담비율
0.64kg/㎡	0.4kg/㎡	10%

2) 농작물재해보험 부담 해가림시설보험금(단, 보험가입금액과 보험금은 천원 미만 절사)

단위면적당 시설비	재배면적	시설연도	가입시기	사고시기	시설재료
5,000원/m^2	3,000m^2	2019년 2월	2021년 6월	2021년 8월	목재

중복보험 가입금액		피해규모
농작물재해보험	인삼공제보험	
1,100만원	500만원	300칸 전손(1칸 넓이 $3m^2$)

단, 중복보험에서 보험사의 각 지급보험금 계산방법은 동일하다.

07. 가축재해보험 축사부문에 대한 다음 각 질문에 답하시오.[15점]

1) 보장하는 위험으로 인하여 발생한 보험사고와 관련하여 보험계약자 또는 피보험자가 지출한 비용 중 5가지 비용은 가축재해보험에서는 손해의 일부로 간주하여 재해보험사업자가 보상한다. 이 5가지 비용을 쓰시오.(5점)

2) 다음 각 질문 중 옳은 것은 ○, 틀린 것은 ×로 순서대로 표시하시오.(5점)

① 비용손해 중 피보험자가 여러 가지 조치를 취하면서 발생하는 휴업 손실은 보상한다.
② 사고 현장 및 인근 지역의 토양, 대기 및 수질 오염물질 제거 비용과 차에 실은 후 폐기물 처리비용은 보상한다.
③ 예방접종, 정기검진, 기생충구제 등에 소요되는 비용 그리고 보험목적이 질병에 걸리거나 부상을 당한 경우 신속하게 치료 및 조치를 취하는 비용 등은 보상한다.
④ 재해보험사업자의 요구에 따라 지출한 필요 또는 유익한 비용은 보상한다.
⑤ 보험사고로 인해 멸실된 보험목적물의 잔존물을 보전하기 위하여 지출한 필요 또는 유익한 비용 중 재해보험사업자가 잔존물에 대한 취득 의사를 표시한 경우는 보상한다.

3) 지진 피해의 경우 아래의 최저 기준을 초과하는 손해를 담보한다. 아래의 각 빈칸에 알맞은 내용을 쓰시오.(5점)

(1) 기둥, 보, 지붕틀, 벽 등에 (①) 이하의 균열이 발생한 것
(2) 지붕재의 (②) 이하를 수선하는 것

08. 적과전 종합위험방식Ⅱ 과수 4종에 대한 다음 각 질문에 답하시오.[15점]

1) 적과전 특정위험 한정 보장 특약 가입시 보상하는 재해는?

2) 일소피해의 폭염(과수원에서 가장 가까운 3개소의 기상관측장비로 측정)의 낮 최고기온 기준은?

3) 착과감소보험금 산정시 적용하는 70% 보장수준의 계약자 선택 가능 기준은?

4) 사과 품목의 가을동상해 보험기간은(시기와 종기)?

5) 과실손해보장 보험가입금액을 구할 때 적용하는 가입가격(과실)의 정의는?

09. 종합위험보장 감귤 품목의 다음 〈보기〉 조건으로 각각의 보험금을 산출하시오.[15점]

보기

- 보험가입 결과주수 : 500주
- 과실손해 가입가격 : 10,000원/kg
- 주당 나무가입가격 : 100,000원
- 과실손해 피해율 : 20%
- 가입수확량 : 25,000kg
- 고사나무주수 : 100주
- 과실손해 자기부담비율 : 10%
- 보험가입비율 : 100%

1) 과실손해보장 보험금

2) 나무손해보장 특약 보험금

3) 과실손해추가보장 특약 보험금

10. 다음 〈보기〉의 종합위험보장 대상 품목에 대하여 보장종류와 보장 종기를 각각 쓰시오.[15점]

정답 예시

콩 : 경작불능보장(종실 비대기 전), 수확감소보장(수확기종료 시점, 단, 11월 30일 초과불가)

① 양파	
② 마늘	
③ 가을감자 (제주)	
④ 양배추 (중생종)	
⑤ 대파	

제2과목 농작물재해보험 및 가축재해보험 손해평가의 이론과 실무

11. 농작물재해보험 업무방법서상 용어정리에 대한 다음 각 설명의 내용으로 적절한 것을 순서대로 쓰시오.[5점]

1) (①) : 가입일자를 기준으로 농지(과수원)에 식재된 모든 나무 수. 다만, 인수조건에 따라 보험에 가입할 수 없는 나무(유목 및 제한 품종 등) 수는 제외
2) (②) : 실제결과나무수 중 보상하는 손해로 전체주지 · 꽃(눈) 등이 보험약관에서 정하는 수준 이상 분리되었거나 침수되어, 보험기간 내 수확이 불가능하나 나무가 죽지는 않아 향후에는 수확이 가능한 나무 수
3) (③) : 실제결과나무수에서 고사나무수, 미보상나무수 및 수확완료나무수, 수확불능나무수를 뺀 나무 수로 과실에 대한 표본조사의 대상이 되는 나무 수
4) (④) : 벼(조곡)의 이삭이 줄기 밖으로 자란 상태
5) (⑤) : 온상, 묘상, 모밭 등에서 기른 식물체를 농업용 시설물 내에 옮겨 심는 일

12. 농작물재해보험상 품목별 표본구간수(표본주수, 표본칸수)를 쓰시오.[5점]

품목별 조사대상	표본구간수(표본주수, 표본칸수)
1) 포도 550주	(①)
2) 감귤 가입면적 8,000m^2	(②)
3) 벼 가입면적 3,000m^2	(③)
4) 양파 가입면적 4,000m^2	(④)
5) 인삼 피해칸수 1,000칸	(⑤)

13. 인삼 해가림시설에 대한 설명 중 다음 〈보기〉의 각 빈칸에 알맞은 답을 쓰시오.[5점]

> **보기**
>
> 1) 해가림시설 설치시기에 따른 감가상각방법
>   (1) 계약자에게 설치시기를 고지 받아 해당일자를 기초로 감가상각 하되, 최초 설치시기를 특정하기 어려운 때에는 인삼의 (①)와 동일한 시기로 할 수 있다.
>   (2) 해가림시설 구조체를 재사용하여 설치를 하는 경우에는 해당 구조체의 최초 설치시기를 기초로 감가상각하며, 최초 설치시기를 알 수 없는 경우에는 해당 구조체의 (②)를 기준으로 감가상각한다.
> 2) 해가림시설 설치재료에 따른 감가상각방법
>   (1) 동일한 재료(목재 또는 철재)로 설치하였으나 설치시기 경과년수가 각기 다른 해가림시설 구조체가 상존하는 경우, (③)하는 해가림시설 구조체의 설치시기를 동일하게 적용한다.
>   (2) 1개의 농지 내 감가상각률이 상이한 재료(목재+철재)로 해가림시설을 설치한 경우, 재료별로 설치구획이 나뉘어 있는 경우에만 인수 가능하며, 각각의 (④)만큼 구분하여 가입한다.
> 3) 잔가율의 정의 : 잔가율 20%와 자체 유형별 내용연수를 기준으로 경년감가율을 산출하였고, 내용연수가 경과한 경우라도 현재 정상 사용중에 있는 시설을 당해 목적물의 경제성을 고려하여 잔가율을 최대 (⑤)로 수정한다.

14. "벼" 품목의 재이앙 · 재직파조사(보험금)에 대한 다음 각 질문에 답하시오.[5점]

1) 피해사실확인조사시 재이앙 · 재직파조사가 필요하다고 판단하는 기준은?

2) 피해면적 판정기준 3가지를 쓰시오.

3) 보험금 산출식을 쓰시오.

15. 다음은 시설작물의 표준생장일수 및 표준수확일수표이다. 각 번호에 알맞은 내용을 쓰시오.(단, 표준생장일수는 5월에 정식하는 것을 기준으로 한다.)[5점]

품목	표준생장일수	표준수확일수
딸기	①	182일
오이	②	–
상추	③	–
시금치	④	
배추	⑤	50일

16. 종합위험보장 "오미자" 품목의 수확개시전 수확량 조사에 대한 다음 조건을 이용하여 1) 피해율과 2) 수확감소보험금을 구하시오. (단, 수확량과 미보상감수량은 소수점 셋째자리에서 반올림하여 kg단위로 계산하고, 피해율은 %단위로 소수점 셋째자리에서 반올림하여 둘째자리까지 다음 예시와 같이 구하시오. 예시 0.12345 → 12.35%)[15점]

<table>
<tr><th>재배유형</th><th>식묘연차</th><th>평년수확량</th><th>실제재배길이</th><th>가입길이</th></tr>
<tr><td>울타리식 유인틀</td><td>식묘4년차
(수확기기준)</td><td>2,420kg</td><td>2,200m</td><td>2,200m</td></tr>
<tr><th>보험가입금액</th><th>미보상길이</th><th>표본구간수</th><th>표본구간 착과무게</th><th>미보상비율</th></tr>
<tr><td>900만원</td><td rowspan="4">50m</td><td rowspan="4">8개 구간
(1구간 1m)</td><td rowspan="4">6kg</td><td rowspan="4">10%</td></tr>
<tr><th>자기부담비율</th></tr>
<tr><td>20%</td></tr>
</table>

피해정도	50%형 피해과	80%형 피해과	100%형 피해과	정상과
중량	0.4kg	1kg	0.8kg	0.8kg

1) 피해율

2) 보험금

17. 가축재해보험에서 모든 부문 축종에 적용되는 "계약 후 알릴 의무"에 대하여 다음 〈보기〉에서 규정하고 있는 것 이외의 것들을 기술하시오.[15점]

> **보기**
>
> 1) 이 계약에서 보장하는 위험과 동일한 위험을 보장하는 계약을 다른 보험자와 체결하고자 할 때 또는 이와 같은 계약이 있음을 알았을 때
> 2) 보험의 목적 또는 보험의 목적을 수용하는 건물의 용도를 변경함으로써 위험이 변경되는 경우
> 3) 의외의 재난이나 위험에 의해 구할 수 없는 상태에 빠졌을 때
> 4) 위험이 뚜렷이 변경되거나 변경되었음을 알았을 때
> 5) 보험목적 또는 보험목적 수용장소로부터 반경 10km 이내 지역에서 가축전염병 발생(전염병으로 의심되는 질환 포함) 또는 원인 모를 질병으로 집단폐사가 이루어진 경우
> 6) 도난 또는 행방불명되었을 때

18. 다음의 계약사항과 조사내용에 관한 적과후 착과수를 산정한 후 적과후 감수과실수를 구하시오. (단, 감수과실수는 소수점 첫째자리에서 반올림하여 정수단위로, 비율은 %단위로 소수점 셋째자리에서 반올림하여 둘째자리까지 다음 예시와 같이 구하시오. 예시 0.12345 → 12.35%로 기재)[15점]

• 계약사항

상품명	가입특약	평년착과수	가입과실수	실제결과주수
단감	미가입	15,000개	15,000개	100주

• 적과후 착과수 조사내용(조사일자 : 7월 25일)

품종	수령	실제결과주수	표본주수	표본주 착과수 합
부유	10년	20주	3주	240개
부유	15년	60주	8주	960개
서촌조생	20년	20주	3주	330개

<table>
<tr><th>구분</th><th>재해종류</th><th>사고일자</th><th>조사일자</th><th>조사내용</th></tr>
<tr><td>발아기~
적과전</td><td>우박</td><td>5월 15일</td><td>5월 16일</td><td>유과타박피해 확인</td></tr>
<tr><td rowspan="3">적과
이후</td><td>태풍</td><td>7월 30일</td><td>7월 31일</td><td>• 낙과피해조사(전수조사)
– 총낙과수 1,000개, 나무피해없음
<table>
<tr><th>피해과실구분</th><th>100%</th><th>80%</th><th>50%</th><th>정상</th></tr>
<tr><td>과실수</td><td>1,000개</td><td>0</td><td>0</td><td>0</td></tr>
</table>
• 낙엽피해조사
– 낙엽률 50%(경과일수 60일)</td></tr>
<tr><td>우박</td><td>5월 15일</td><td>10월 29일</td><td>• 수확전 착과피해조사(표본조사)
단, 태풍사고 이후 착과수는 변동 없음
<table>
<tr><th>피해과실구분</th><th>100%</th><th>80%</th><th>50%</th><th>정상</th></tr>
<tr><td>과실수</td><td>20개</td><td>20개</td><td>20개</td><td>40개</td></tr>
</table></td></tr>
<tr><td>가을
동상해</td><td>10월 31일</td><td>11월 1일</td><td>• 가을동상해 착과피해조사(표본조사)
– 사고당시 착과과실수 : 3,000개
– 가을동상해로 입은 잎 피해율 : 70%
– 잔여일수 : 10일
<table>
<tr><th>피해과실구분</th><th>100%</th><th>80%</th><th>50%</th><th>정상</th></tr>
<tr><td>과실수</td><td>10개</td><td>20개</td><td>20개</td><td>50개</td></tr>
</table></td></tr>
</table>

1) 적과후 착과수(5점)

2) 누적감수과실수(10점)

19. 종합위험 생산비보장 "원예시설"의 다음 각 조사자료에 근거하여 아래 각 질문에 답하시오.(단, 주어진 조건 외 고려사항 없음)[15점]

1) 농업용시설물에 대한 보험금을 산출하시오.

보험가입금액	구조체 손해액
1,000만원	800만원

2) 시설작물 "딸기" 품목에 대한 다음 조사자료를 근거하여 보험금을 산출하시오.

단위면적당 보장생산비	피해면적	재배면적	손해정도비율	미보상비율	보험가입금액
14,500원	560m^2	700m^2	80%	10%	1,200만원

단, 생장일수는 45일, 표준생장일수는 90일로 한다.

20. 농작물재해보험 '메밀' 품목의 다음 조사자료를 근거로 각 질문에 답하시오.(단, 계산과정은 반드시 쓰시오. 피해율은 %단위로 소수점 셋째자리에서 반올림)[15점]

보험가입금액	실제경작면적	자기부담비율	미보상비율
500만원	2,500m^2	10%	10%
도복 피해면적	도복 이외 피해면적	표본면적 합계	
500m^2	400m^2	4m^2	

〈표본면적 조사(단위: m^2)〉

20% 피해면적	40% 피해면적	60% 피해면적	80% 피해면적	100% 피해면적
1	0.5	0.2	0.5	0.5

1) 피해율(10점)

2) 보험금(5점)

손해평가사 2차 시험대비

최종모의고사

제 8 회

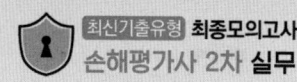

제1과목 농작물재해보험 및 가축재해보험 이론과 실무

01. 업무방법서상 보험의 "역기능"으로 분류되는 "역선택"과 "도덕적 위태"에 대하여 간략하게 서술하시오.[5점]

1) 역선택

2) 도덕적 위태

02. 가축재해보험 "소"의 보험가입단위로 "일부가입"이 예외적으로 가능한 조건 2가지를 서술하시오.[5점]

03. 농작물재해보험 보험가입기준과 관련된 다음 설명에 대하여 옳으면 ○, 틀리면 ×로 표시하시오.[5점]

1) (　) : 과수원이라 함은 한 덩어리의 토지의 개념으로 필지(지번)와는 관계없이 한 덩어리 과수원이 여러 필지로 나누어져 있더라도 하나의 농지로 취급한다.

2) (　　) : 계약자 1인이 서로 다른 2개 이상 품목을 가입하고자 할 경우에는 별개의 계약으로 각각 가입 · 처리한다.
3) (　　) : 포도, 대추, 참다래의 비가림시설은 단지 단위로 가입(구조체 + 피복재)하고 최소 가입면적은 300㎡이다.
4) (　　) : 벼, 밀, 보리의 경우 가입금액 50만원 미만의 농지라도 하나의 리, 동에 있는 농지의 면적과 합하여 50만원 이상이 되면 통합하여 하나의 농지로 가입할 수 있다.
5) (　　) : 양파의 경우 하나의 리, 동에 있는 각각 200만원 미만의 두 개의 농지는 하나의 농지로 취급하여 계약 가능하다.

04. 종합위험방식 수확감소보장(벼, 조사료용 벼, 밀, 보리)의 보험기간표에서 빈칸에 알맞은 내용을 쓰시오.[5점]

구분			보험의 목적	보험기간	
약관	보장	대상재해		보장개시	보장종료
보통약관	이앙 · 직파 불능 보장	종합위험	벼 (조곡)	계약체결일 24시	판매개시연도 (①)
	재이앙 · 재직파 보장			이앙(직파)완료일 24시 다만, 보험계약시 이앙(직파)완료일이 경과한 경우에는 계약체결일 24시	판매개시연도 (①)
	경작불능 보장		벼(조곡), 조사료용 벼	이앙(직파)완료일 24시 다만, 보험계약시 이앙(직파)완료일이 경과한 경우에는 계약체결일 24시	(②) 다만, 조사료용 벼의 경우 판매개시연도 8월 31일
			밀 보리	계약체결일 24시	(③)
	수확불능 보장		벼 (조곡)	이앙(직파)완료일 24시 다만, 보험계약시 이앙(직파)완료일이 경과한 경우에는 계약체결일 24시	수확기 종료 시점 다만, 판매개시연도 (④)을 초과할 수 없음
	수확감소 보장		벼 (조곡)	이앙(직파)완료일 24시 다만, 보험계약시 이앙(직파)완료일이 경과한 경우에는 계약체결일 24시	수확기 종료 시점 다만, 판매개시연도 (④)을 초과할 수 없음
			밀 보리	계약체결일 24시	수확기 종료 시점 다만, (⑤)을 초과할 수 없음

①　　　　②　　　　③　　　　④　　　　⑤

05. 농작물재해보험 생산비보장방식 "고추" 품목에 대한 다음 조사자료를 근거로 1) 경과비율, 2) 피해율, 3) 생산비보장보험금(천원 미만 절사)을 각각 구하시오.(단, 수확기 이전 사고이다.)[5점]

보험가입금액	정식일	사고발생일 생장일수	표준생장일수	피해비율	자기부담 비율
1,000만원	5월 20일	60일	100일	40%	3%
손해정도비율	미보상비율	병충해			
35%	10%	탄저병			

1) 경과비율

2) 피해율

3) 생산비보장보험금

06. 농작물재해보험 "방재시설 판정기준"에 관한 다음 〈보기〉의 설명 중 각 빈칸에 알맞은 내용을 쓰시오.[5점]

보기

1) 방상팬 : 방상팬은 팬 부분과 기둥 부분으로 나뉘어지며, 기둥 부분은 높이 (①) 이상
2) 방풍림 : 높이가 6~7미터 이상의 영년생 침엽수와 상록활엽수가 (②) 이하의 간격으로 과수원 둘레 전체에 식재되어 과수원의 바람 피해를 줄일 수 있는 나무
3) 방충망 : 망구멍이 가로 및 세로가 (③) 이하 망목네트로 과수원 전체를 피복
4) 방조망 : 망구멍의 가로 및 세로가 (④)를 초과하고 새의 입출이 불가능한 그물
5) 서리방지용 미세살수장치 : 서리피해를 방지하기 위해 설치된 살수량 (⑤)/10a의 미세살수장치 (단, 점적관수 등 급수용 스프링클러는 포함되지 않음)

07. 농작물재해보험 생산비보장방식 "브로콜리" 품목에 대한 다음 조사자료를 근거로 1) 경과비율, 2) 피해율, 3) 생산비보장보험금을 각각 구하시오.[15점]

조사자료

보험가입금액	정식일	사고발생일 생장일수	표준생장일수	피해비율	자기부담비율
1,000만원	9월 20일	65일	130일	40%	5%

• 작물피해구성률

정상과	50%형 피해작물	80%형 피해작물	100%형 피해작물
36개	20개	20개	24개

1) 경과비율(5점)

2) 피해율(5점)

3) 생산비보장보험금(5점)

08. 농작물재해보험 자기부담비율과 관련하여 아래 각 질문에 답하시오.[15점]

1) 종합위험 생산비보장방식 "밭작물" 중 자기부담비율 적용이 20%, 30%, 40% 3종으로 되어 있는 작물은(단, 곡류는 제외)?

2) 종합위험 수확감소보장방식 "밭작물"의 자기부담비율 적용 기준 중 10%형 선택기준을 서술하시오.

3) 인삼손해보장의 해가림시설 자기부담금 산출방식은?

4) 생산비보장방식 "고추, 브로콜리" 품목의 자기부담비율 선택형 중 최소 선택형과 그 기준은?

5) 종합위험 수확감소보장방식 "양배추" 품목의 자기부담비율은?

09. 종합위험보장 밭작물에 대한 각 보험상품의 인수제한 재식밀도 기준을 각각 쓰시오.[15점]

1) 마늘 :
2) 양파 :
3) 가을감자 :
   봄감자 :
   고랭지감자 :
4) 옥수수(1주재배, 충북지역) :
5) 고추 :
6) 고구마 :
7) 대파 :
8) 양배추 :

10. 농작물재해보험에서 "인삼(해가림시설)"에 대한 아래 각 질문에 답하시오.[15점]

1) "인삼(2년근)" 상품의 다음 〈보기〉의 조건으로 인삼보험금을 산출하시오.

보기	
• 보험가입금액 : 1,000만원	• 자기부담비율 : 10%
• 수확량 : 0.2kg/m^2	• 피해면적 : 500m^2
• 2년근 표준 기준수확량 : 0.5kg/m^2	• 재배면적 : 1,000m^2

2) "인삼(해가림시설)" 상품에서 다음 〈보기〉의 조건으로 보험가입금액을 산출하시오.(단, 만원 단위 미만은 절사한다.)

보기	
• 단위면적당 시설비 : 30,000원	• 내용연수 : 6년
• 가입(재식)면적 : 400m^2	• 시설년도 : 2015년 4월
• 시설유형 : 목재	• 가입시기 : 2020년 5월

3) "인삼" 상품의 보통약관에서 보상하는 손해와 관련된 다음 설명 중 빈칸에 알맞은 내용을 쓰시오.

> 1) 태풍(강풍) : 기상청에서 태풍에 대한 특보(태풍주의보, 태풍경보)를 발령한 때 해당지역의 바람과 비 또는 최대순간풍속 (　①　) 이상의 강풍
> 2) 폭설 : 기상청에서 대설에 대한 특보(대설주의보, 대설경보)를 발령한 때 해당 지역의 눈 또는 24시간 신적설이 (　②　) 이상인 상태
> 3) 집중호우 : 기상청에서 호우에 대한 특보(호우주의보, 호우경보)를 발령한 때 해당 지역의 비 또는 24시간 누적 강수량이 (　③　) 이상인 상태
> 4) 침수 : 태풍, 집중호우 등으로 인하여 인삼 농지에 다량의 물(고랑 바닥으로부터 침수 높이가 최소 (　④　) 이상)이 유입되어 상면에 물이 잠긴 상태
> 5) 냉해 : 출아 및 전엽기(4~5월) 중에 해당지역에 최저기온 (　⑤　) 이하의 찬 기온으로 인하여 발생하는 피해를 말하며, 육안으로 판별 가능한 냉해 증상이 있는 경우에 피해를 인정
> 6) 폭염 : 해당 지역에 최고기온 30℃ 이상이 (　⑥　) 이상 지속되는 상태를 말하며, 잎에 육안으로 판별 가능한 타들어간 증상이 50% 이상 있는 경우에 인정

① 　　　　　　②
③ 　　　　　　④
⑤ 　　　　　　⑥

11. "벼" 품목에 대한 수확량조사와 관련된 다음 각 질문에 답하시오.[5점]

1) 수량요소조사의 조사시기는?
2) 경작불능보험금 대상 여부 판단 기준은?
3) 수확불능보험금 대상 여부 판단 기준은?
4) 수확불능보험금 대상으로 수확포기 여부 확인 기준 3가지를 쓰시오.

12. 다음 각 조건에 따라 보험금을 구하시오.[5점]

1) 마늘 재파종보험금(2점)

보험가입금액	파종주수(1,000m^2)	출현주수	재파종주수(10월 30일 재파종)
500만원	30,000주	18,000주	20,000주

2) 양배추 재정식보험금(1점)

보험가입금액	보험가입면적	피해면적
500만원	1,000m^2	600m^2

3) 사료용옥수수 경작불능보험금(자기부담비율 20%, 계약자가 경작불능보험금 신청)(2점)

보험가입금액	보험가입면적	피해면적	사고일자	자기부담비율
500만원	1,000m^2	800m^2	7월 10일	20%

13. 종합위험생산비보장방식 "밭작물"에 대한 다음 각 질문에 알맞은 내용을 쓰시오.[5점]

1) 한해(가뭄) 재해 발생시 사고일자는?
2) 재해가 끝나기 전에 조사가 이루어질 경우에 사고일자는?
3) 고추 병충해 등급별 인정비율에서 인정비율 70%에 해당하는 병충해 이름 3개를 쓰시오.

4) 메밀의 피해면적 산출식에서 아래 빈칸에 알맞은 내용을 쓰시오.

피해면적 = (도복으로 인한 피해면적 × (①)) + (도복 이외 피해면적 × (②))

14. 인삼에 대한 다음 각 질문에 답을 쓰시오.[5점]

1) 특정위험보장 인삼작물에서 보상하는 대상 재해를 모두 쓰시오.

2) 인삼 칸 넓이 산출식을 쓰시오.

3) 인산 해가림시설의 피해액에 대한 감가상각을 적용하는 경우 피해액이 보험가액의 20% 이하인 경우에 감가를 적용하는 방법은?

4) 다음은 인삼작물의 피해율 산출식이다. 빈칸에 알맞은 내용을 쓰시오.

$$\text{피해율} = (1 - (\quad)) \times \frac{\text{피해면적}}{\text{재배면적}}$$

5) 인삼 해가림시설 보험금 지급시 적용하는 최소자기부담금은?

15. 농작물재해보험 시설작물(배추, 수확기 이전사고)에 대한 생산비보장 1) 보험금, 2) 경과비율, 3) 피해율을 구하시오.[5점]

재배면적	피해면적	보장생산비	생장일수	표준생장일수	손해정도비율
1,000m^2	600m^2	2,400원/m^2	35일	70일	60%

1) 보험금(2점)

2) 경과비율(2점)

3) 피해율(1점)

16. 특정위험방식 인삼품목에 대한 다음 [표본조사] 내용을 근거로 피해율과 수확량 및 지급보험금을 구하시오.(단, 피해율은 %단위로 소수점 셋째자리에서 반올림한다.)[15점]

표본조사

보험가입금액	실제경작칸수	피해칸수	4년근(표준)기준수확량	자기부담비율
4천만원	200칸	120칸	0.71kg/m^2	10%
표본칸수확량합	표본칸(1칸) 면적조사(표본칸수 3칸)			미보상비율
	두둑폭	고랑폭	지주목간격	
4.77kg	1.5m	0.5m	1.5m	20%

1) 피해율(5점)

2) 수확량(7점)

3) 지급보험금(3점)

17. 수확전 종합위험 과실손해보장방식(복분자, 무화과 2개 품목)의 사고발생일에 따른 잔여수확량 비율(경과비율)을 각각 구하시오.[15점]

1) 복분자 사고일자
   ① 6월 5일 :

   ② 6월 10일 :

2) 무화과 사고일자
   ① 8월 5일 :

   ② 9월 10일 :

   ③ 10월 10일 :

18. 특정위험담보 인삼품목 해가림시설에 관한 내용이다. 태풍으로 인삼 해가림시설에 일부 파손 사고가 발생하여 아래와 같은 피해를 입었다. 가입조건이 아래와 같을 때 ① 감가율, ② 손해액, ③ 자기부담금, ④ 보험금, ⑤ 잔존보험가입금액의 계산 과정과 답을 쓰시오.[15점]

• 보험가입내용

재배칸수	칸당 면적(m^2)	시설재료	설치비용(원/m^2)	설치년월	가입금액(원)
2,200	3.3	목재	5,500	2021.06	39,930,000

• 보험사고내용

파손칸수	사고원인	사고 년월
800칸(전부 파손)	태풍	2023.07

※ 2023년 설치비용은 설치년도와 동일한 것으로 함
※ 손해액과 보험금은 원단위 이하 버림

① 감가율

② 손해액

③ 자기부담금

④ 보험금

⑤ 잔존보험가입금액

19. 농작물재해보험 업무방법서에 따른 보험금을 다음 각 조건에 의하여 구하시오.[15점]

1) 옥수수 수확감소보장 보험금(5점)

보험가입금액	피해수확량	가입가격	자기부담비율
1,000만원	500kg	5,000원/kg	10%

2) 조기파종보장 마늘(제주도, 남도종) 지급 보험금(5점)

보험가입금액	파종주수(10a)	출현주수(10a)	재파종주수(10a)	재파종 시기
1,000만원	30,000	15,000주	15,000주	10월 30일

3) 메밀 품목의 생산비보장보험금(5점)

보험가입금액	재배면적	도복피해면적	도복 이외 피해면적	손해정도
500만원	1,000m^2	400m^2	200m^2	55%

※ 자기부담비율은 20%이다.

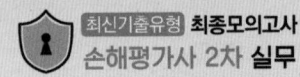

20. 농작물재해보험 종합위험보장 "대추"에 대한 다음 "수확개시 전 수확량 조사" 결과 내용을 보고 1) 수확량, 2) 피해율, 3) 수확감소보험금을 구하시오.(단, 풀이과정은 기재함, 피해율은 %단위로 소수점 첫째자리에서 반올림하여 다음 예시와 같이 구하시오. 예시 0.12345 → 12%)[15점]

평년수확량	실제결과주수	미보상주수	고사나무주수	피해구성(피해과)			
8,000kg	800주	50주	50주	50%	80%	100%	정상과
미보상비율	자기부담비율	표본주수	표본주착과무게	10	20	30	40
10%	10%	10주	80kg	보험가입금액 : 5,000만원			

1) 수확량(10점)

2) 피해율(3점)

3) 수확감소보험금(2점)

손해평가사 2차 시험대비

최종모의고사

제 9 회

제1과목 농작물재해보험 및 가축재해보험 이론과 실무

01. 업무방법서상 제시된 농업재해의 특성 5가지를 쓰시오.[5점]

02. 친환경 재배 과수원으로서 일반재배와 결실 차이가 현저히 있다고 판단되는 경우 보험인수가 제한되는 과수작물을 모두 쓰시오.[5점]

03. 조수해부보장특별약관(호두) 적용대상 3가지를 쓰시오.[5점]

04. 종합위험 수확감소보장 복숭아 품목에서 보상하는 1) 병충해 이름과 2) 해당 병충해에 나타나는 병의 특징에 대한 설명 중 알맞은 내용으로 빈칸을 쓰시오.[5점]

1) 병충해 이름 :

2) 병의 특징

> 주로 잎에 발생하며, 가지와 과일에도 발생한다. 봄철 잎에 형성되는 병반은 수침상의 적자색 내지 갈색이며, 이후 죽은 조직이 떨어져 나와 구멍이 생기고 가지에서는 병징이 적자색 내지 (①)으로 변하고 심하면 (②)가 고사된다. 어린 과실의 초기 병징은 (③)을 띠고, 차차 (④)으로 변하며, 병반 주위가 (⑤)을 띠게 된다.

05. 보통보험약관의 해석에 관한 내용이다. (   )에 들어갈 내용을 쓰시오.(5점)

> **기본원칙**
>
> 보험약관은 보험계약의 성질과 관련하여 (①)에 따라 공정하게 해석되어야 하며, 계약자에 따라 다르게 해석되어서는 안된다. 보험 약관상의 (②) 조항과 (③) 조항 간에 충돌이 발생하는 경우 (③) 조항이 우선한다.
>
> **작성자 불이익 원칙**
>
> 보험약관의 내용이 모호한 경우에는 (④)에게 엄격 · 불리하게 (⑤)에게 유리하게 풀이하여야 한다.

06. 가축재해보험의 다음 각 질문에 답하시오.[15점]

1) 다음 자료를 근거로 한우(암컷)의 질병으로 인한 폐사시 보험가액을 산정하시오.(5점)

ㅇ 연령(월령) : 2개월
ㅇ 사고일자 : 2024년 6월 10일
ㅇ 2024년 전국산지 송아지 평균가격(농협축산정보센터)

1월	2월	3월	4월	5월
290만원	310만원	340만원	300만원	320만원

2) 다음 각 설명 중 빈칸에 알맞은 것을 쓰시오.(10점)

- 육우 보험가액 산정시 kg당 금액은 보험사고 「농협축산정보센터」에 등재된 전전월 젖소 수컷 500kg 해당 전국 산지평균가격을 그 체중으로 나누어 구한다. 단, 전국산지평균가격이 없는 경우에는 「농협축산정보센터」에 등재된 전전월 전국도매시장 지육평균 가격에 지육율 (①)를 곱한 가액을 kg당 금액으로 한다.
- 종모돈은 종빈돈의 평가 방법에 따라 계산한 금액의 (②)를 가산한 금액을 보험가액으로 한다.
- 가금 부문 육계 일령이 40일령을 초과한 경우에는 (③)으로 인정한다.
- 축사부문에서 부보비율 조건부 실손 보상조항을 적용하여 보험가입금액이 보험가액의 (④) 이상인 경우는 전부보험으로 한다.
- 축산휴지위험보장 특약에서 이익률 산정시 이익률이 (⑤) 미만일 경우 이익률은 (⑤)로 한다.

07. 농작물재해보험 시설작물 각 품목에 대한 생산비보장 보험금을 구하시오.[15점]

1) 배추(수확기 이전 사고)

재배면적	피해면적	보장생산비	생장일수	표준생장일수	손해정도비율
1,000m^2	500m^2	2,400원/m^2	35일	70일	40%

2) 장미(나무가 죽지 않은 경우)

재배면적	피해면적	보장생산비	손해정도비율
1,000m^2	500m^2	4,500원/m^2	40%

3) 쑥갓(수확기 이전 사고)

재배면적	피해면적	보장생산비	손해정도비율	생장일수	표준생장일수
1,000m^2	600m^2	5,500원/m^2	50%	25일	50일

4) 시금치(수확기 중 사고)

재배면적	피해면적	보장생산비	수확일수	표준수확일수	손해정도비율
1,000m^2	400m^2	1,900원/m^2	6일	20일	60%

08. 농업수입감소보장방식 '콩'에 관한 내용이다. 계약내용과 조사내용을 참조하여 다음 물음에 답하시오.(피해율은 %로 소수점 둘째자리 미만은 절사한다. 예시 12.678% → 12.67%)

• 계약내용
- 보험가입일 : 2023년 6월 20일
- 평년수확량 : 1,500kg
- 가입수확량 : 1,500kg
- 자기부담비율 : 20%
- 농가수취비율 : 80%
- 전체재배면적 : 2,500m^2(백태 1,500m^2, 서리태 1,000m^2)

• 조사내용
- 조사일 : 2023년 10월 20일
- 전체 재배면적 : 2,500m^2(백태 1,500m^2, 서리태 1,000m^2)
- 수확량 : 1,000kg

■ 서울양곡도매시장 연도별 '백태' 평균가격(원/kg)

등급 \ 연도	2018	2019	2020	2021	2022	2023
상품	6,300	6,300	7,200	7,400	7,600	6,400
중품	6,100	6,000	6,800	7,000	7,100	6,200

■ 서울양곡도매시장 연도별 '서리태' 평균가격(원/kg)

등급 \ 연도	2018	2019	2020	2021	2022	2023
상품	7,800	8,400	7,800	7,500	8,600	8,400
중품	7,400	8,200	7,200	6,900	8,200	8,200

1) 기준가격의 계산과정과 값을 쓰시오.(5점)

2) 수확기가격의 계산과정과 값을 쓰시오.(5점)

3) 농업수입감소보험금의 계산과정과 값을 쓰시오.(5점)

09. 농작물재해보험 "오이(조숙재배)"에 대한 다음 조사자료를 근거로 보험료환급금(보험기간 미경과 계약자부담 보험료)을 산정하시오.[15점]

- ㅇ 보험기간 : 3월 1일부터 6월 28일(120일)
- ㅇ 계약자의 보험계약 해지일(계약자 책임 있는 사유에 의한 해지) : 4월 17일(경과일수 48일)
- ㅇ 보험가입금액 : 400만원
- ㅇ 지역별 · 종별 보험요율 : 10%

〈단기요율표〉

보험기간	15일까지	1개월까지	2개월까지	3개월까지	4개월까지	5개월까지	6개월까지	7개월까지	8개월까지	9개월까지	10개월까지	11개월까지
단기요율	15%	20%	30%	40%	50%	60%	70%	75%	80%	85%	90%	95%

10. 다음 "벼"에 대한 각 질문에 답하시오.[15점]

1) 다음 〈보기〉의 "벼(수확감소보장 보통약관(주계약))" 품목에 대한 조사자료를 참고하여 계약자 부담 보험료를 구하시오. (단, 1,000원 미만 절사)(5점)

보기

- 계약사항 등
  - 보험가입일 : 2024년 5월 22일
  - 품목 : 벼
  - 재배방식 : 친환경 직파 재배
  - 가입금액 : 1,000만원
  - 보통약관 기본 영업요율 : 10%
  - 손해율에 따른 할인율 : −10%
  - 친환경 재배시 할증율 : 8%
  - 지방자치단체 지원율 : 30%
  - 자기부담비율 : 20%

2) 특약으로 보상하는 병충해 이름을 모두 쓰시오.(5점)

3) 수확불능보장(보통약관) 보험금지급사유를 쓰시오.(5점)

제2과목 농작물재해보험 및 가축재해보험 손해평가의 이론과 실무

11. 업무방법에서 정하는 보험사기 방지에 관한 내용이다. ( )에 들어갈 내용을 각각 쓰시오.[5점]

성립요건	○ (①) 또는 보험대상자에게 고의가 있을 것: (①) 또는 보험 대상자의 고의에 회사를 기망하여 착오에 빠뜨리는 고의와 그 착오로 인해 승낙의 의사표시를 하게 하는 것이 있음 ○ (②)행위가 있을 것: (②)이란 허위진술을 하거나 진실을 은폐하는 것, 통상 진실이 아닌 사실을 진실이라 표시하는 행위를 말하거나 알려야 할 경우에 침묵, 진실을 은폐하는 것도 (②) 행위에 해당 ○ 상대방인 회사가 착오에 빠지는 것: 상대방인 회사가 착오에 빠지는 것에 대하여 회사의 (③) 유무는 문제되지 않음
보험사기 조치	○ 청구한 사고보험금 (④) 가능 ○ 약관에 의거하여 해당 (⑤)할 수 있음

12. 종합위험 수확감소보장방식 과수 품목의 과중조사를 실시하고자 한다. 아래 농지별 최소표본과실수를 답란에 쓰시오.(단, 해당기준의 절반 조사는 고려하지 않는다.)[5점]

계약사항			최소표본과실수(개)
농지	품목	품종 수	
A	포도	2	㉠
B	포도	1	㉡
C	자두	3	㉢
D	복숭아	4	㉣
E	자두	2	㉤

13. 농작물재해보험 “벼” 품목에 대한 “수량요소조사”에서 다음 〈조사내용〉을 근거로 “조사수확비율”을 산정하시오.(단, 조사수확비율은 최대값으로 한다.)[5점]

조사내용

• 이삭상태(4포기) 포기당 이삭수

포기번호	1	2	3	4
포기당 이삭수	13개	20개	15개	18개

• 완전낟알상태 이삭당 낟알수

포기번호	1	2	3	4
포기별 이삭 1개당 이삭수	45개	55개	75개	85개

14. 다음 〈보기〉의 밭작물 종합위험 수확감소보장 농작물의 “표본구간별 수확량 조사방법”에서 다음 각 질문에 답하시오.[5점]

보기

양파, 마늘, 고구마, 감자, 옥수수, 차(茶), 콩, 양배추

1) 50% 피해 인정 농작물 :
2) 80% 피해 인정 농작물 :
3) 함수율 조사 농작물 :
4) 최대지름 5cm 미만인 경우 실제무게의 50%를 인정하는 농작물 :
5) 최대지름 6cm 미만인 경우 실제무게의 80%의 피해를 인정하는 농작물 :

15. 다음의 계약사항과 조사내용을 참조하여 착과감소보험금을 구하시오.(단, 착과감소량은 소수점 첫째자리에서 반올림하여 다음 예시와 같이 구하시오. 예시 123.4kg → 123kg)[5점]

• 계약사항(해당 과수원의 모든 나무는 단일 품종, 단일 재배방식, 단일 수령으로 함)

품목	가입금액	평년착과수	자기부담비율	보장수준
사과(적과전 종합)	24,200,000원	27,500개	15%	70%
가입과중	가입가격	나무손해보장 특별약관	적과종료 이전 특정위험 5종 한정 보장 특별약관	
0.4kg	2,200원/kg	미가입	미가입	

• 조사내용

구분	재해종류	사고일자	조사일자	조사내용
계약일 ~ 적과종료 이전	조수해	5월 5일	5월 7일	– 피해규모 : 일부 – 금차 조수해로 죽은 나무수: 44주 – 미보상비율 : 5%
	냉해	6월 7일	6월 8일	– 피해규모 : 전체 – 냉해피해 확인 – 미보상비율 : 10%
적과후 착과수 조사	–	7월 23일		– 실제결과주수 : 110주 – 적과후 착과수 : 15,500개 – 1주당 평년착과수: 250개

16. 종합위험 수확감소보장방식 "참다래" 과수원의 수확개시전 피해사례에 대하여 계약사항과 조사내용에 따라 피해율과 수확량 및 지급보험금을 구하시오.(단, 수확량과 미보상감수량은 소수점 셋째자리에서 반올림하여 kg단위로 계산하고, 피해율은 %단위로 소수점 셋째자리에서 반올림하여 둘째자리까지 다음 예시와 같이 구하시오. 예시 0.12345 → 12.35%)[15점]

- 계약사항

상품명	보험가입금액	평년수확량	가입수확량	실제결과주수	자기부담비율
참다래 (1품종, 동일수령)	30,000,000원	21,000kg	21,000kg	300주	20%
				가입주수	
				300주	

- 조사내용

재식면적조사	표본구간	과중조사	미보상비율	착과피해율
주간거리 5m 열간거리 6m	표본구간수 : 8개 넓이합계 : $240m^2$	50g 초과 2.2kg 40개 50g 이하 0.8kg 20개	10%	40%
			미보상주수	표본구간착과수
			10주	12,000개

1) 피해율(3점)

2) 수확량(10점)

3) 보험금(2점)

17. 수확전 종합위험보장방식 무화과에 관한 내용이다. 다음 계약사항과 조사내용을 참조하여 물음에 답하시오.(단, 피해율(%)은 소수점 셋째자리에서 반올림)[15점]

- 계약사항

품목	보험가입금액	가입주수	평년수확량	표준과중(개당)	자기부담비율
무화과	10,000,000원	300주	6,000kg	80g	20%

- 수확 개시 전 조사내용

- 사고내용
  - 재해종류 : 우박
  - 사고일자 : 2022년 05월 10일
- 나무 수 조사
  - 보험가입일자 기준 과수원에 식재된 모든 나무 수 300주(유목 및 인수제한 품종 없음)
  - 보상하는 손해로 고사된 나무 수 10주
  - 보상하는 손해 이외의 원인으로 착과량이 현저하게 감소된 나무 수 10주
  - 병해충으로 고사된 나무수 20주
- 착과수 조사 및 미보상비율 조사
  - 표본주수 : 9주
  - 표본주 착과수 총 개수 : 1,800개
  - 제초상태에 따른 미보상비율 : 10%
- 착과피해조사(표본주 임의과실 100개 추출하여 조사)
  - 가공용으로 공급될 수 없는 품질의 과실 10개(일반 시장 출하 불가능)
  - 일반시장 출하 시 정상과실에 비해 가격 하락(50% 정도)이 예상되는 품질의 과실 20개
  - 피해가 경미한 과실 50개
  - 가공용으로 공급될 수 있는 품질의 과실 20개(일반 시장출하 불가능)

- 수확 개시 후 조사내용

- 재해종류 : 우박
- 사고일자 : 2022년 09월 05일
- 표본주 3주의 결과지 조사
  [고사결과지수 5개, 정상결과지수(미고사결과지수) 20개, 병해충 고사결과지수 2개]
- 착과피해율 : 30%
- 농지의 상태 및 수확정도 등에 따라 조사자가 기준일자를 2022년 08월 20일로 수정함
- 잔여수확량 비율

사고발생 월	잔여수확량 산정식(%)
8월	{100 − (1.06 × 사고발생일자)}
9월	{(100 − 33) − (1.13 × 사고발생일자)}

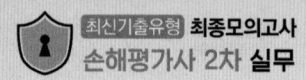

1) 수확전 피해율(%)의 계산과정과 값을 쓰시오.(6점)

2) 수확후 피해율(%)의 계산과정과 값을 쓰시오.(6점)

3) 지급보험금의 계산과정과 값을 쓰시오.(3점)

18. 피보험자 A가 운영하는 △△한우농장에서 한우 1마리가 인근 농장주인 B의 과실에 의해 폐사(보상하는 손해)되어 보험회사에 사고보험금을 청구하였다. 다음의 내용을 참조하여 피보험자 청구항목 중 비용(①~④)에 대한 보험회사의 지급여부를 각각 지급 또는 지급불가로 기재하고 ⑤ 보험회사의 최종 지급금액(보험금 + 비용)을 구하시오.[15점]

피보험자(A) 청구항목			보험회사 조사내용
보험금	소(牛)		폐사 시점의 손해액 300만원(전손)은 보험가입금액 및 보험가액과 같은 것으로 확인(자기부담금비율: 20%)
비용	(①)	잔존물처리비용	A가 폐사로 인한 인근 지역의 수질 오염물질 제거를 위해 지출한 비용(30만원)으로 확인
	(②)	손해방지비용	A가 손해의 경감을 위해 지출한 유익한 비용(40만원)으로서 보험목적의 관리 의무를 위하여 지출한 비용에 해당하지 않는 것으로 확인
	(③)	대위권 보전비용	A가 B에게 손해배상을 받을 수 있는 권리를 행사하기 위해 지출한 유익한 비용(30만원)으로 확인
	(④)	기타 협력비용	A가 회사의 요구 또는 협의 없이 지출한 비용(40만원)으로 확인

최종 지급금액(보험금 + 비용)	(⑤)

19. 농업재해보험 농업수입감소보장 "콩" 품목에 대한 아래 계약사항과 조사내용을 참고로 1) 수확량, 2) 기준수입, 3) 실제수입, 4) 농업수입감소보험금을 구하시오.(단, 피해율은 %단위로 소수점 셋째자리에서 반올림하고, 수확량은 kg 단위로 소수점 셋째자리에서 반올림한다.)

○ 계약사항

보험가입금액	평년수확량	기준가격	자기부담비율	실제경작면적
4백만원	4,000kg	4,000원/kg	10%	8,000m^2

○ 조사내용

미보상면적	미보상비율	표본구간 종실중량	표본구간 면적	함수율	수확기가격
400m^2	10%	4kg	8m^2	20%	3,200원/kg

1) 수확량(5점)

2) 기준수입(2점)

3) 실제수입(3점)

4) 농업수입감소보험금(5점)

20. 가축재해보험 보통약관에서 가축보험 모든 부문에 공통적으로 적용되는 "보상하지 않는 손해" 8개를 약술하시오.[15점]

손해평가사 2차 시험대비

최종모의고사

제 10 회

제1과목 농작물재해보험 및 가축재해보험 이론과 실무

01. 농작물재해보험 업무방법서에서 제시된 농업재해보험의 기능 5가지를 쓰시오.[5점]

02. 다음 표는 종합위험 생산비보장방식의 종합위험 재파종보장 보험기간(파종 · 재파종완료일)이다. 각 빈칸에 알맞은 일자를 쓰시오.[5점]

보장	보험의 목적	보험기간	
		보장개시	보장종료
		파종완료일 24시 다만, 보험계약 시 파종완료일이 경과한 경우에는 계약체결일 24시 (단, 파종완료일은 아래의 일자를 초과할 수 없음)	재파종완료일 다만, 아래의 일자를 초과할 수 없음
종합위험 재파종보장	메밀	(①)	9월 25일
	시금치	(②)	(④)
	월동무	(③)	10월 25일
	쪽파(실파) [1 · 2형]	10월 15일	(⑤)

※ 위 모든 일자는 판매개시연도이다.

03. 감귤(만감류)에 대한 다음 각 질문에 답하시오.

1) 수확량 감소 추가보장 특별약관 종료기간

2) 제주도 지역(12월 21일 이후) 동상해 피해 인정 기온

3) 제주도 외 지역(12월 21일 이후) 동상해 피해 인정 기온

4) 수확량감소 추가보장 보험금 산출식

5) 수확감소보장 계약자 임의 선택이 가능한 최소 자기부담비율

04. 가축재해보험에 대한 다음 각 질문에 답하시오.[5점]

1) 가축사육업자에 대한 정부 지원 요건 중 소 · 돼지 · 닭 · 오리의 허가 대상 사육면적 기준은?
2) 가축사육업자에 대한 정부지원 한도 금액은?
3) 소 도체결함 특약 가입시 자기부담비율은?
4) 종모우는 연속 ( ) 동안 정상적으로 정액을 생산하지 못하고, 종모우로서의 경제적 가치가 없다고 판정 시 보상한다. 빈칸에 알맞은 것은?
5) 돼지의 질병위험보장 특약에서 자기부담금은 보험금의 10%, 20%, 30%, 40% 또는 (   ) 중 큰 금액으로 한다. 빈칸에 알맞은 것은?

1)
2)
3)
4)
5)

05. 종합위험 원예시설 손해보장방식(농업용 시설물 및 부대시설)에서 보험가입이 가능한 "부대시설"에 대하여 서술하시오.[5점]

06. 다음 〈보기〉의 작물 중 보험인수시 인수가 제한되는 나무수령에 맞춰 과수작물을 분류하고 각각 쓰시오.[15점]

보기
포도, 유자, 매실, 복숭아, 무화과, 밤, 참다래, 대추, 살구, 오디, 온주밀감

1) 3년 미만(5점) :

2) 4년 미만(5점) :

3) 5년 미만(5점) :

07. 종합위험방식 원예시설 · 버섯 품목에 관한 내용이다. 각 내용을 참조하여 다음 물음에 답하시오. [15점]

• 느타리버섯(균상재배)

준비기 생산비 계수	피해면적	재배면적	손해정도비율
67.6%	$500m^2$	$2{,}000m^2$	55%
단위면적당 보장생산비	**생장일수**	**표준생장일수**	**비고**
16,400원	14일	28일	수확기 이전 사고임

• 새송이버섯(병재배)

보험가입금액	재배병수	피해병수	병당보장생산비	손해정도
300만원	10,000병	4,000병	480원	45%

• 양송이버섯(균상재배)

준비기 생산비 계수	피해면적	재배면적	손해정도
81.7%	$800m^2$	$2{,}000m^2$	45%
단위면적당 보장생산비	**수확일수**	**표준수확일수**	**비고**
20,500원	15일	30일	수확기 중 사고임

1) 느타리버섯(균상재배) 생산비보장보험금의 계산과정과 값을 쓰시오.(천원 미만 절사)(5점)

2) 새송이버섯(병재배) 생산비보장보험금의 계산과정과 값을 쓰시오.(천원 미만 절사) (5점)

3) 양송이버섯(균상재배) 생산비보장보험금의 계산과정과 값을 쓰시오.(천원 미만 절사) (5점)

08. 종합위험과실손해보장 "오디" 품목에 대한 다음 조사자료를 근거로 아래 각 질문에 답하시오.(단, 결실수는 소수점 셋째 자리에서 반올림, 피해율은 %로 소수점 셋째 자리에서 반올림한다)[15점]

○ 계약사항

품종	가입금액	실제결과주수	평년결실수	표준결실수	자기부담비율
청일뽕	1,000만원	200주	30개	30개	20%

○ 조사내용

나무조사			표본주조사			미보상 비율
실제 결과주수	고사 주수	미보상 주수	표본 주수	표본가지 길이 합계	표본가지 결실수 합계	
200주	10주	12주	8주	32m	600개	10%

1) 환산결실수를 구하시오.(3점)

2) 조사결실수를 구하시오.(6점)

3) 보험금을 구하시오.(6점)

09. 다음 적과전종합위험Ⅱ 보상하는 재해 중 가을동상해와 일소피해에 대한 각 질문에 답하시오.[15점]

○ 가을동상해
  1) 가을동상해 피해 인정 기준 :
  2) 단감, 떫은감 품목의 잎 피해 인정 기준 :
○ 일소피해
  1) 일소현상의 정의 :
  2) 폭염의 인정 기준 :

10. 종합위험 밭작물(생산비보장) "고추" 품목의 인수제한 목적물에 대한 내용이다. 다음 각 농지별 보험 가입 가능 여부를 "가능" 또는 "불가능"으로 쓰고, 불가능한 농지는 그 사유를 쓰시오.[15점]

- ㅇ A농지 : 고추 정식 5개월 전 인삼을 재배한 농지로, 가입금액 300만원으로 가입신청 (①)
- ㅇ B농지 : 직파하고 재식밀도가 1,000m^2당 1,500주로 가입 신청 (②)
- ㅇ C농지 : 해당년도 5월 1일 터널재배로 정식하여 풋고추 형태로 판매하기 위해 재배하는 농지로 가입 신청 (③)
- ㅇ D농지 : 군사시설보호구역 중 군사시설의 최외곽 경계선으로부터 200미터 내의 농지이나, 통상적인 영농활동이나 손해평가가 가능한 보험가입금액이 200만원인 시설재배 농지로 가입 신청 (④)
- ㅇ E농지 : m^2당 2주의 재식밀도로 4월 30일 노지재배로 식재하고 가입 신청 (⑤)

제2과목 농작물재해보험 및 가축재해보험 손해평가의 이론과 실무

11. 농작물재해보험 시설작물(시금치, 수확기 중 사고)에 대한 다음 자료를 참고하여 생산비보장 보험금을 구하시오.[5점]

재배면적	피해면적	보장생산비	수확일수	표준수확일수	손해정도비율
1,000m^2	400m^2	1,900원/m^2	6일	20일	60%

12. 가축재해보험 축사에 대한 다음 조건에 따라 지급보험금을 계산하여 쓰시오.[5점]

보험가입금액	보험가액	손해액	재해	손해방지비용
1,280만원	2,000만원	1,000만원	수재	200만원

13. 농작물재해보험 업무방법서에서 다음 각 대상품목별 표본주수 산정 기준에 따른 표본주수를 각각 쓰시오.[5점]

품목	조사대상주수(면적)	표본주수(구간)
자두	500주 이상 600주 미만	①
매실	500주 이상 1,000주 미만	②
감귤	5,000㎡ 이상 10,000㎡ 미만	③
벼	3,000㎡ 이상 4,000㎡ 미만	④
감자	2,500㎡ 이상 5,000㎡ 미만	⑤

14. 가축재해보험 가금부문 종계에 대한 다음 자료를 근거로 보험가액을 각각 산출한 값은?[5점]

○ 생후 31주령 성계 협정 가액 : 20,000원

1) 생후 5주 성계 가격

2) 생후 21주 성계 가격

3) 생후 51주 성계 가격

4) 생후 62주 성계 가격

15. **다음 조건에 의한 착과감소보험금을 산정하시오.(단, 감수과실수와 감수량은 정수 또는 kg단위로 반올림하여 계산한다.)[5점]**

- 계약사항

상품명	가입특약	평년착과수	실제결과주수	자기부담비율
적과전 종합위험 (보통약관 떫은감)	없음	50,000개	100주	15%
가입과실수	**가입과중**	**과실가입가격**	**가입주수**	**보장수준**
50,000개	0.25kg	10,000원/kg	100주	50%

- 조사내용

<table>
<tr><th>구분</th><th>재해
종류</th><th>사고
일자</th><th>조사
일자</th><th>조사내용</th></tr>
<tr><td rowspan="3">계약일
~
적과전</td><td rowspan="3">자연
재해</td><td>5.9.</td><td>5.10.</td><td>– 동상해로 인한 피해조사 확인
– 미보상비율 : 0%</td></tr>
<tr><td>6.10.</td><td>6.11.</td><td>– 우박으로 인한 피해사실 확인
– 미보상비율 : 10%</td></tr>
<tr><td>7.11.</td><td>7.13.</td><td>– 태풍으로 인한 피해사실 확인
– 고사나무 없음, 미보상주수 없음
– 미보상비율 : 15%</td></tr>
<tr><td>적과후
착과수</td><td colspan="2">–</td><td>7.30.</td><td>적과후 착과수 : 40,000개</td></tr>
</table>

16. **종합위험 과실손해보장방식 복분자 품목의 1) 고사결과모지수와 2) 피해율 및 3) 과실손해보험금을 구하시오.(단, 피해율은 %단위로 소수점 셋째자리에서 반올림하고, 결과모지수는 소수점 셋째자리에서 반올림한다.)[15점]**

• 계약사항

품목	보험가입금액	평년결과모지수	가입포기수	자기부담비율
복분자	1,000만원	7개	1,500포기	20%

• 조사내용

재해종류	사고일자	조사일자	조사내용
냉해	4월 4일	4월 5일	- 표본포기 : 10포기 - 표본구간 살아있는 결과모지수 : 300개 - 표본구간 수정불량 결실수 : 80개 - 표본구간 전체결실수 : 400개 - 미보상비율 : 10%
태풍	6월 3일	6월 4일	- 표본포기 : 10포기 - (표본송이) 수확가능한 열매수 : 210개 - (표본송이) 총열매수 : 420개 - 잔여수확량비율 : 95% - 미보상비율 : 10%

1) (종합위험) 고사결과모지수(5점)

2) (특정위험) 고사결과모지수(5점)

3) 과실손해보험금(5점)

17. 다음 "옥수수" 품목의 계약사항과 보상하는 손해에 따른 조사내용에 관하여 1) 피해수확량, 2) 손해액, 3) 수확감소보험금을 구하시오. (조사내용 외 다른 조건은 고려하지 않음)[15점]

• 계약사항

상품명	보험가입금액	가입면적	표준가격 가입가격	표준수확량	자기부담비율
수확감소보장 옥수수(미백2호)	15,000,000원	10,000m^2	2,000원	5,000kg	20%

• 조사내용

조사종류	표준중량	실제경작면적	수확불능(고사)면적	기수확면적
수확량조사	180g	10,000m^2	1,000m^2	2,000m^2

표본구간 '상' 옥수수 개수	표본구간 '중' 옥수수 개수	표본구간 '하' 옥수수 개수	표본구간 면적 합계	미보상비율
10개	10개	20개	10m^2	10%

1) 피해수확량(kg단위로 소수점 셋째자리에서 반올림하여 둘째자리까지 다음 예시와 같이 구하시오. 예시 3.456kg → 3.46kg로 기재)

2) 손해액

3) 수확감소보험금

18. 종합위험방식 "원예시설"의 '시설하우스' 손해평가 현지조사 방법에 대하여 아래 질문에 각각 기술하시오.[15점]

1) 조사기준(5점)

2) 평가단위(5점)

3) 손해평가(5점)

19. 종합위험보장 밭작물 "감자" 품목에 대한 다음 계약사항과 조사내용을 근거로 다음 각 항목의 계산과정과 값을 구하시오.(단, 수확량과 미보상감수량은 소수점 셋째자리에서 반올림하여 kg단위로 계산하고, 피해율은 %단위로 소수점 셋째자리에서 반올림하여 둘째자리까지 다음 예시와 같이 구하시오. 예시 0.12345 → 12.35%)[15점]

• 계약사항

상품명	보험가입금액	가입면적	실제경작면적	평년수확량	자기부담비율
감자(가을재배)	13,000,000원	6,000m^2	6,000m^2	9,000kg	20%

• 조사내용

조사내용	수확량조사
조사방식	표본조사
고사면적	500m^2
기수확면적	700m^2
타작물면적	300m^2

표본구간 면적		12m^2
표본구간 수확량	정상감자 무게	2.2kg
	50%형 피해과	4kg
	병충해 감자 중량	3kg
	병충해(탄저병) 인정비율	50%
	미보상비율	10%

※ 표본구간 병충해감자 손해정도별 중량 : 총 3kg

1~20%	21~40%	41~60%	61~80%	81~100%
1kg	0.6kg	0.4kg	0.7kg	0.3kg

1) 보험금(3점)

2) 피해율(2점)

3) 수확량(3점)

4) 표본구간 단위면적당 수확량(4점)

5) 병충해 감수량(3점)

20. 다음 조건에 의한 과실손해보험금을 산정하시오.(단, 계산과정은 쓰고, 감수과실수와 감수량은 정수 또는 kg단위로 반올림하여 계산하고, 착과율 · 착과피해율 · 인정피해율은 %단위로 소수점 이하 셋째자리에서 반올림한다.)[15점]

• 계약사항

상품명	가입특약	평년착과수	실제결과주수	자기부담비율
적과전 종합위험 (보통약관 떫은감)	없음	50,000개	100주	15%
가입과실수	가입과중	과실가입가격	가입주수	보장수준
50,000개	0.25kg	10,000원/kg	100주	50%

• 조사내용(적과전 자연재해 있었음)

<table>
<tr><td>적과후
착과수</td><td colspan="2">–</td><td>7.30</td><td>- 적과후 착과수 : 40,000개</td></tr>
<tr><td rowspan="4">적과후
수확전</td><td rowspan="3">태풍</td><td rowspan="3">8.15</td><td rowspan="3">8.17</td><td>- 고사주수 : 10주
- 과실피해구성률 : 100%
- 무피해나무 1주당 평균착과수 : 500개</td></tr>
<tr><td>- 낙과손해 표본조사 : 표본주 6개, 낙과수 240개
- 조사대상주수 : 90주
- 낙과피해구성률 : 100%</td></tr>
<tr><td>- 낙엽피해조사 : 낙엽수 200장, 착엽수 300장
- 경과일수 : 50일
- 미보상비율 : 20%</td></tr>
<tr><td>우박</td><td>6.10</td><td>9.25</td><td>- 9월 25일 수확직전 착과수조사 : 착과수 20,000개
- 착과피해구성률<table><tr><td>피해과실구분</td><td>100%</td><td>80%</td><td>50%</td><td>정상과</td></tr><tr><td>과실수(개)</td><td>5</td><td>10</td><td>30</td><td>55</td></tr></table></td></tr>
<tr><td>수확
개시후</td><td>가을
동상해</td><td>9.30</td><td>10.2</td><td>- 가을동상해 잎피해 51%, 잔여일수 30일
- 사고당시 착과수 : 3,000개
- 착과피해구성률<table><tr><td>피해과실구분</td><td>100%</td><td>80%</td><td>50%</td><td>정상과</td></tr><tr><td>과실수(개)</td><td>10</td><td>20</td><td>30</td><td>140</td></tr></table></td></tr>
</table>

PART 02

손해평가사 2차 실무

문제편 2

최신기출문제

제9회 2023년도 기출문제

손해평가사 2차 시험대비

2023년도 2차 기출문제

제 9 회

제1과목 농작물재해보험 및 가축재해보험 이론과 실무

01. 가축재해보험에 가입한 A축사에 다음과 같은 지진 피해가 발생하였다. 보상하는 손해 내용에 해당하는 경우에는 "해당"을 보상하지 않는 손해내용에 해당하는 경우에는 "미해당"을 쓰시오.(단, 주어진 조건 외 다른 사항은 고려하지 않음)[5점]

○ 지진으로 축사의 급배수설비가 파손되어 이를 복구한 비용 500만원 : (　　)
○ 지진으로 축사 벽의 2m 균열을 수리한 비용 150만원 : (　　)
○ 지진 발생 시 축사의 기계장치 도난 손해 200만원 : (　　)
○ 지진으로 축사 내 배전반이 물리적으로 파손되어 복구한 비용 150만원 : (　　)
○ 지진으로 축사의 대문이 파손되어 이를 복구한 비용 130만원 : (　　)

02. 종합위험 생산비 보장 품목의 보험기간 중 보장 개시일에 관한 내용이다. 다음 해당 품목의 ( )에 들어갈 내용을 쓰시오.[5점]

품목	보장개시일	초과할 수 없는 정식(파종) 완료일 (판매개시연도 기준)
대파	정식 완료일 24시, 다만 보험계약시 정식 완료일이 경과한 경우 계약체결일 24시	(①)
고랭지배추	정식 완료일 24시, 다만 보험계약시 정식 완료일이 경과한 경우 계약체결일 24시	(②)
당근	파종 완료일 24시, 다만 보험계약시 파종 완료일이 경과한 경우 계약체결일 24시	(③)
브로콜리	정식 완료일 24시, 다만 보험계약시 정식 완료일이 경과한 경우 계약체결일 24시	(④)
시금치(노지)	파종 완료일 24시, 다만 보험계약시 파종 완료일이 경과한 경우 계약체결일 24시	(⑤)

03. 작물 특정 및 시설종합위험 인삼손해보장방식의 자연재해에 대한 설명이다. ( )에 들어갈 내용을 쓰시오.[5점]

- 폭설은 기상청에서 대설에 대한 특보(대설주의보, 대설경보)를 발령한 때 해당 지역의 눈 또는 (①)시간 신적설이 (②)cm 이상인 상태
- 냉해는 출아 및 전엽기(4~5월) 중에 해당 지역에 최저기온 (③)℃ 이하의 찬 기온으로 인하여 발생하는 피해를 말하며, 육안으로 판별 가능한 냉해 증상이 있는 경우에 피해를 인정
- 폭염은 해당 지역에 최고기온 (④)℃ 이상이 7일 이상 지속되는 상태를 말하며, 육안으로 판별 가능한 타들어간 증상이 (⑤)% 이상 있는 경우에 인정

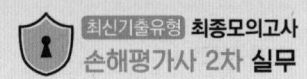

04. 가축재해보험 협정보험가액 특별약관이 적용되는 가축 중 유량검정젖소에 관한 내용이다. ( ) 에 들어갈 내용을 쓰시오.[5점]

> 유량검정젖소란 젖소개량사업소의 검정사업에 참여하는 농가 중에서 일정한 요건을 충족하는 농가(직전월의 (①)일 평균유량이 (②)kg 이상이고 평균 체세포수가 (③)만 마리 이하를 충족하는 농가)의 소(최근 산차 305일 유량이 (④)kg 이상이고, 체세포수가 (⑤)만 마리 이하인 젖소)를 의미하며 요건을 충족하는 유량검정젖소는 시가에 관계 없이 협정보험가액 특약으로 보험 가입이 가능하다.

05. 농작물재해보험 보험료 방재시설 할인율의 방재시설 판정기준에 관한 내용이다. ( )에 들어갈 내용을 쓰시오.[5점]

> ㅇ 방품림은 높이가 (①)미터 이상의 영년생 침엽수와 상록활엽수가 (②)미터 이하의 간격으로 과수원 둘레 전체에 식재되어 과수원의 바람 피해를 줄일 수 있는 나무
> ㅇ 방품망은 망구멍 가로 및 세로가 6~10㎜의 망목네트를 과수원 둘레 전체나 둘레 일부(1면 이상 또는 전체둘레의 (③)% 이상)에 설치
> ㅇ 방충망은 망구멍이 가로 및 세로가 (④)㎜ 이하 망목네트로 과수원 전체를 피복
> ㅇ 방조망은 망구멍의 가로 및 세로가 (⑤)㎜를 초과하고 새의 입출이 불가능한 그물, 주 지주대와 보조 지주대를 설치하여 과수원 전체를 피복

06. 甲의 사과 과수원에 대한 내용이다. 조건 1~3을 참조하여 다음 물음에 답하시오. (단, 주어진 조건 외 다른 사항은 고려하지 않음)[15점]

조건1

- 2018년 사과(홍로/3년생, 밀식재배) 300주를 농작물재해보험에 신규로 보험 가입함
- 2019년과 2021년도에는 적과 전에 우박과 냉해 피해로 과수원의 적과 후 착과량이 현저하게 감소하였음
- 사과(홍로)의 일반재배방식 표준수확량은 아래와 같음

수령	5년	6년	7년	8년	9년
표준수확량	6,000kg	8,000kg	8,500kg	9,000kg	10,000kg

조건2

[甲의 과수원 과거수확량 자료]

구분	2018년	2019년	2020년	2021년	2022년
평년착과량	1,500kg	3,200kg	–	4,000kg	3,700kg
표준수확량	1,500kg	3,000kg	4,500kg	5,700kg	6,600kg
적과후착과량	2,000kg	800kg	–	950kg	6,000kg
보험가입여부	가입	가입	미가입	가입	가입

조건3

[2023년 보험가입내용 및 조사결과 내용]

- 적과전 종합위험방식Ⅱ 보험가입(적과종료 이전 특정위험 5종 한정보장 특별약관 미가입)
- 가입가격 : 2,000원/kg
- 보험가입당시 계약자부담보험료 : 200,000원(미납보험료 없음)
- 자기부담비율 : 20%
- 착과감소보험금 보장수준 50%형 가입
- 2023년 과수원 적과 전 냉해피해로, 적과후 착과량이 2,500kg으로 조사됨
- 미보상감수량 없음

1) 2023년 평년착과량의 계산과정과 값(kg)을 쓰시오.(5점)

2) 2023년 착과감소보험금의 계산과정과 값(원)을 쓰시오.(5점)

3) 만약 2023년 적과전 사고가 없이 적과후착과량이 2,500kg으로 조사되었다면, 계약자 甲에게 환급해야 하는 차액보험료의 계산과정과 값(원)을 쓰시오.(보험료는 일원 단위 미만 절사, 예시 12,345.678원 → 12,345원)(5점)

07. 종합위험 과실손해보장방식 "감귤"에 관한 내용이다. 다음의 조건 1~2를 참조하여 다음 물음에 답하시오.(단, 주어진 조건 외 다른 사항은 고려하지 않음)[15점]

조건 1

- 감귤(온주밀감) / 5년생
- 보험가입금액 : 10,000,000원(자기부담비율 20%)
- 가입특별약관 : 동상해과실손해보장 특별약관

조건 2

① 과실손해조사(수확전 사고조사는 없었음. 주품종 수확 이후 사고 발생 함)
- 사고일자 : 2022년 11월 15일
- 피해사실 확인조사를 통해 보상하는 재해로 확인됨
- 표본주수는 2주 선정 후 표본조사 내용
  - 등급 내 피해과실수 30개
  - 등급 외 피해과실수 24개
  - 기준 과실수 280개
- 미보상비율 : 20%

② 동상해과실손해조사
- 사고일자 : 2022년 12월 20일
- 피해사실 확인조사를 통해 보상하는 재해(동상해)로 확인됨
- 표본주수 2주 선정 후 표본조사 내용

기수확과실	정상과실	80%형 피해과실	100%형 피해과실
86개	100개	50개	50개

- 수확기 잔존비율(%) : 100 − 1.5 × 사고발생일자[사고발생 월 12월 기준]
- 미보상비율 : 10%

1) 과실손해보장 보통약관 보험금의 계산과정과 값(원)을 쓰시오.(5점)

2) 동상해과실손해보장 특별약관 보험금의 계산과정과 값(원)을 쓰시오.(10점)

08. 다음은 손해보험 계약의 법적 특성이다. 각 특성에 대하여 기술하시오.[15점]

ㅇ 유상계약성	ㅇ 쌍무계약성
ㅇ 상행위성	ㅇ 최고 선의성
ㅇ 계속계약성	

09. 작물특정 및 시설종합위험 인삼손해방식의 해가림시설에 관한 내용이다. 다음 물음에 답하시오. (단, A시설과 B시설은 별개 계약임)[15점]

시설	시설유형	재배면적	시설년도	가입시기
A시설	목재B형	3,000m^2	2017년 4월	2022년 10월
B시설	07-철인-A-2형	1,250m^2	2014년 5월	2022년 11월

1) A시설의 보험가입금액의 계산과정과 값(원)을 쓰시오.(7점)

2) B시설의 보험가입금액의 계산과정과 값(원)을 쓰시오.(8점)

10. 종합위험 밭작물(생산비보장) "고추" 품목의 인수제한 목적물에 대한 내용이다. 다음 각 농지별 보험 가입 가능 여부를 "가능" 또는 "불가능"으로 쓰고, 불가능한 농지는 그 사유를 쓰시오.[15점]

ㅇ A농지 : 고추 정식 5개월 전 인삼을 재배한 농지로, 가입금액 300만원으로 가입신청 (①)
ㅇ B농지 : 직파하고 재식밀도가 1,000m^2당 1,500주로 가입 신청 (②)
ㅇ C농지 : 해당년도 5월 1일 터널재배로 정식하여 풋고추 형태로 판매하기 위해 재배하는 농지로 가입 신청 (③)
ㅇ D농지 : 군사시설보호구역 중 군사시설의 최외곽 경계선으로부터 200미터 내의 농지이나, 통상적인 영농활동이나 손해평가가 가능한 보험가입금액이 200만원인 시설재배 농지로 가입 신청 (④)
ㅇ E농지 : m^2당 2주의 재식밀도로 4월 30일 노지재배로 식재하고 가입 신청 (⑤)

11. 종합위험 수확감소보장에서 '감'(봄재배, 가을재배, 고랭지재배) 품목의 병·해충등급별 인정비율이 90%에 해당하는 병·해충을 5개 쓰시오.[5점]

12. 적과전 종합위험방식 '떫은감' 품목이 적과 종료일 이후 태풍 피해를 입었다. 다음 조건을 참조하여 물음에 답하시오.(단, 주어진 조건 외 다른 사항은 고려하지 않음)[5점]

조건

조사대상주수	총표본주의 낙엽수 합계	표본주수
550주	120개	12주

※ 모든 표본주의 각 결과지(신초, 1년생 가지)당 착엽수와 낙엽수의 합계 : 10개

1) 낙엽률의 계산과정과 값(%)을 쓰시오.(2점)

2) 낙엽률에 따른 인정피해율의 계산과정과 값(%)을 쓰시오.(단, 인정피해율(%)은 소수점 셋째자리에서 반올림한다. 예시 12.345% → 12.35%로 기재)(3점)

13. 종합위험 생산비보장방식 '브로콜리'에 관한 내용이다. 보험금 지급사유에 해당하며, 아래 조건을 참조하여 보험금의 계산과정과 값(원)을 쓰시오.(단, 주어진 조건 외 다른 사항은 고려하지 않음)[5점]

조건 1

보험가입금액	자기부담비율
15,000,000원	3%

조건 2

실제경작면적(재배면적)	피해면적	정식일로부터 사고 발생일까지 경과일수
1,000m^2	600m^2	65일

※ 수확기 이전에 보험사고가 발생하였고, 기발생 생산비보장보험금은 없음

조건3

피해 조사결과

정상	50%형 피해송이	80%형 피해송이	100%형 피해송이
22개	30개	15개	33개

14. 종합위험 수확감소보장방식 '유자'(동일 품종, 동일 수령) 품목에 관한 내용으로 수확개시전 수확량 조사를 실시하였다. 보험금 지급사유에 해당하며 아래의 조건을 참조하여 보험금의 계산과정과 값(원)을 쓰시오.(단, 주어진 조건 외 다른 사항은 고려하지 않음)[5점]

조건 1

보험가입금액	평년수확량	자기부담비율	미보상비율
20,000,000원	8,000kg	20%	10%

조건 2

조사대상주수	고사주수	미보상주수	표본주수	총표본주의 착과량
370주	10주	20주	8주	160kg

조건3

착과피해 조사결과

정상과	50%형 피해과실	80%형 피해과실	100%형 피해과실
30개	20개	20개	30개

15. 종합위험 수확감소보장 밭작물(마늘, 양배추) 상품에 관한 내용이다. 보험금 지급사유에 해당하며, 아래의 조건을 참조하여 다음 물음에 답하시오.[5점]

조건

품목	재배지역	보험가입금액	보험가입면적	자기부담비율
마늘	의성	3,000,000원	1,000m^2	20%
양배추	제주	2,000,000원	2,000m^2	10%

1) '마늘'의 재파종 전조사 결과는 1a당 출현주수 2,400주이고, 재파종 후조사 결과는 1a당 3,100주로 조사되었다. 재파종보험금(원)을 구하시오.(3점)

2) '양배추'의 재정식 전조사 결과는 피해면적 500m^{2}이고, 재정식 후조사 결과는 재정식면적 500m^{2}으로 조사되었다. 재정식보험금(원)을 구하시오.(2점)

16. 다음은 가축재해보험에 관한 내용이다. 다음 물음에 답하시오.[15점]

1) 가축재해보험에서 모든 부문 축종에 적용되는 보험계약자 등의 계약 전 · 후 알릴 의무와 관련한 내용의 일부분이다. 다음 (　)에 들어갈 내용을 쓰시오.(5점)

계약 전 알릴 의무

계약자, 피보험자 이들의 대리인은 보험계약을 청약할 때 청약서에서 질문한 사항에 대하여 알고 있는 사실을 반드시 사실대로 알려야 할 의무이다.
보험계약자 또는 피보험자가 고의 또는 중대한 과실로 계약 전 알릴 의무를 이행하지 않은 경우에 보험자는 그 사실을 안 날로부터 (①)월 내에, 계약을 체결한 날로부터 (②)년 내에 한하여 계약을 해지할 수 있다. 그러나 보험자가 계약 당시에 그 사실을 알았거나 중대한 과실로 인하여 알지 못한 때에는 그러하지 아니하다.

계약 후 알릴 의무

- 보험목적 또는 보험목적 수용장소로부터 반경 (③)km 이내 지역에서 가축전염병 발생(전염병으로 의심되는 질환 포함) 또는 원인 모를 질병으로 집단폐사가 이루어진 경우
- 보험의 목적 또는 보험의 목적을 수용하는 건물의 구조를 변경, 개축, 증축하거나 계속하여 (④)일 이상 수선할 때
- 보험의 목적 또는 보험의 목적이 들어있는 건물을 계속하여 (⑤)일 이상 비워두거나 휴업하는 경우

2) 가축재해보험 소에 관한 내용이다. 다음 조건을 참조하여 한우(수컷)의 지급보험금(원)을 쓰시오. (단, 주어진 조건 외 다른 사항은 고려하지 않음)(10점)

조건

보험목적물 : 한우(수컷, 2021. 4. 1. 출생)
가입금액 : 6,500,000원, 자기부담비율 : 20%, 중복보험 없음
사고일 : 2023. 7. 3. (경추골절의 부상으로 긴급도축)
보험금 청구일 : 2023. 8. 1.
이용물 처분액 : 800,000원(도축장 발행 정산자료의 지육금액)

〈2023년 한우(수컷) 월별 산지 가격 동향〉

구분	4월	5월	6월	7월	8월
350kg	3,500,000원	3,220,000원	3,150,000원	3,590,000원	3,600,000원
600kg	3,780,000원	3,600,000원	3,654,000원	2,980,000원	3,200,000원

17. 종합위험 시설작물 손해평가 및 보험금 산정에 관하여 다음 물음에 답하시오. [15점]

1) 농업용 시설물 감가율과 관련하여 아래 ( )에 들어갈 내용을 쓰시오.(5점)

고정식 하우스			
구분		내용연수	경년감가율
구조체	단동하우스	10년	(①)%
	연동하우스	15년	(②)%
피복재	장수 PE	(③)년	(④)% 고정감가
	장기성 Po	5년	(⑤)%

2) 다음은 원예시설 작물 중 '쑥갓'에 관련된 내용이다. 아래의 조건을 참조하여 생산비보장보험금(원)을 구하시오.(단, 아래 제시된 조건 이외의 다른 사항은 고려하지 않음)(10점)

조건

품목	보험가입금액	피해면적	재배면적	손해정도	보장생산비
쑥갓	2,600,000원	500m^2	1,000m^2	50%	2,600원/m^2

- 보상하는 재해로 보험금 지급사유에 해당(1사고, 1동, 기상특보재해)
- 구조체 및 부대시설 피해 없음
- 수확기 이전 사고이며, 생장일수는 25일
- 중복보험은 없음

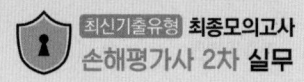

18. **종합위험 수확감소보장방식 '논작물'에 관한 내용으로 보험금 지급사유에 해당하며, 아래 물음에 답하시오.(단, 주어진 조건 외 다른 사항은 고려하지 않음)[15점]**

1) 종합위험 수확감소보장방식 논작물(조사료용 벼)에 관한 내용이다. 다음 조건을 참조하여 경작불능보험금의 계산식과 값(원)을 쓰시오.(3점)

조건

보험가입금액	보장비율	사고발생일
10,000,000원	계약자는 최대보장비율 가입조건에 해당되어 이를 선택하여 보험가입을 하였다.	7월 15일

2) 종합위험 수확감소보장방식 논작물(벼)에 관한 내용이다. 다음 조건을 참조하여 표본조사에 따른 수확량감소보험금의 계산과정과 값(원)을 쓰시오. (단, 표본구간 조사 시 산출된 유효중량은 g단위로 소수점 첫째자리에서 반올림. 예시 123.4g → 123g, 피해율은 %단위로 소수점 셋째자리에서 반올림. 예시 12.345% → 12.35%로 기재)(6점)

조건 1

보험가입금액	가입면적 (실제경작면적)	자기부담비율	평년수확량	품종
10,000,000원	3,000m^2	10%	1,500kg	메벼

조건 2

기수확면적	표본구간면적합계	표본구간작물중량합계	함수율	미보상비율
500m^2	1.3m^2	400g	22%	20%

3) 종합위험 수확감소보장방식 논작물(벼)에 관한 내용이다. 다음 조건을 참조하여 전수조사에 따른 수확량감소보험금의 계산과정과 값(원)을 쓰시오.(단, 조사대상면적수확량과 미보상감수량은 kg단위로 소수점 첫째자리에서 반올림. 예시 123.4kg → 123kg, 단위면적당 평년수확량은 소수점 첫째자리까지 kg단위로 기재. 피해율은 %단위로 소수점 셋째자리에서 반올림. 예시 12.345% → 12.35%로 기재)(6점)

조건 1

보험가입금액	가입면적(실제경작면적)	자기부담비율	평년수확량	품종
10,000,000원	3,000m^2	10%	1,500kg	찰벼

조건 2

고사면적	기수확면적	작물중량합계	함수율	미보상비율
300m^2	300m^2	540kg	18%	10%

19. 종합위험 수확감소보장 밭작물 '옥수수' 품목에 관한 내용이다. 보험금 지급사유에 해당하며, 아래의 조건을 참조하여 물음에 답하시오.(단, 주어진 조건 외 다른 사항은 고려하지 않음)[15점]

조건

품종	보험가입금액	보험가입면적	표준수확량	
대학찰(연농2호)	20,000,000원	8,000m^2	2,000kg	
가입가격	재식시기지수	재식밀도지수	자기부담비율	표본구간 면적합계
2,000원/kg	1	1	10%	16m^2

면적조사결과			
조사대상면적	고사면적	타작물면적	기수확면적
7,000m^2	500m^2	200m^2	300m^2

표본구간 내 수확한 옥수수				
착립장길이(13cm)	착립장길이(14cm)	착립장길이(15cm)	착립장길이(16cm)	착립장길이(17cm)
8개	10개	5개	9개	2개

1) 피해수확량의 계산과정과 값(kg)을 쓰시오.(5점)

2) 손해액의 계산과정과 값(원)을 쓰시오.(5점)

3) 수확감소보험금의 계산과정과 값(원)을 쓰시오.(5점)

20. 수확전 과실손해보장방식 '복분자' 품목에 관한 내용이다. 다음 물음에 답하시오.[15점]

1) 아래 표는 복분자의 과실손해보험금 산정 시 수확일자별 잔여수확량 비율(%)를 구하는 식이다. 다음 (　)에 들어갈 계산식을 쓰시오.(10점)

사고일자	경과비율(%)
6월 1일 ~ 7일	(①)
6월 8일 ~ 20일	(②)

2) 아래 조건을 참조하여 과실손해보험금(원)을 구하시오.(단, 피해율은 %단위로 소수점 셋째자리에서 반올림. 예시 12.345% → 12.35%로 기재. 주어진 조건 외 다른 사항은 고려하지 않음)(5점)

품목	보험가입금액	가입포기수	자기부담비율	평년결과모지수
복분자	5,000,000원	1,800포기	20%	7개

〈수확 전 사고 조사내용〉

사고 일자	사고 원인	표본구간 살아있는 결과모지수 합계	표본조사결과		표본구간수	미보상 비율
			전체 결실수	수정불량 결실수		
4월 10일	냉해	250개	400개	200개	10	20%

PART 03

손해평가사 2차 실무

정답 및 해설편

정답 및 해설

손해평가사 2차 시험대비

최종모의고사 정답 및 해설

제 1 회

제1과목 농작물재해보험 및 가축재해보험 이론과 실무

01. 1) 손인(Peril) 2) 위태(Hazard) 3) 손해(Loss) 4) 객관적 위험 5) 정태적 위험

위험과 관련된 개념

1) 위태(Hazard) : Hazard는 위험 상황 또는 위험한 상태를 말하며, 위태는 특정한 사고로 인하여 발생할 수 있는 손해의 가능성을 새로이 창조하거나 증가시킬 수 있는 상태를 말한다.
2) 손인(Peril) : Peril은 손해(loss)의 원인으로서 화재, 폭발, 지진, 폭풍우, 홍수, 자동차 사고, 도난, 사망 등이 바로 손인이다. 일반적으로 '사고'라고 부르는 것이다.
3) 손해(Loss) : 위험한 상황(hazard)에서 사고(peril)가 발생하여 초래되는 것이 물리적 · 경제적 · 정신적 손해이다. 즉, 손해(損害, loss)는 손인의 결과로 발생하는 가치의 상실 혹은 감소를 의미한다.

위험의 분류

1) 위험의 측정 가능성 여부에 따른 분류 : 객관적 위험(objective risk)과 주관적 위험(subjective risk)
2) 위험의 속성에 손실의 기회(chance of loss)만 있는가, 이득의 기회(chance of gain)도 함께 존재하는가에 따른 분류 : 순수위험과 투기적 위험
3) 위험이 미치는 범위가 얼마나 넓은가 혹은 좁은가에 따른 분류 : 특정적 위험과 기본적 위험
4) 보험자가 책임을 부담하는 여부에 따른 분류 : 담보위험과 비담보위험 및 면책위험

02. 1) 200만원 이상 : 인삼, 마늘, 호두, 양배추
2) 100만원 이상 : 옥수수, 배추, 시금치(노지)
3) 50만원 이상 : 메밀
4) 단지 면적이 300m^2 이상 : 시설작물
5) 농지의 면적이 1,000m^2 이상 : 사료용 옥수수

03. ① 14m/sec ② 12시간 ③ 5.0 ④ 10월 31일 ⑤ 연속 2일

04. 평년결과모지수 = [A × (Y/5)] + [B × (1 − Y/5)]
= [5 × (3/5)] + [5 × (1 − 3/5)] = 3 + 2 = 5개

> 복분자의 평년결과모지수 = [A × (Y/5)] + [B × (1 − Y/5)]
>
> - A(과거결과모지수 평균) = Σ과거 5개년 포기당 평균결과모지수 ÷ Y
> - B(표준결과모지수) = 포기당 5개(2~4년) 또는 4개(5~11년)
> - Y : 최근 5년간 가입횟수
> - 평년결과모지수는 보험가입연도 표준결과모지수의 50~130% 수준에서 결정한다.

05. 1) 근출혈, 수종, 근염, 외상, 근육 제거, 기타의 결함
2) 전염성위장염(TGE virus 감염증), 돼지유행성설사병(PED virus 감염증), 로타바이러스감염증(Rota virus 감염증)
3) 24시간 이내
4) 14일 이내
5) 폐사 · 긴급도축 확장보장 특별약관

06. 1) 보험가입금액의 감액 사유 : 적과전 사고가 없었으나 적과전착과량이 평년착과량보다 적게 되는 경우 보험가입금액을 감액한다.
2) 보험료 : 950,000원
보험료 = 보험가입금액 × 지역 보통약관 영업요율 × (1 − 부보장 및 한정보장 특약 할인율)
× (1 ± 손해율에 따른 할인 · 할증률) × (1 − 방재시설할인율)
= 10,000,000원 × 0.1 × (1−0.05) = 950,000원
3) 환급보험료 : 157,700원
환급보험료 = (감액분계약자부담보험료 × 감액미경과비율) − 미납입보험료
= 190,000 × 0.83 = 157,700원
감액분계약자부담보험료 = 기보험료의 20%{(2,500−2,000)/2,500}
= 950,000 × 0.2 = 190,000원

〈감액미경과비율〉

구분		보장수준	
		50%형	70%형
5종특약 미가입	사과, 배	70%	63%
	단감, 떫은감	84%	79%
5종특약 가입	사과, 배	83%	78%
	단감, 떫은감	90%	88%

07. 1) 보험금 = 손해액1,085,760원 − 자기부담금0 = 1,085,760원
자기부담금 = | 보험가입금액 x min(주계약피해율0.2475 − 자기부담비율0.2, 0) | = 0

2) 손해액 = {보험가입금액1,000만원 - (보험가입금액1,000만원 x 기사고피해율0.275)} x 수확기 잔존비율0.32 x 동상해피해율0.52 x (1 - 미보상비율0.1) = 1,085,760원
기사고피해율 = 0.2475 ÷ (1 - 0.1) = 27.5%
수확기잔존비율 = (100−38) − (1×사고발생일자30) = 32%
3) 동상해피해율 = (40×0.8 + 20×1) ÷ 100 = 52%

08. 1) 보험금 = 보험가입금액500만원 × 일정비율35% = 175만원

〈자기부담비율별 경작불능보험금 지급비율 표〉

자기부담비율	10%형	15%형	20%형	30%형	40%형
지급 비율	45%	42%	40%	35%	30%

2) 보험금 = 보험가입금액500만원 × 보장비율40% × 경과비율80% = 160만원

〈사고발생일이 속한 월에 따른 경과비율 표〉

월별	5월	6월	7월	8월
경과비율	80%	80%	90%	100%

3) 보험금 = MIN[보험가입금액500, 손해액150] − 자기부담금50 = 100만원
- 손해액 = 피해수확량500 x 가입가격3,000 = 1,500,000원
- 자기부담금 = 보험가입금액500 x 자기부담비율0.1 = 50만원

4) 보험금 = 보험가입금액1,000 × (피해율0.5 - 자기부담비율0.2) = 300만원
- 피해율 = {(평년수확량 - 수확량 - 미보상감수량) + 병충해감수량} ÷ 평년수확량
  = {(1,400 - 600 - 120) + 20} ÷ 1,400 = 50%
- 미보상감수량 = (평년수확량1,400 - 수확량600) × 미보상비율0.15 = 120kg

5) 병충해감수량 = 병충해 입은 괴경의 무게40 × 손해정도비율60% × 인정비율90%
= 21.6kg

〈손해정도에 따른 손해정도비율〉

품목	손해정도	손해정도비율
감자 (봄재배, 가을재배, 고랭지재배)	1~10%	20%
	21~40%	40%
	41~60%	60%
	61~80%	80%
	81~100%	100%

〈감자 병충해 등급별 인정비율〉

급수	종류	인정비율
1급	역병, 갈쭉병, 모자이크병, 무름병, 둘레썩음병, 가루더뎅이병, 잎말림병, 감자뿔나방	90%
2급	홍색부패병, 시들음병, 마른썩음병, 풋마름병, 줄기검은병, 더뎅이병, 균핵병, 검은무늬썩음병, 줄기기부썩음병, 진딧물류, 아메리카잎굴파리, 방아벌레류	70%
3급	반쭉시들음병, 흰비단병, 잿빛곰팡이병, 탄저병, 겹둥근무늬병, 오이총채벌레, 뿌리혹선충, 파밤나방, 큰28점박이무당벌레, 기타	50%

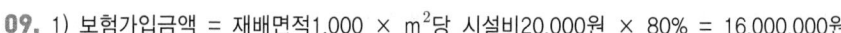

09. 1) 보험가입금액 = 재배면적1,000 × m^2당 시설비20,000원 × 80% = 16,000,000원

> 비가림시설 보험가입금액
> 비가림시설의 ㎡당 시설비에 비가림시설 면적을 곱하여 산정(산정된 금액의 80% ~ 130% 범위 내에서 계약자가 보험가입금액 결정)한다. 단, 참다래 비가림시설은 계약자 고지사항을 기초로 보험가입금액을 결정한다.

2) 보험가입금액 = 400칸 × 3.3 × 20,000원 × (1 - 경년감가율0.2666) = 19,360,000원
경년감가율(목재) = 2년 × 13.33% = 0.2666

참고 경년감가율

유형	내용연수	경년감가율
목재	6년	13.33%
철재	18년	4.44%

3) 보험가입금액 = 재배면적1,000 × 최고 생산비4,600 × 가입비율50% = 2,300,000원

> 참고 시설작물 보험가입금액
> (가) 하우스별 연간 재배 예정인 시설작물 중 생산비가 가장 높은 작물을 보험가액으로 설정한다.
> (나) 상기 산출된 보험가액의 50~100% 범위 내에서 계약자가 가입금액을 결정(10% 단위)한다.

10. 1) 평년착과량 = [A + (B - A) × (1 - Y/5)] × C/D
= [2,500 + (4,200 - 2,500) × (1 - 4/5)] × 9,000/6,000
= 4,260kg

○ A = Σ과거 5년간 적과후착과량10,000 ÷ 과거 5년간 가입횟수4
= 2,500kg

구분	2018년	2019년	2021년	2022년	평균
적과후착과량(kg)	2,000	800	4,000 × 30%	6,000	2,500
	2,000	800	1,200	6,000	

※ 과거 적과후착과량 : 연도별 적과후착과량을 인정하되, 21년 적과후착과량부터 아래 상·하한 적용
- 상한 : 평년착과량의 300%
- 하한 : 평년착과량의 30%

○ B = Σ과거 5년간 표준수확량16,800 ÷ 과거 5년간 가입횟수4
= 4,200kg

구분	2018년	2019년	2021년	2022년	평균
표준수확량(kg)	1,500	3,000	5,700	6,600	4,200

○ Y = 과거 5년간 가입횟수 = 4회
○ C = 당해연도(가입연도: 2023년 수령 8년) 기준표준수확량
= 9,000kg
○ D = Σ과거 5년간 기준표준수확량24,000 ÷ 과거 5년간 가입횟수4
= 6,000kg

년도(수령)	2018(3년)	2019(4년)	2021(6년)	2022(7년)	평균
기준표준수확량(kg)	6,000 × 50%	6,000 × 75%	8,000	8,500	6,000
	3,000	4,500	8,000	8,500	

※ 과거기준표준수확량(D) 적용 비율 : 일반재배 수령 5년 기준 아래 비율 적용

- 대상품목 사과만 해당
- 3년생 : 일반재배방식의 표준수확량 5년생의 50%, 4년생 : 일반재배방식의 표준수확량 5년생의 75%

2) 착과감소보험금 = (착과감소량1,760 - 미보상감수량 - 자기부담감수량852) × 50% × 2,000원/kg
= 908,000원
- 착과감소량 = 평년착과량4,260 - 적과후 착과량2,500 = 1,760kg
- 자기부담감수량 = 기준수확량4,260 × 0.2 = 852kg

3) 차액보험료 = 감액분 계약자부담 보험료82,629 × 감액미경과비율0.7 = 57,840원
- 감액분 수확량 : 1,760kg
- 감액분 계약자부담 보험료 = 200,000원 × (4,260 - 2,500)/4,260 = 82,629원
- 감액미경과비율 : 70%

〈감액미경과비율〉

적과종료 이전 특정위험 5종 한정보장 특별약관에 가입하지 않은 경우

품목	착과감소보험금 보장수준 50%형	착과감소보험금 보장수준 70%형
사과, 배	70%	63%
단감, 떫은감	84%	79%

제2과목 농작물재해보험 및 가축재해보험 손해평가의 이론과 실무

11. 1) 침수주수 = 침수나무수20 × 침수율0.625 = 13주

$$\text{침수율} = \frac{\text{침수 꽃(눈)·유과수의 합계}}{\text{침수 꽃(눈)·유과수의 합계} + \text{미침수 꽃(눈)·유과수의 합계}} = \frac{200}{200+120} = 62.5\%$$

2) 낙엽인정피해율 = 0.9662 × 낙엽률0.4 - 0.0703 = 31.62%

$$\text{낙엽률} = \frac{\text{표본주의 낙엽수 합계}}{\text{표본주의 낙엽수 합계} + \text{표본주의 착엽수 합계}} = \frac{10}{10+15} = 40\%$$

품목	낙엽률에 따른 인정피해율 계산식
단감	(1.0115 × 낙엽률) - (0.0014 × 경과일수) ※ 경과일수 : 6월 1일부터 낙엽피해 발생 일까지 경과된 일수
떫은감	0.9662 × 낙엽률 - 0.0703

※ 인정피해율의 계산 값이 0보다 적은 경우 인정피해율은 0으로 한다.

3) $$\text{홍로 적정표본주수} = \text{전체표본주수} \times \frac{\text{품종별조사대상주수}}{\text{조사대상주수합}} = 12 \times \frac{290}{530} = 7\text{주}$$

조사대상주수 = 홍로 290 + 부사 240 = 530주

전체표본주수 : 조사대상주수 500주 이상 600주 미만 → 12주(업무방법서 부록 [별표1] 참조)

12. 1) 매실 2) 오미자 3) 참다래 4) 밤 5) 포도, 감귤(만감류)

13. 1) 수확불능보장 보험금 지급사유 : 벼의 제현율이 65% 미만이며 정상출하가 불가능하고 해당 농지의 수확포기가 확인된 경우

2) 자기부담비율 20%인 경우 수확불능보험금 산출식

지급보험금 = 보험가입금액 × 55%

3) 수확을 포기한 것으로 판단하기 위한 요건
- 당해연도 11월 30일까지 수확을 하지 않은 경우
- 목적물을 수확하지 않고 갈아 엎은 경우
- 대상 농지의 수확물 모두가 시장으로 유통되지 않은 것이 확인된 경우

14. 표본구간 내 작물을 수확한 후 정상 고구마와 피해 고구마를 다음과 같이 구분한다.

1) 50% 피해 고구마 : 일반시장에 출하할 때, 정상 고구마에 비해 50% 정도의 가격하락이 예상되는 품질. (단, 가공공장 공급 및 판매 여부와 무관)

2) 80% 피해 고구마 : 일반시장에 출하가 불가능하나, 가공용으로 공급될 수 있는 품질. (단, 가공공장 공급 및 판매 여부와 무관)

3) 100% 피해 고구마 : 일반시장 출하가 불가능하고, 가공용으로 공급될 수 없는 품질

15. 1) 축산휴지위험보장 특약 보험금 : 5,000만원

보험금 = 손해액 × (보험가입금액 ÷ 보험가액)
= 1억원 × (5,000만원/1억원) = 5,000만원

2) 보험가액 = 종빈돈 × 10 × 1두당 비육돈(100kg) 평균가격 × 이익률
= 50 × 10 × 100만원 × 0.2 = 1억원

3) 이익률 = (1두당 100kg 비육돈 평균가격 - 경영비) ÷ 1두당 100kg 비육돈 평균가격
= (100만원 - 80만원) / 100만원 = 20%

16. 1) **종합위험 과실손해 고사결과모지수 : 2.08개**

종합위험 과실손해 고사결과모지수 = 평년결과모지수 – (기준살아있는 결과모지수 – 수정불량환산 고사결과모지수 + 미보상고사결과모지수)

= 6 – (4 - 0.6 + 0.52) = 2.08개

- 기준살아있는 결과모지수 = 표본구간 살아있는 결과모지수 합240 ÷ (표본구간수12 × 5)
  = 4개
- 수정불량환산 고사결과모지수 = 표본구간수정불량 고사결과모지수합36 ÷ (표본구간수12 × 5)
  = 0.6개
  - 표본구간수정불량 고사결과모지수 = 표본구간살아있는 결과모지수 × 수정불량 환산계수
    = 240 × 0.15 = 36개
  - 수정불량 환산계수
    = Max((표본포기 6송이 피해열매수의 합 ÷ 표본포기 6송이 열매수 합계) –15%, 0)
    = (54/180) –15% = 15%
- 미보상고사결과모지수 = Max((평 – (기준생 – 수정불량환산고사결과모지수)) × 미보상비율, 0)
  = (6–(4–0.6)) × 0.2 = 0.52

2) **특정위험 과실손해 고사결과모지수 : 1.77개**
특정위험 과실손해 고사결과모지수
= 수확감소환산 고사결과모지수2.21 - 미보상고사 결과모지수0.44 = 1.77개
• 수확감소환산 고사결과모지수(종합위험실시)
= (기준생4 - 수정불량환산고사결과모지수0.6) × 누적환산계수0.65 = 2.21개
– 누적환산계수 = 특정위험 과실손해 조사별 수확감소 환산계수 합 = 0.65
* 6/3 환산계수 = max(잔여수확량비율 - 결실율, 0) = 0.95 - 0.55 = 0.4
* 6/10 환산계수 = max(잔여수확량비율 - 결실율, 0) = 0.65 - 0.4 = 0.25
• 미보상고사 결과모지수
= 수확감소환산고사결과모지수2.21 × max미보상비율0.2 = 0.44개
3) 피해율 : 64%
피해율 = 고사결과모지수(종합2.08 + 특정1.77) / 평년결과모지수6 = 64.17%

17. 1) **표본구간 단위면적당 수확량 : 3.4886kg/m^2**
표본구간 단위면적당 수확량 = 표본구간 수확량합계 ÷ 표본구간면적 = 48.84 ÷ 14 = 3.4886kg/m^2
• 표본구간 수확량
= (표본구간 정상양파 중량 + 80%피해 양파중량 × 20%) × (1 + 누적비대추정지수)
= (40+4) × (1.11) = 48.84kg
– 누적비대추정지수 = 잔여일수 × 일자별비대추정지수 = 5 × 0.022 = 0.11
2) **수확량 : 16,899kg**
수확량 = (표본구간 단위면적당수확량 × 조사대상면적)
+ {단위면적당평년수확량 × (타작물 및 미보상면적+기수확면적)}
= (3.4886 × 4,500) + {4 × (100+200)} = 15,698.7 + 1,200 = 16,899kg
• 조사대상면적(실수타기) = 실제경작면적 – 수확불능(고사)면적 – 타작물면적 – 기수확면적
= 5,000 – 200 – 100 – 200 = 4,500m^2
• 단위면적당 평년수확량 = 평년수확량 ÷ 실제경작면적 = 20,000 ÷ 5,000 = 4kg/m^2
3) **피해율 : 13.96%**
피해율 = (평년수확량–수확량–미보상감수량) ÷ 평년수확량
= (20,000 - 16,899 - 310) ÷ 20,000 = 0.13955 = 13.96%
4) **미보상감수량 : 310kg**
미보상감수량 = (평년수확량–수확량) × 미보상비율 = (20,000–16,899) × 10% = 310kg
5) **지급보험금 : 1,188,000원**
보험금 = 보험가입금액 × (피해율–자기부담비율) = 30,000,000원 × (0.1396–0.1) = 1,188,000원

18. 1) **병충해감수량 : 957.6kg**
병충해감수량 = 단위면적당 병충해감수량 × 조사대상면적 = 0.252 × 3,800 = 957.6kg
• 표본구간 병충해감수량 = 병충해 괴경의 무게 × 손해정도비율 × 병충해등급별 인정비율(2급)
= 6kg × 0.6 × 0.7 = 2.52kg
* 더뎅이병 인정비율 : 70%
• 표본구간 단위면적당 병충해감수량 = 병충해감수량 ÷ 표본구간면적 = 2.52/10 = 0.252kg
2) **수확량 : 18,000kg**
수확량 = (표본구간 단위면적당 수확량 × 조사대상면적)
+ {단위면적당 평년수확량 × (타작물 및 미보상면적 + 기수확면적)}
= (4 × 3,800) + {4 × (500 + 200)} = 15,200 + 2,800 = 18,000kg
• 단위면적당 평년수확량 = 평년수확량20,000 ÷ 실제경작면적5,000 = 4kg

- 조사대상면적 = 실제경작면적 - 고사면적 - 타작물 및 미보상면적 - 기수확면적
  = 5,000 - 500 - 500 - 200 = 3,800m^2
- 표본구간 단위면적당 수확량 = 표본구간 수확량 합계40 ÷ 표본구간 면적10 = 4kg/m^2
  - 표본구간 수확량 합계 : 표본구간 정상 감자 중량29 + (최대 지름이 5cm 미만이거나 50%형 피해 감자 중량 10 × 0.5) + 병충해 입은 감자 중량6 = 40kg

3) **피해율 : 31.03%**

피해율 = (기준수입3천만원 - 실제수입20,690,880원) / 기준수입 = 31.03%

- 기준수입 = 평년수확량20,000 × 기준가격1,500원 = 30,000,000원
- 실제수입 = (수확량18,000 + 미보상감수량200 - 병충해감수량957.6)
  × Min(수확기가격1,200, 기준가격1,500)
  = 20,690,880원

– 미보상감수량 = (평년수확량20,000 - 수확량18,000) × 미보상비율0.1 = 200kg

4) **수입감소보험금 : 2,316,300원**

보험금 = 보험가입금액2,100만원 × (피해율0.3103 - 자기부담비율0.2) = 2,316,300원

19. 1) **보험금 : 509,200원**

보험금 = 가 × (피 - 자) = 400만원 × (0.3273−0.2) = 509,200원

- 피해율 = (평 - 수 - 미)/평 = (1,815−1,155−66)/1,815 = 32.73%
- 수확량 = 표준수확량 × 조사수확비율 × 피해면적보정계수
  = 1,500 × 0.7 × 1.1 = 1,155kg

  * 조사수확비율 : 16~18점(61~70%)

피해정도	피해면적비율	보정계수
매우 경미	10% 미만	1.2
경미	10% 이상 30% 미만	1.1
보통	30% 이상	1

  * 피해면적보정계수 = 1.1

  * 피해면적비율 = 피해면적/가입면적 = 625/2,500 = 25%

- 미보상감수량 = (평년수확량 - 수확량) × 미보상비율 = (1,815−1,155) × 0.1 = 66kg

2) **표본조사보험금 : 379,200원**

보험금 = 가 × (피 - 자) = 400만원 × (0.2948 − 0.2) = **379,200원**

- 피해율 = (평 - 수 - 미)/평 = (1,815−1,221−59)/1,815 = 29.48%
- 수확량 = (표본구간단위면적당 유효중량0.499 × 조사대상면적2,300)
  + (단위면적당평년수확량0.73 × 타.미.기수확면적100)
  = 1,147.7 + 73 =1,221kg
- 미보상감수량 = (평년수확량 - 수확량) × 미보상비율 = (1,815−1,221) × 0.1 = 59kg

  * 표본구간단위면적당 유효중량 = 표본구간유효중량479/표본구간면적0.96 = 499g

  * 표본구간유효중량 = 표본구간 작물중량합계534 × (1−Loss율0.07)
  × {(1−함수율0.18)/(1−기준함수율0.15)
  = 479g

  * 표본구간면적 = 0.8 × 0.3 × 4 = 0.96m^2

  * 조사대상면적 = 실제경작면적 − 고사면적 − 타작물 및 미보상면적 − 기수확면적
  = 2,500 − 100 − 100 = 2,300m^2

  * 단위면적당 평년수확량 = 평년수확량/실제경작면적 = 1,815kg/2,500m^2 = 0.73kg

3) **전수조사보험금 : 2,206,000원**
보험금 = 가 × (피 - 자) = 400만원 × (0.7515 - 0.2) = **2,206,000원**
• 피해율 = (평 - 수 - 미)/평 = (1,815-299-152)/1,815 = 75.15%
• 수확량 = 조사대상면적 수확량153 + (단위면적당 평년수확량0.73 × 타,미,기면적200)
= 299kg
• 미보상감수량 = (평년수확량 - 수확량) × 미보상비율 = (1,815-299) × 0.1 = 152kg
조사대상면적 수확량 = 작물중량 × {(1-함수율)/(1-기준함수율)}
= 163×(1-0.2)/(1-0.15) = 153kg
단위면적당 평년수확량 = 평년수확량/실제경작면적 = 1,815/2,500 = 0.73kg

20. 1) **착과감소보험금 : 817,600원**
(1) 착과감소보험금 = (착과감소량 - 미보상감수량 - 자기부담감수량) × 가입가격 × 70%
= (1,100kg - 340kg - 468kg) × 4,000원 × 0.7 = 817,600원
(2) 착과감소량
= Min(착과감소과실수5,700개, 인정감수과실수4,400개) × 가입과중0.25 = **1,100kg**
* 착과감소과실수 = 평년착과수20,000 - 적과후착과수14,300 = 5,700개
* 적과후착과수
= (A표본주1주당착과수×A조사대상주수) + (B표본주1주당착과수×B조사대상주수)
= (100개×95) + (80×60) =14,300개
* 최대인정감수과실수 = 평년착과수 × Max(유과타박률22%, 나무피해율7.5%)
= 20,000 × 0.22 = 4,400개
① 유과타박률 = 66/300 = 22%
② 나무피해율 = (유실주수+매몰피해인정주수)/실제결과주수
= (10+5)/200 = 7.5%
(3) 미보상감수과실수
① 적과종료이전 미보상감수량
= {(착과감소과실수× 미보상비율) + 미보상주수감수과실수} × 가입과중0.25
= {4,400×0.1) + 920} × 0.25 = **340kg**
* A미보상주수감수과실수 = A미보상주수 × A1주당평년착과수 = 10주 × 92개 = 920개
* A품종 평착수 = 평착수 × $\frac{A품종\ 표준수확량}{표준수확량\ 합계}$ = 20,000 × (2,750/5,000) = 11,000개
* 1주당 A품종 평착수 = A품종평착수 ÷ A품종실제결과주수 = 11,000/120 = 92개
(4) 자기부담감수량 = (기준착과수 × 자기부담비율) × 가입과중0.25
= (18,700 × 0.1) × 0.25 = **468kg**
* 기준착과수 = 적과후착과수14,300 + 착과감소과실수4,400 = 18,700개

2) **과실손해보험금 : 5,720,000원**
(1) 보험금 = (적과후누적감수량 - 자기부담감수량) × 가입가격
= (1,430kg - 0) × 4,000원 = **5,720,000원**
(2) 적과후 누적감수량
① 태풍피해낙과감수과실수 = 총낙과과실수 × (낙과피해구성률 - maxA) × 1.07
= 5,000 × (0.44 - 0) × 1.07 = 2,354개 → **감수량 589kg**
태풍나무피해감수과실수 = 고사주수 × 무피해1주당 평균착과수 <u>× (1 - maxA)</u>
= 5주 × 100 = 500개 → 감수량 125kg

② 일소낙과피해감수과실수 = 총낙과과실수 × (낙과피해구성률 - maxA)
= 500개 × (0.25 - 0) = 125개 → **감수량 31kg**

일소착과피해감수과실수 = 사고당시착과과실수 × (착과피해구성률 - maxA)
= 8,300 × (0.2 - 0) = 1,660개 → **감수량 415kg**

* 사고당시착과과실수 = 적과후착과수 - 총낙과과실수 - 총 적과후 나무피해과실수
= 14,300 - 5,500 - 500 = 8,300개

③ 수확직전 우박피해감수과실수 = 사고당시착과과실수 × (착과피해구성률 - maxA)
= 8,300 × (0.33 - 0.2) = 1,079개 → **270kg**

④ 누적감수량 = 589 + 125 + 31 + 415 + 270 = **1,430kg**

(3) 자기부담감수과실수
= 자기부담감수과실수 – (착과감소과실수 - 적과이전미보상감수과실수)
= 1,870 – (4,400 – 1,360) = –값으로 **감수량 0처리**
* 자기부담감수과실수 = 기준착과수 × 자기부담비율 = 18,700 × 0.1 = 1,870개

손해평가사 2차 시험대비

최종모의고사 정답 및 해설

제 2 회

제1과목 농작물재해보험 및 가축재해보험 이론과 실무

01. 보험의 목적, 무효와 실권(失權)의 사유, 보험사고의 성질, 보험금액, 보험료와 그 지급 방법

02. 1) 경과비율 : 76.35%

경과비율 = 준비기생산비계수0.527 + (1 - 준비기생산비계수0.527)
× (생장일수50 ÷ 표준생장일수100) = 76.35%

2) 피해율 : 9.94%

피해율 = 피해비율0.4 × 손해정도비율0.276 × (1 - 미보상비율0.1) = 9.94%

손해정도비율 = {(20 × 0.6) + (7 × 0.8) + (10 × 1)}/100 = 27.6%

3) 생산비보장보험금 : 231,240원

= (잔존보험가입금액1,000만원 × 경과비율0.7635 × 피해율0.0994 × 병충해 등급별 인정비율0.7)
− 자기부담금30만원 = 231,240원

자기부담금 = 잔존보험가입금액1,000만원 × 자기부담비율0.03 = 30만원

> 고추 자기부담금 선택 기준
> ① 3%형 : 최근 2년 연속 가입 및 2년간 수령 보험금이 순보험료의 120% 미만인 계약자
> ② 5%형 : 제한 없음

〈고추 병충해 등급별 인정비율〉

등급	종류	인정비율
1등급	역병, 풋마름병, 바이러스병, 세균성점무늬병, 탄저병	70%
2등급	잿빛곰팡이병, 시들음병, 담배가루이, 담배나방	50%
3등급	흰가루병, 균핵병, 무름병, 진딧물 및 기타	30%

03. 1) 평년수확량 산출식

평년수확량 = [A + (B − A) × (1 − Y / 5)] × C / B

2) 적용항목

○ A(과거평균수확량) = Σ과거 5년간 수확량 ÷ Y

ㅇ B(평균표준수확량) = Σ과거 5년간 표준수확량 ÷ Y
ㅇ C(표준수확량) = 가입연도 표준수확량
ㅇ Y = 과거수확량 산출연도 횟수(가입횟수)

04. ① 7월 31일 ② 9월 10일 ③ 9월 25일 ④ 5월 20일 ⑤ 5월 29일

〈종합위험 생산비보장 밭작물 보험기간〉

보장	보험의 목적	보험기간	
		보장개시	보장종료
종합위험 생산비 보장	고추	계약체결일 24시	정식일부터 150일째 되는 날 24시
	고랭지무	파종완료일 24시 다만, 보험계약 시 파종완료일이 경과한 경우에는 계약체결일 24시 단, 파종완료일은 아래의 일자를 초과할 수 없음 - 고랭지무 : 판매개시연도 7월 31일 - 월동무 : 판매개시연도 10월 15일 - 당근 : 판매개시연도 8월 31일 - 쪽파(실파)[1·2형] : 판매개시연도 10월 15일 - 시금치(노지) : 판매개시연도 10월 31일 - 메밀 : 판매개시연도 9월 15일	파종일부터 80일째 되는 날 24시
	월동무		최초 수확 직전 다만, 이듬해 3월 31일을 초과할 수 없음
	당근		최초 수확 직전 다만, 이듬해 2월 29일을 초과할 수 없음
	쪽파(실파) [1형]		최초 수확 직전 다만, 판매개시 연도 12월 31일을 초과할 수 없음
	쪽파(실파) [2형]		최초 수확 직전 다만, 이듬해 5월 31일을 초과할 수 없음
	시금치 (노지)		최초 수확 직전 다만, 이듬해 1월 15일을 초과할 수 없음
	메밀		최초 수확 직전 다만, 판매개시연도 11월 20일을 초과할 수 없음
종합위험 생산비 보장	고랭지 배추	정식완료일 24시 다만, 보험계약 시 정식완료일이 경과한 경우에는 계약체결일 24시 단, 정식완료일은 아래의 일자를 초과할 수 없음 - 고랭지배추 : 판매개시연도 7월 31일 - 가을배추 : 판매개시연도 9월 10일 - 월동배추 : 판매개시연도 9월 25일 - 대파 : 판매개시연도 5월 20일 - 단호박 : 판매개시연도 5월 29일 - 브로콜리 : 판매개시연도 9월 30일 - 양상추 : 판매개시연도 8월 31일	정식일부터 70일째 되는 날 24시
	가을배추		정식일부터 110일째 되는 날 24시 다만, 판매개시 연도 12월 15일을 초과할 수 없음
	월동배추		최초 수확 직전 다만, 이듬해 3월 31일을 초과할 수 없음
	대파		정식일부터 200일째 되는 날 24시
	단호박		정식일부터 90일째 되는 날 24시
	브로콜리		정식일로부터 160일째 되는 날 24시
	양상추		정식일부터 70일째 되는 날 24시 다만, 판매개시연도 11월 10일을 초과할 수 없음

05. 1) 농가 : 직전 월의 305일 평균유량이 10,000kg 이상이고, 평균 체세포수가 30만 마리 이하를 충족하는 농가
2) 소 : 최근 산차 305일 유량이 11,000kg 이상이고, 체세포수가 20만 마리 이하인 젖소

06. 1) 경작불능보험금 = 보험가입금액 × 보장비율 × 경과비율
= 1,000만원 × 40% × 90% = 3,600,000원

〈조사료용 벼의 경작불능보험금 보장비율〉

구분	45%형	42%형	40%형	35%형	30%형
보장비율	45%	42%	40%	35%	30%

〈사고발생일이 속한 월에 따른 경과비율 표〉

월별	5월	6월	7월	8월
경과비율	80%	85%	90%	100%

2) 생산비보장 보험금 = 부추 재배면적 x 부추 단위면적당 보장생산비 x 피해율 x 70%
= 1,000 × 5,500원 × 16% × 70% = 616,000원
* 피해율 = 피해비율0.4 × 손해정도비율0.4 × (1 - 미보상비율0) = 16%
* 피해비율 = 피해면적400 ÷ 재배면적1,000 = 40%

〈손해정도에 따른 손해정도비율〉

손해정도	1%~20%	21%~40%	41%~60%	61%~80%	81%~100%
손해정도비율	20%	40%	60%	80%	100%

3) 방재시설할인율을 적용하지 않는 작물 : 오미자, 오디, 밤, 호두, 복분자, 무화과
4) 나무손해보장 특별약관을 적용하지 않는 작물 : 오미자, 오디, 밤, 호두, 복분자, 대추

참고
- 방재시설할인율 적용 : 복숭아, 자두, 매실, 살구, 유자, 포도, 대추, 참다래, 감귤
- 나무손해보장 특약 적용 : 복숭아, 자두, 매실, 살구, 유자, 포도, 참다래, 감귤, 무화과
- 수확량감소 추가보장 특별약관 적용 : 포도, 복숭아, 감귤(만감류)
- 과실손해 추가보장 특별약관 적용 : 감귤(온주밀감류)

07. 1) **해가림시설 설치시기에 따른 감가상각방법**
① 계약자에게 설치시기를 고지 받아 해당일자를 기초로 감가상각하되, 최초 설치시기를 특정하기 어려운 때에는 인삼의 정식시기와 동일한 시기로 할 수 있다.
② 해가림시설 구조체를 재사용하여 설치를 하는 경우에는 해당 구조체의 최초 설치시기를 기초로 감가상각하며, 최초 설치시기를 알 수 없는 경우에는 해당 구조체의 최초 구입시기를 기준으로 감가상각한다.

2) **해가림시설 설치재료에 따른 감가상각방법**
① 동일한 재료(목재 또는 철재)로 설치하였으나 설치시기 경과년수가 각기 다른 해가림시설 구조체가 상존하는 경우, 가장 넓게 분포하는 해가림시설 구조체의 설치시기를 동일하게 적용한다.
② 1개의 농지 내 감가상각률이 상이한 재료(목재+철재)로 해가림시설을 설치한 경우, 재료별로 설치구획이 나뉘어 있는 경우에만 인수 가능하며, 각각의 면적만큼 구분하여 가입한다.

3) **경년감가율 적용시점과 목재의 경우 경년감가율**
① 경년감가율 적용시점 : 보험가입 시점
② 목재의 경우 경년감가율 : 13.33%

4) **잔가율의 정의**
잔가율 20%와 자체 유형별 내용연수를 기준으로 경년감가율을 산출하였고, 내용연수가 경과한 경우라도 현재 정상 사용 중에 있는 시설을 당해 목적물의 경제성을 고려하여 잔가율을 최대 30%로 수정

08. 1) **조사대상면적 병충해 감수량 : 600kg**

병충해감수량 = 단위면적당 병충해감수량0.3 × 조사대상면적2,000 = 600kg

- 표본구간 병충해 감수량
  = 병충해 입은 괴경의 무게 × 손해정도비율 × 병충해인정비율
  = 5kg x 0.6 x 0.5 = 1.5kg
- 단위면적당 병충해감수량 = 표본구간 병충해감수량1.5 ÷ 표본구간 면적5 = 0.3kg/m^2

2) **피해율** = {(평년수확량 - 수확량 - 미보상감수량) + 병충해감수량} ÷ 평년수확량
= {(8,000 - 4,000 - 400) + 600} ÷ 8,000 = 52.5%

미보상감수량 = (평년수확량8,000 - 수확량4,000) × 미보상비율0.1 = 400kg

3) **보험금 지급액 : 3,250,000원**

- 지급액 = 보험가입금액 × (피해율 - 자기부담비율)
  = 10,000,000 x (0.525 - 0.2) = 3,250,000원

4) **감자(가을배재) 농지의 보험 인수제한 사유**

① 가을재배에 부적합 품종(수미, 남작, 조풍, 신남작, 세풍 등)이 파종된 농지
② 2년 이상 갱신하지 않는 씨감자를 파종한 농지
③ 씨감자 수확을 목적으로 재배하는 농지
④ 재식밀도가 4,000주/10a 미만인 농지
⑤ 전작으로 유채를 재배한 농지
⑥ 출현율이 90% 미만인 농지

09. 1) 보험가입금액 : 6,003,000원

보험가입금액 = 재조달가액 × (1 - 감가상각률)
= 18,000,00원 × (1 - 0.6665) = 6,003,000원

- 재조달가액 = 재배면적 × 단위면적(m^2)당 시설비 = 3,000m^2 × 6,000원 = 18,000,000원
- 감가상각률 = 경과연수5년 × 경년감가율13.33% = 66.65%

2) 보험가입금액 : 4,836,000원

보험가입금액 = 재조달가액7,500,000원 × (1 - 감가상각률35.52%) = 4,836,000원

- 재조달가액 = 재배면적 × 단위면적(m^2)당 시설비 = 1,250m^2 × 6,000원 = 7,500,000원
- 감가상각률 = 경과연수8년 × 경년감가율4.44% = 35.52%

유형	시설비(원)/㎡
07-철인-A형	7,200
07-철인-A-1형	6,600
07-철인-A-2형	6,000
07-철인-A-3형	5,100
13-철인-W	9,500
목재A형	5,900
목재A-1형	5,500
목재A-2형	5,000
목재A-3형	4,600
목재A-4형	4,100

목재B형	6,000
목재B-1형	5,600
목재B-2형	5,200
목재B-3형	4,100
목재B-4형	4,100
목재C형	5,500
목재C-1형	5,100
목재C-2형	4,700
목재C-3형	4,300
목재C-4형	3,800

10. 1) **재이앙 · 재직파보험금과 경작불능보험금을 지급하는 경우**

(1) 재이앙 · 재직파 보험금 지급 : 보험기간 내에 보상하는 재해로 면적피해율이 10%를 초과하고, 재이앙 · 재직파한 경우에 지급

(2) 경작불능보험금 지급 : 보상하는 손해로 식물체 피해율이 65% 이상이고 계약자가 경작불능보험금을 신청한 경우에 지급

2) **재이앙 · 재직파보장과 경작불능보장의 보장종료시점**

(1) 재이앙 · 재직파 보장종기 : 7월 31일

(2) 경작불능보험금 보장종기 : 출수기 전

3) **재이앙 · 재직파보험**

보험금 = 보험가입금액3,500,000 × 25% × 면적피해율20% = 175,000원

면적피해율 = 재이앙면적1,400 / 가입면적7,000 = 20%

4) **경작불능보험금**

보험금 = 보험가입금액3,500,000 × 자기부담비율에 따른 지급비율42% = 1,470,000원

제2과목 농작물재해보험 및 가축재해보험 손해평가의 이론과 실무

11. ① 태풍(강풍), 우박 ② 5월 31일 ③ 5월 31일 ④ 6월 20일 ⑤ 10월 31일

12. ○ 보험금 : 1,000만원

보험금 = 보험가액이 가입금액보다 크므로 보험가입금액 한도로 비례보상

보험가액 = 30두 × 500,000원 = 15,000,000원

손해액 = 15,000,000

잔존물 처리비용 = 1,500,000

* 잔존물 처리비용(최종 계산된 금액)은 손해액의 10%를 초과할 수 없다.

잔존물보전비용 = 150,000원

보험금 = $15{,}000{,}000 \times \frac{10{,}000{,}000}{15{,}000{,}000} \times (1-0.1)$

$$+ [1,500,000 \times \frac{10,000,000}{15,000,000} \times (1-0.1)] + 150,000 \times \frac{10,000,000}{15,000,000}$$

= 900만원 + 90만원 + 10만원 = 1,000만원

<table>
<tr>
<td rowspan="1">가축
보험</td>
<td>1. 보험금

= 계산된 보험금액 - 자기부담금

* 계산된 보험금 : 전부보험, 일부보험, 중복보험 계산식에 따라 계산을 마친 보험금

2. 일부보험

= 손해액 × (보험가입금액 ÷ 보험가액)</td>
<td>1. 자기부담금 : 먼저 보험금을 계산한 후 최종적으로 자기부담금 차감
= 계산된 보험금액 - 자기부담금
2. 잔존물제거비용
- 비용손해액 = (비용 - 자기부담금)
* 자기부담금 : 비용에 자기부담비율
- "보험금+비용금액" ≦ 보험가입금액
※ 비용손해액 : 원 손해액의 10% 한도
3. 손해방지비용, 대위권 보전비용
잔존물보전비용 → 비례보상
* 지급보험금 계산방법 준용
* 단, 자기부담금 차감하지 않음
4. 기타협력비용 : 자기부담금 NO
* 비례보상, 비례분담방식 NO
5. 중복보험 : 비례분담방식
* 자기부담금 적용 NO</td>
</tr>
</table>

13. 착과감소보험금 : 2,002,000원

착과감소보험금 = (착과감소량-미보상감수량-자기부담감수량)×0.7×가입가격
= (4,000-1,200-1,500)×0.7×2,200원 = 2,002,000원

- 착과감소량 = (평년착과수-적과후착과수)×가입과중 = (25,000-15,000)×0.4
  = 4,000kg
- 적과전 미보상감수량 = (착과감소량×미보상비율)+(주당평년착과수200×0.4×미보상주수10)
  = (4,000×0.1) + (2,000×0.4) = 1,200kg
- 주당평년착과수 = 평년착과수25,000 ÷ 실제결과주수125 = 200개
- 자기부담감수량 = 기준수확량 × 자기부담비율
  = (25,000×0.4) × 0.15 = 1,500kg

14. 과실손해 피해율 : 26%

= {(등급 내 피해과실수 + 등급 외 피해과실수 x 50%)/기준과실수} x (1 - 미보상비율)
= [{15 + (9 × 0.5)}/60]×(1 - 0.2) = (19.5/60)×0.8 = 0.325 × 0.8 = 26%

㉮ 등급 내 피해 과실수
= (등급 내 30%형 과실수 합계 x 0.3) + (등급 내 50%형 과실수 합계 x 0.5)
+ (등급 내 80%형 과실수 합계 x 0.8) + (등급 내 100%형 과실수 합계 x 1)
= (10×0.3) + (6×0.5) + (5×0.8) + (5×1) = 15개

㉯ 등급 외 피해 과실수
= (등급 외 30%형 과실수 합계 x 0.3) + (등급 외 50%형 과실수 합계 x 0.5)
+ (등급 외 80%형 과실수 합계 x 0.8) + (등급 외 100%형 과실수 합계 x 1)
= (6×0.5) + (6×1) = 9개

15. 보험금 : 3,600,000원

보험금 = (손해액 - 자기부담금) × (보험가입금액/보험가액) + 손해방지비용
= (550만원 - 55만원) × (770/1,100) + 14만원 = 3,600,000원

보험가액 = 보험가입당시 재조달금액 = 재배면적 × 단위면적당 시설비 × (1 - 감가상각률)
= 3,000 × 5,000× (1 - 0.2666) = 11,000,000원

손해액 = 피해면적1,500 × 단위면적당 시설비5,000 × (1 - 감가상각률0.2666) = 5,500,000원

피해면적 = 피해칸수 × 1칸당 넓이 = 500 × $3m^2$= $1,500m^2$

1칸당 넓이 = 표본칸넓이합계21 ÷ 표본칸수7 = $3m^2$

재배면적 = 1,000칸 × $3m^2$ = $3,000m^2$

자기부담금 : 10만원 ≦ 손해액의 10% ≦ 100만원

손해방지비용 = {30만원 - 10만원(최소자기부담금)}×(770/1,100)
= 20만원 × 0.7 = 14만원

16. 1) 〈조사시기〉

이앙 · 직파불능 조사	이앙 한계일(7월 31일) 이후
재이앙 · 재직파 조사	1차 조사 : 사고 접수 후 지체 없이 2차 조사 : 이앙 한계일(7월 31일) 이후
경작불능 조사	사고 후 ~ 출수기
수확불능 조사	조사 가능일

〈지급 사유〉

이앙 · 직파불능 보험금	보험기간 내에 보상하는 재해로 농지 전체를 이앙 · 직파하지 못하게 된 경우
재이앙 · 재직파 보험금	보험기간 내에 보상하는 재해로 면적 피해율이 10%를 초과하고, 재이앙(재직파)한 경우 보험금을 1회 지급한다.
경작불능 보험금	보험기간 내에 보상하는 재해로 식물체 피해율이 65% 이상이고, 계약자가 경작불능 보험금을 신청한 경우
수확불능 보험금	보험기간 내에 보상하는 재해로 벼의 제현율이 65% 미만으로 떨어져 정상벼로써 출하가 불가능하게 되고, 계약자가 수확불능보험금을 신청한 경우

2) 〈조건1〉

보험금 = 보험가입금액 × 25% × 면적피해율 = 2,000,000원 × 0.25 × 0.5 = 250,000원

(면적피해율 = 피해면적500 ÷ 보험가입면적1,000 = 50%

보험금 : 250,000원

〈조건2〉

보험금 = 보험가입금액 × 42% = 2,000,000원 × 0.42 = 840,000원

보험금 : 840,000원

〈조건3〉

보험금 = 보험가입금액 × 50% = 2,000,000원 × 0.5 = 1,000,000원

보험금 : 1,000,000원

17. 1) **보험금 : 5,436,000원**

- 보험금 = 보험가입금액(1천만원) × (피해율0.6436 - 자기부담비율0.1) = 5,436,000원
- 미보상감수량 = (평16,000 - 수5,703) × 미보상비율0 = 0

2) **수확량 : 5,703kg**

- 수확량 = 착과량14,260 - 사고당감수량 합계(4,551+3,256+750) = 5,703kg
  - * 착과량 = (조사대상주수385 × 주당착과수180 × 개당과중0.2)
    + (주당평년수확량40 × 미보상주수10) = 13,860+400 = 14,260kg
  - * 조사대상주수 = 실제결과주수400 - 미보상고사주수10 - 고사주수5 = 385주
  - * 주당착과수 = 180개
  - * 개당과중 = 표본과실중량12kg/표본과실수60 = 0.2kg
  - * 주당평년수확량 = 평년수확량 ÷ 실제결과주수 = 16,000/400 = 40kg
- 착과감수량 = 주당착과수150 × 조사대상주수370 × 개당과중0.2 × 착과피해구성률0.41
  = 4,551kg
  - * 주당착과수 = 표본주 착과수1,500/표본주수10 = 150개
  - * 조사대상주수 = 실400 - 미10 - 고20 = 370주
  - * 착과피해구성률 = {(10×0.5)+(20×0.8)+(20×1)}/100 = 41%
- 낙과감수량 = 주당낙과수100 × 조사대상주수370 × 개당과중0.2 × 낙과피해구성률0.44
  = 3,256kg
  - * 주당낙과수 = 표본주 낙과수1,000/ 표본주수10 = 100개
  - * 조사대상주수 = 실400 - 미10 - 고20 = 370주
  - * 낙과피해구성률 = {(20×0.5)+(30×0.8)+(10×1)}/100 = 44%
- 고사주수감수량 = 고사주수15 × (주당착과수150 + 주당낙과수100) × 개당과중0.2
  = 750kg

3) **피해율 : 64.36%**

- 피해율 = (평16,000 - 수5,703 - 미0) ÷ 평16,000 = 64.36%

18. - 보험금 = min(보험가입금액, 손해액) - 자기부담금
  = 1,867,500원 - 700,000원 = 1,167,500원

- 손해액 = (피해수확량830 - 미보상감수량83) × 표준가격2,500 = 1,867,500원
  - • 피해수확량 = (표본구간 단위면적당 피해수확량0.29 × 표본조사 대상면적2,000)
    + (단위면적당 표준수확량0.5 × 고사면적500)
    = 580 + 250 = 830kg
    - * 표본구간 단위면적당 피해수확량 = 표본구간 피해수확량2.63/표본구간면적9 = 0.29kg
    - * 표본구간 피해수확량 = (표본구간 '하' 옥수수12 + 표본구간 '중' 옥수수4×0.5)
      × 표준중량0.18 × 재식시기지수0.95 × 재식밀도지수1.1
      = 2.63kg
    - * 표본구간면적 = (1.2 × 1.5) × 5 = 9m^2
    - * 표본조사 대상면적 = 실 - 고 - 타미 - 기 = 2,800-500-100-200 = 2,000m^2
    - * 단위면적당 표준수확량 = 표준수확량/실제경작면적 = 1,400/2,800 = 0.5kg
  - • 미보상감수량 = 피해수확량 × 미보상비율 = 830 × 0.1 = 83kg
- 자기부담금 = 보험가입금액 × 자기부담비율 = 350만원 × 0.2 = 70만원

> ▸ 손해액 = (피해수확량 – 미보상감수량) × 가입(표준)가격
> • 피해수확량 = (표본구간 단위면적당 피해수확량 × 표본조사대상면적)
> + (단위면적당 표준수확량 × 고사면적)
> – 단위면적당 표준수확량 = 표준수확량 ÷ 실제경작면적
> – 조사대상면적 = 실제경작면적 – 고사면적 – 타작물 및 미보상면적 – 기수확면적
> – 표본구간 단위면적당 피해수확량 = 표본구간 피해수확량 합계 ÷ 표본구간 면적
> – 표본구간 피해수확량 합계 = (표본구간 "하"품 옥수수 개수 + "중"품 옥수수 개수 × 0.5)
> × 표준중량 × 재식시기지수 × 재식밀도지수
> • 미보상감수량 = 피해수확량 × 미보상비율

19. 1) **피해율 : 12.17%**

피해율 = $(1-\frac{\text{수확량}}{\text{연근별기준수확량}})\times\frac{\text{피해면적}}{\text{재배면적}}$ = (1 – $\frac{0.566}{0.71}$) × $\frac{120}{200}$ = 12.17%

① 수확량 = 단위면적당 조사수확량0.53 + 단위면적당 미보상감수량0.036 = 0.566kg
② 단위면적당 조사수확량 = 총 조사수확량318 ÷ 금차 수확면적600 = 0.53kg
③ 금차 수확면적 = 금차 수확칸수120 × 지주목간격2 × (두둑폭2 + 고랑폭0.5) = 600m^2
④ 단위면적당 미보상감수량 = (기준수확량 – 단위면적당 조사수확량) × 미보상비율
= (0.71 – 0.53) × 20% = 0.036kg
⑤ 피해면적 = 금차 수확칸수 = 120칸
⑥ 재배면적 = 실제경작칸수 = 200칸

2) **지급보험금 : 868,000원**

지급보험금 = 보험가입금액 × (피해율 – 자기부담비율)
= 40,000,000원 × (0.1217 – 0.1) = 868,000원

20. 1) **사고 주령 8주 병아리 보험가액**

= 산란실용계병아리가격 + $\frac{\text{산란중추가격}-\text{산란실용계 병아리가격}}{9}$ × (사고주령 – 1주령)

= 160원 + $\frac{2,950-160}{9}$ × (8주 – 1주) = 2,330원

2) **사고 주령 18주 산란중추 가격**

= 산란중추가격 + $\frac{\text{20주 산란계 가격}-\text{산란중추 가격}}{5}$ × (사고주령 – 15주령)

= 2,950원 + $\frac{4,000-2,950}{5}$ × (18 – 15) = 3,580원

3) **사고 주령 생후 60주 산란계 가격**

= (550일 – 사고일령) × 70% × (사고 당일 포함 직전 5영업일의 계란 1개 평균가격 – 계란 1개의 생산비)
= (550 – 420) × 0.7 × (140 – 77) = 5,733원

참고

산란계	해당주령	보험가액
병아리	생후 1주 이하	사고 당일 포함 직전 5영업일의 산란실용계 병아리 평균가격
	생후 2~9주	산란실용계병아리가격 + (산란중추가격 - 산란실용계 병아리가격)/9 × (사고주령 - 1주령)
중추	생후 10~15주	사고 당일 포함 직전 5영업일의 산란중추 평균가격
	생후 16~19주	산란중추가격 + (20주 산란계가격–산란중추가격)/5 × (사고주령 - 15주령)
산란계	생후 20~70주	(550일 - 사고일령) × 70% × (사고 당일 포함 직전 5영업일의 계란 1개 평균가격 - 계란 1개의 생산비)
산란노계	생후 71주 이상	사고 당일 포함 직전 5영업일의 산란성계육 평균가격

손해평가사 2차 시험대비

최종모의고사 정답 및 해설

제 3 회

제1과목 농작물재해보험 및 가축재해보험 이론과 실무

01. ① 객관적 위험 ② 순수위험 ③ 정태적 위험 ④ 기본적 위험(근원적 위험) ⑤ 면책위험

02. 1) 농업용 시설물(버섯재배사)에 직접적인 피해가 발생하지 않은 자연재해로서 작물피해율이 70% 이상 발생하여 농업용 시설물 내 전체 시설재배 버섯의 재배를 포기하는 경우
2) 기상청에서 발령하고 있는 기상특보 발령지역의 기상특보 관련 재해로 인해 작물에 피해가 발생한 경우

03. 1) 깨씨무늬병 2) 도열병 3) 줄무늬잎마름병 4) 흰잎마름병 5) 세균성벼알마름병 6) 먹노린재 7) 벼멸구

04. 1) 보험금 = 손해액2,475,000원 - 자기부담금200만원 = 475,000원
손해액 = 보험가입금액1,000만원 × 피해율0.2475 = 2,475,000원
2) 피해율 = {(등급 내 피해과실수37 + 등급 외 피해과실수36 x 50%) ÷ 기준과실수200} x (1 - 미보상비율0.1)
= 24.75%
자기부담금 = 보험가입금액1,000만원 x 자기부담비율0.2 = 200만원
등급내 피해과실수 = 20 × 0.3+16×0.5+5×0.8+19×1 = 37개
등급외 피해과실수 = 10 × 0.3+12× 0.5+5×0.8+23 ×1 = 36개

05. 220만원
[보상하지 않는 손해]
② 인정되는 비용은 보험계약자나 피보험자가 여러 가지 조치를 취하면서 발생하는 휴업 손실, 일당 등의 소극적 손해는 제외되고 적극적 손해만을 대상으로 약관 규정에 따라서 보상
③ 보험목적의 관리의무를 위하여 지출한 비용은 제외한다. 보험목적의 관리의무에 따른 비용이란 일상적인 관리에 소요되는 비용과 예방접종, 정기검진, 기생충구제 등에 소요되는 비용 그리고 보험목적이 질병에 걸리거나 부상을 당한 경우 신속하게 치료 및 조치를 취하는 비용 등을 의미
④ 잔존물 보전비용은 재해보험사업자가 보험금을 지급하고 잔존물을 취득할 의사표시를 하는 경우에 한하여 지급한다.

06. **평년착과량** =[A+(B−A) × (1−Y/5)] × C/D

㉠ A=Σ과거 5년간 적과후착과량 ÷ 과거 5년간 가입횟수
(6,500 + 5,600 + 7,100) ÷ 3 = 6,400

㉡ B=Σ과거 5년간 표준수확량 ÷ 과거 5년간 가입횟수
(7,300 + 8,700 + 9,200) ÷ 3 = 8,400

㉢ Y=과거 5년간 가입횟수
Y=3

㉣ C=금년도 기준표준수확량
C=9,350

㉤ D=Σ과거 5년간 기준표준수확량 ÷ 과거 5년간 가입횟수=8,500

평년착과량 $=[6{,}400+(8{,}400-6{,}400)\times(1-\frac{3}{5})]\times\frac{9{,}350}{8{,}500}=$ 7,920개

> **평년착과량 = 〔A + (B − A) × (1 − Y / 5)〕 × C / D**
> - A = Σ과거 5년간 적과후착과량 ÷ 과거 5년간 가입횟수
> - B = Σ과거 5년간 표준수확량 ÷ 과거 5년간 가입횟수
> - Y = 과거 5년간 가입횟수
> - C = 당해연도(가입연도) 기준표준수확량
> - D = Σ과거 5년간 기준표준수확량 ÷ 과거 5년간 가입횟수
>
> ※ 과거 적과후착과량 : 연도별 적과후착과량을 인정하되, 21년 적과후착과량부터 아래 상·하한 적용
> - 상한 : 평년착과량의 300%
> - 하한 : 평년착과량의 30%
> - 단, 상한의 경우 가입 당해를 포함하여 과거 5개년 중 3년 이상 가입 이력이 있는 과수원에 한하여 적용
>
> ※ 기준표준수확량 : 아래 품목별 표준수확량표에 의해 산출한 표준수확량
> - 사과 : 일반재배방식의 표준수확량
> - 배 : 소식재배방식의 표준수확량
> - 단감·떫은감 : 표준수확량표의 표준수확량
>
> ※ 과거기준표준수확량(D) 적용 비율
> - 대상품목 사과만 해당
> - 3년생 : **일반재배방식의 표준수확량** 5년생의 50%,
> - 4년생 : **일반재배방식의 표준수확량** 5년생의 75%

07. 1) 1회

2) **보험금 : 240,000원**
보험금 = 보험가입금액 × 25% × 면적피해율 = 3,000,000원 × 0.25 × 0.32 = 240,000원
면적피해율 = 재이앙 면적 / 가입면적 = 800/2,500 = 0.32

3) **보험금 : 1,230,000원**
보험금 = 보험가입금액3,000,000 × (피해율0.61 − 자기부담비율0.2) = 123만원
피해율 = (평년수확량 − 수확량 − 미보상감수량) ÷ 평년수확량
= (3,500 − 1,103 − 239)/3,500 = 61%
수확량 = 전체 조곡중량1,200 × {(1 − 함수율0.2)/(1 − 기준함수율0.13)} = 1,103kg
미보상감수량 = (평년수확량3,500 − 수확량1,103) × 미보상비율0.1 = 239kg

08. 1) 보험금 = Min(손해액800 − 자기부담금80, 보험가입금액1,000만원)
= **720만원**
자기부담금(손해액의 10%) : 30만원 ≦ 손해액의 10% ≦ 100만원
2) 보험금 = 피해작물 재배면적700 × 피해작물 단위면적당 보장생산비14,500 × 경과비율70% × 피해율64%
= **4,547,200원**
피해율 = 피해비율0.8 × 손해정도비율0.8 × (1 − 미보상비율0) = 64%
피해비율 = 피해면적560 ÷ 재배면적700 = 80%
준비기생산비계수(α) : 딸기, 토마토, 오이 등의 경우 40%
경과비율 = α + (1 − α) × (생장일수/표준생장일수)
= 40 + (1 − 40) × 45/90 = 70%

09. 1) **피해율 : 55%**
① 기준수입 = 평년수확량 × 농지별 기준가격
= 1,000kg × 4,000원/kg = 4,000,000원
② 실제수입 = (조사수확량 + 미보상감수량) × Min(수확기가격, 기준가격)
= (500kg + 100kg) × 3,000원/kg = 1,800,000원
③ 피해율 = (기준수입 − 실제수입) ÷ 기준수입
= {(4,000,000원 − 1,800,000원) ÷ 4,000,000원} × 100 = 55%
2) **농업수입감소보험금 : 1,400,000원**
○ 농업수입감소보험금 = 보험가입금액 × (피해율 − 자기부담비율)
= 4,000,000원 × (55% − 20%) = 1,400,000원

10. 1) 포도, 복숭아, 살구
2) 오미자
3) 무화과
4) 밀, 보리
5) 감자(봄, 가을)
6) 감자(봄, 가을, 고랭지), 옥수수, 콩
7) 팥
8) 인삼
9) 고추
10) 딸기

제2과목 농작물재해보험 및 가축재해보험 손해평가의 이론과 실무

11. ① 조사대상주수 = 실 − 미 − 고 − 불 = 620 − 10 = 610주
② 조사대상주수 = 실 − 미 − 고 − 불 = 60 − 30 = 30주
* 640주 사고 조사대상주수의 표본주수는 13주이다.
③ 적정표본주수 = 13주 × (610/640) = 12.39 → 13주
④ 적정표본주수 = 13주 × (30/640) = 0.609 → 1주
⑤ 적정표본주수 산정식 = 전체표본주수 × (품종별 조사대상주수/전체대상주수)
= 13주 × (610/640)

12. 수확량 : 9,240kg

수확량 = [품수별 m^2착과수×개당과중×품수별표본조사대상면적×(1−피해구성률)]
+ (품수별 m^2당 평년수확량×미보상주수×재식면적)

수확량 = 40 × 0.0528 × 6,250 × (1 − 0.3) = 9,240kg

- m^2당 착과수=품수별 표본구간착과수720 ÷ 품수별 표본구간 넓이18 = 40개

> 개당과중
> 품종별로 과실 개수를 파악하고, 개별 과실 과중이 50g 초과하는 과실과 50g 이하인 과실을 구분하여 무게를 조사한다. 이때, 개별 과실 중량이 50g 이하인 과실은 해당 과실의 무게를 실제 무게의 70%로 적용한다.

품수별 표본구간넓이 = 표본구간 넓이 × 표본주수
= {(1.2 +1.8) × 1.5 ÷ 2} × 8주 = 18m^2

- 개당과중 = (1.44×0.7+2.16)/60 = 0.0528
- 품수별표본조사대상면적 = 품수별표본조사대상주수250 × 재식면적25 = 6,250m^2
- 재식면적 = 25m^2
- 미보상주수 = 0

13. 1) **경작불능보험금 : 400만원**

보험금 = 보험가입금액 × 자기부담비율별 지급비율 = 1,000만원 × 40% = 400만원

> 자기부담비율별 지급비율

자기부담비율	경작불능보험금
10%형	보험가입금액의 45%
15%형	보험가입금액의 42%
20%형	보험가입금액의 40%
30%형	보험가입금액의 35%
40%형	보험가입금액의 30%

> 수확량감소보장 자기부담비율 적용 기준
> ① **10%형** : 최근 3년간 연속 보험가입계약자로서 3년간 수령한 보험금이 순보험료의 120% 미만인 경우에 한하여 선택 가능
> ② **15%형** : 최근 2년간 연속 보험가입계약자로서 2년간 수령한 보험금이 순보험료의 120% 미만인 경우에 한하여 선택 가능
> ③ **20%형, 30%형, 40%형** : 제한없음

2) **수확감소보험금 : 70만원**

보험금 = 보험가입금액 × (피해율 − 자기부담비율) = 1,000만원×(0.27−0.2) = 70만원

※ 피해율 = (평년수확량 − 수확량 − 미보상감수량) ÷ 평년수확량
= (1,000−700−30)/1,000 = 27%

※ 미보상감수량 = (평년수확량 − 수확량) × 미보상비율 = (1,000−700)×0.1 = 30kg

14. 1) **수확기중 사고 경과비율 : 80%**

경과비율 = 1 − (수확일수 ÷ 표준수확일수)
= 1 − (10/50) = 80%

2) **보험금 : 767,520원**

보험금 = 가입금액(재배면적×보장생산비) × 경과비율 × 피해율

= 12,300,000 × 0.52 × 0.12 = 767,520원

가입금액 복원으로 12,300,000원이 보험가입금액 임

피해율 = 피해비율 × 손해정도비율

= 0.3 × 0.4 = 0.12

경과비율 = α + (1−α) × (생장일수 ÷ 표준생장일수)

= 0.4 + (1 − 0.4) × (18/90) = 52%

경과비율(시설작물)

가) 수확기 이전 사고

(1) 경과비율 = α + (1−α) × (생장일수 ÷ 표준생장일수)

(2) α=준비기 생산비 계수 (40%, 국화 · 카네이션 재절화재배는 20%)

(3) 생장일수 : 정식(파종)일로부터 사고발생일까지 경과일수

(4) 표준생장일수 : 정식일로부터 수확개시일까지 표준적인 생장일수

(5) 생장일수를 표준생장일수로 나눈 값은 1을 초과할 수 없음

나) 수확기 중 사고

(1) 경과비율 = 1 − (수확일수 ÷ 표준수확일수)

(2) 수확일수 : 수확개시일부터 사고발생일까지 경과일수

(3) 표준수확일수 : 수확개시일부터 수확종료일까지의 일수

(4) 위 계산식에도 불구하고 국화 · 수박 · 멜론의 경과 비율은 1

다) 피해율 = 피해비율 × 손해정도비율 × (1 − 미보상비율)

(1) 피해비율 = 피해면적 ÷ 재배면적

(2) 손해정도비율

손해정도	1~20%	21~40%	41~60%	61~80%	81~100%
손해정도비율	20%	40%	60%	80%	100%

15. 1) 고사결과모지수 : 150개

종합위험 과실손해 고사결과모지수

= 평년결과모지수 − (기준 살아있는 결과모지수 − 수정불량환산 고사결과모지수 + 미보상 고사결과모지수)

= 300 − (120 − 30 + 60) = 150개

2) 피해율 : 50%

피해율 = 고사결과모지수 ÷ 평년결과모지수 = 150 ÷ 300 = 50%

3) 과실손해보험금 : 300만원

과실손해보험금 = 보험가입금액 × (피해율 − 자기부담비율) = 1,000만원 × (0.5 − 0.2) = 300만원

16. 1) **보험가액 : 3,100(천원) × 50% = 1,550,000원**

월령	보험가액
6개월 이하	전전월 전국산지평균 송아지 가격
7개월 이상	체중 × kg당 금액

월령이 질병사고는 3개월 미만, 질병 이외 사고는 2개월 미만인 경우는 보험사고 전전월 전국산지평균 송아지 가격의 50%를 보험가액으로 한다.

2) **보험가액 :** 655kg × 9,800원/kg = 6,419,000원
kg당 금액 = 5,880(천원) ÷ 600kg = 9,800원/kg
3) **보험가액 :** 470kg × 9,800원/kg = 4,606,000원

- 한우 수컷 월령이 25개월을 초과한 경우에는 655kg으로, 한우 암컷 월령이 40개월을 초과한 경우에는 470kg으로 인정한다.
- kg당 금액은 사고 전전월 전국산지평균가격(350kg 및 600kg 성별 전국 산지평균가격 중 kg당 가격이 높은 금액)을 그 체중으로 나누어 구한다.

17. **지급 보험금 : 17,695,000원**

- 보험금 = 보험가입금액 × (피해율 - 자기부담비율)
  = 50,000,000원 × (0.4539 - 0.1) = 17,695,000원

1. 피해율 = (평년수확량−수확량−미보상감수량)÷평년수확량
   = (13,000 - 6,443 - 656)/13,000 = 45.39%
2. 수확량 = (표본구간 단위면적당 수확량0.5616 × 표본조사대상면적8,000)
   + {단위면적당 평년수확량1.3 × (타작물 및 미보상면적1,000 + 기수확면적500)}
   = (0.5616 × 8,000) + (1.3×1,500) = 4492.8 + 1,950 = 6,443kg
3. 표본구간 단위면적당 수확량 = (표본구간 수확량×환산계수) ÷ 표본구간 면적
   = (11.232 × 환산계수0.7)/14 = 0.5616kg
   * 표본구간 수확량 = {표본구간 정상마늘 중량+(80%피해마늘 중량×0.2)}×(1+일자별 누적비대추정지수)
   = (10 + 0.4) × 1.08 = 11.232kg
   * 일자별 누적비대추정지수 = 10일×0.8% = 8%
4. 표본조사 대상면적(실수타기) = 실제경작면적−수확불능면적−타작물면적−기수확면적
   = 10,000−500−1,000−500 = 8,000m^2
5. 단위면적당 평년수확량 = 평년수확량 ÷ 실제경작면적 = 13,000/10,000 = 1.3kg/m^2
6. 미보상감수량 = (평년수확량 - 수확량) × 미보상비율 = (13,000−6,443)×10% = 656kg

18. 1) **A품종 수확량(kg) : 1,530kg**

- 수확량 = 착과량 - 사고당 감수량의 합
  - 착과량 = (A품종 · 수령별 착과수5000×개당과중0.29)
    + (A품종별 · 수령별 주당평년수확량10×A품수별 미보상주수8)
    = 1,450+80 = 1,530kg

A품종별 · 수령별 주당평년수확량

$$= (\text{평년수확량} \times \frac{A\text{표준수확량}}{A\text{표준수확량} + B\text{표준수확량}}) \div A\text{실제결과주수}$$

$$= (4{,}000 \times \frac{15 \times 200}{(15 \times 200) + (30 \times 100)}) \div 200 = 10\text{kg/주}$$

2) **B품종 수확량(kg) : 1,030kg**

- 수확량 = 착과량 - 사고당 감수량의 합
  - 착과량 = (B품종별 · 수령별 착과수3000×개당과중0.31)
    + (B품종별 · 수령별 주당평년수확량20×B품수별 미보상주수5)
    = 930+100 = 1,030kg

B품종별 · 수령별 주당 평년수확량

$$= (\text{평년수확량} \times \frac{B\text{표준수확량}}{A\text{표준수확량} + B\text{표준수확량}}) \div B\text{실제결과주수}$$

$$= (4{,}000 \times \frac{30 \times 100}{(15 \times 200) + (30 \times 100)}) \div 100 = 20\text{kg/주}$$

3) **수확감소보장피해율(%) : 32.4%**

피해율 = (평년수확량-수확량-미보상감수량)/평년수확량

= (4,000-2,560-144)/4,000 = 32.4%

※ 과수원 전체 수확량 = 1,530 + 1,030 = 2,560kg

* 미보상감수량 = (평년수확량 - 수확량) × 미보상비율 = (4,000-2,560)×0.1 = 144kg

19. 1) **(수확 전 사고조사 결과가 있는 경우)과실손해 피해율 : 35.73%**

$= (A \div (1 - A')) + \{(1 - (A \div (1 - A'))) \times (B \div (1 - B'))\} \times \{1 - Max(A', B')\}$

$= (0.0937 \div (1-0.15)) + \{(1-(0.0937 \div (1-0.15))) \times (0.294 \div (1-0.1))\} \times \{1- 0.15\}$

$= 0.1102 + (0.8898 \times 0.3267) \times 0.85 = 35.73\%$

① 최종 수확전 과실손해피해율(A) = $\frac{70}{565+70} \times (1 - 0.15) = 9.37\%$

② 과실손해피해율(B) = $\{(68 + 60 \times 0.5) \div 300\} \times (1-0.1) = 29.4\%$

2) **보험금 : 1,573,000원**

보험금 = 손해액 - 자기부담금

= 3,573,000 - 2,000,000원 = 1,573,000원

① 손해액 = 보험가입금액 × 피해율 = 10,000,000원 × 0.3573 = 3,573,000원

② 자기부담금 = 보험가입금액 × 자기부담비율 = 10,000,000원 × 0.2 = 2,000,000원

수식[별표] 참고사항

• **수확 전 사고조사 결과가 있는 경우**

과실손해피해율 = $(A \div (1 - A')) + \{(1 - (A \div (1 - A'))) \times (B \div (1 - B'))\} \times \{1 - Max(A', B')\}$

A : 최종수확전 과실손해 피해율 = $\frac{(\text{이전}+\text{금차})100\%\text{피해과실수}}{\text{정상과실수}+100\%\text{피해과실수}} \times (1-\text{미보상비율})$

A′ : 최종 수확전 과실손해 조사 미보상비율

B : 과실손해피해율 = $\frac{\text{피해인정과실수}}{\text{기준과실수}} \times (1-\text{미보상비율})$

B′ : 과실손해 미보상비율

과실손해 피해율 = **{(등급 내 피해과실수 + 등급 외 피해과실수 × 50%) ÷ 기준과실수} × (1 - 미보상비율)**

피해 인정 과실수 = **등급 내 피해 과실수 + 등급 외 피해과실수 × 50%**

1) 등급 내 피해 과실수 = (등급 내 30%형 과실수 합계 × 0.3) + (등급 내 50%형 과실수 합계 × 0.5) + (등급 내 80%형 과실수 합계 × 0.8) + (등급 내 100%형 과실수 × 1)

2) 등급 외 피해 과실수 = (등급 외 30%형 과실수 합계 × 0.3) + (등급 외 50%형 과실수 합계 × 0.5) + (등급 외 80%형 과실수 합계 × 0.8) + (등급 외 100%형 과실수 × 1)

※ 만감류는 등급 외 피해 과실수를 피해 인정 과실수 및 과실손해 피해율에 반영하지 않음

3) 기준과실수 : 모든 표본주의 과실수 총 합계

20. **1) 적과종료 이전 착과감소과실수 : 10,000개**

착과감소과실수 = 평년착과수40,000－적과후착과수30,000
= 10,000개

적과후착과수 = (250－50) × 150개/주 = 30,000개

2) 적과종료 이후 착과손해 감수과실수 : 900개

[적과전 자연재해에 의한 인정 착과피해감수 과실수 60% 이상일 때]

착과피해감수과실수 = 적과후착과수30,000 × 3% = 900개

착과율 = 적과후착과수30,000/평년착과수40,000 = 75%

착과피해율 = 5% × (100%－착과율0.75)/40% = 3%

3) 적과종료 이후 낙과피해 감수과실수와 착과피해 인정개수의 계산과정과 합계 : 2,921개

적과종료 이후 사과 · 배 낙과 손해(전수조사) ① 총낙과과실수 × (낙과피해구성률 － max A) × ② 1.07(= 1 + 0.07) ※ 낙과 감수과실수의 7%를 착과손해로 포함하여 산정 ※ 1.07의 의미 : 1은 낙과 손해를 의미하고, 0.07은 착과 손해를 의미

〈계산과정〉

① 낙과피해 감수과실수 = 총낙과수 × (낙과피해구성률0.42 － maxA0.03)
= 7,000개 × 0.39 = 2,730개

낙과피해구성률 = (0.5 × 80+1 × 2)/100 = 42%

maxA = 5% × (100%－착과율0.75)/40% = 3%

② 착과피해인정개수 = 2,730 × 0.07 = 191개

〈합계〉

① + ② = 2,921개

손해평가사 2차 시험대비

최종모의고사 정답 및 해설

제 4 회

제1과목 농작물재해보험 및 가축재해보험 이론과 실무

01. 위험회피, 손실통제, 위험요소의 분리, 계약을 통한 위험 전가, 위험의 자기 인수

02. 보험료 = 보험가입금액 × 지역별 · 종별보험요율 × 단기요율 적용지수
= 300만원 × 0.1 × 0.5 = 150,000원
단기요율지수 : 2개월 30% + 6월, 7월 가산 요율 20% → 50%

> 단기요율 적용지수
> • 보험기간이 1년 미만인 단기계약에 대하여는 아래의 단기요율 적용
> ① 보험기간을 연장하는 경우에는 원기간에 통산하지 아니하고 그 연장기간에 대한 단기요율 적용
> ② 보험기간 1년 미만의 단기계약을 체결하는 경우 보험기간에 6월, 7월, 8월, 9월, 11월, 12월, 1월, 2월, 3월이 포함될 때에는 단기요율에 각 월마다 10%씩 가산. 다만, 화재위험 보장 특약은 가산하지 않음
> ③ 그러나, 이 요율은 100%를 초과할 수 없음

03. ① 원인의 직접 · 간접을 묻지 않고 병해충으로 발생한 손해(다만, 감자 품목은 제외)
② 보상하지 않는 재해로 제방, 댐 등이 붕괴되어 발생한 손해
③ 하우스, 부대시설 등의 노후 및 하자로 생긴 손해
④ 저장성 약화 또는 저장, 건조 및 유통 과정 중에 나타나거나 확인된 손해
⑤ 수확기에 계약자 또는 피보험자의 고의 또는 중대한 과실로 수확하지 못하여 발생한 손해

04. 보험금 : 2,400,000원
보험금 = 보험가입금액 × (피해율0.34 - 자기부담비율0.1) = 2,400,000원
피해율 = (1 - 수확전사고 피해율0) x 경과비율0.682 x 결과지 피해율0.5 = 34%

$$결과지\ 피해율 = \frac{고사결과지수 + 미고사결과지수 \times 착과피해율 - 미보상고사결과지수}{기준결과지수}$$

= (14 + 10×0.2 - 4) ÷ 24 = 12/24 = 50%
기준결과지수 = 고사결과지수14 + 미고사결과지수10 = 24
고사결과지수 = 보상고사결과지수10 + 미보상고사결과지수4 = 14

05. ① 120시간 ② 24시간(1일) ③ 30일 ④ 탈구(탈골) ⑤ 5일

06. 1) **보험가입금액 : 9,720,000원**

보험가입금액 = 가입수확량 × 가입가격 = 4,500 × 2,160 = 9,720,000원

가입가격 = {(2,200+2,000+1,800+1,600+1,400) × 1.2} ÷ 5 = 2,160원/kg

> 벼 보험가입금액 산정
> - 가입금액 = 가입 단위 농지별 가입수확량(kg) × 표준(가입)가격(원/kg)
> - 표준(가입)가격 : 보험 가입연도 직전 5개년의 시·군별 농협 RPC 계약재배 수매가 최근 5년 평균값에 민간 RPC지수를 반영하여 산출

2) **보험료 : 1,205,000원**

보험료 = 보험가입금액 × 보통영업요율 × 할인할증률

= 9,720,000원 × 0.12 × (1 - 0.13) × (1 + 0.1) × (1 + 0.08)

= 1,205,000원

3) **보험료 : 502,000원**

보험료 = 보험가입금액 × 특약영업요율 × 할인할증률

= 9,720,000원 × 0.05 × (1 - 0.13) × (1 + 0.1) × (1 + 0.08)

= 502,000원

07. 1) **과거평균수확량 : 750kg**

과거 평균수확량 = Σ(과거 5년간 수확량450 + 1,100 + 700) ÷ Y3 = 750kg

- 2021년 조사수확량 : 조사수확량300 ≦ 평년수확량 50%(450) = 450
- 2022년 조사수확량 : 무사고시 Max(표준수확량900, 평년수확량1,000) × 110% = 1,100
- 2023년 조사수확량 : 조사수확량700 〉 평년수확량 50%(500) = 700

2) **2024년 평년수확량 : 913kg**

평년수확량 = $\left\{A+(B-A)\times(1-\frac{Y}{5})\right\}\times\frac{C}{B}$

= {750 + (950 - 750)×(1-(3/5))} × $\frac{1,045}{950}$ = 913kg

과거평균표준수확량(B) = (950 + 900 + 1,000)/3 = 950kg

08. 1) ① 경작형태 ② 표준수확량표 ③ 표준수확량 ④ 감수량 ⑤ 평년착과량의 100%

2) ① 꽃눈분화기 ② 신초발아기 ③ 10월 10일 ④ 10월 31일 ⑤ 6월 30일

3) ① 법정대리인 ② 통상적인 영농활동 ③ 병해충 ④ 간접손해 ⑤ 과수 화상병

09. 1) **비가림시설보장 보험가입금액 = 비가림시설의 ㎡당 시설생산비 × 비가림시설 면적**

(산정된 금액의 80%~130% 범위 내에서 계약자가 보험가입금액 결정)

① 최소가입금액 : 2,500 × 19,000 × 0.8 = 38,000,000원

② 최대가입금액 : 2,500 × 19,000 × 1.3 = 61,750,000원

③ 계약자가 부담할 보험료의 최소값 : 38,000,000 × 0.05 × (1-(0.5+0.3)) = 380,000원

2) ① **보험료 : 2,850,000원**

보험료 = 보험가입금액 × 지역보통약관 영업요율 × (1 - 부보장 및 한정보장 특약 할인율)

× (1 ± 손해율에 따른 할인 할증률) × (1 - 방재시설할인율)

= 30,000,000원 × 0.1 × (1-0.05) = 2,850,000원

② 환급보험료 : 1,182,750원

환급보험료 = (감액분계약자부담보험료 × 감액미경과비율) - 미납입보험료
= 1,425,000원 × 0.83 = 1,182,750원

감액분계약자부담보험료 : 기보험료의 50%{(3,000 - 1,500)/3,000}
= 2,850,000원 × 0.5 = 1,425,000원

감액미경과비율 : 83%

* 적과종료 이전 특정위험 5종 한정보장 특별약관에 가입한 경우(감액미경과비율)

품목	착과감소보험금 보장수준 50%형	착과감소보험금 보장수준 70%형
사과, 배	83%	78%
단감, 떫은감	90%	88%

10. ① 수확개시시점, 다만, (Y+1)년 10월 31일을 초과할 수 없음
② (Y+1)년 7월 31일
③ 태풍(강풍), 우박
④ 계약체결일 24시
⑤ (Y+1)년 수확기종료시점. 다만, (Y+1)년 10월 31일을 초과할 수 없음
⑥ 수확기 종료시점. 단, (Y+1)년 10월 10일을 초과할 수 없음
⑦ 이듬해 2월 말일
⑧ 이듬해 4월 30일
⑨ 이듬해 5월 31일
⑩ 이듬해 5월 31일

제2과목 농작물재해보험 및 가축재해보험 손해평가의 이론과 실무

11. 1) **피해율** : 24%

피해율 = 피해비율 × 손해정도비율 × (1 - 미보상비율) = 0.5 × 0.6 × 0.8 = 0.24(24%)
가) 피해비율 = 피해면적 ÷ 재배면적 = 400/800 = 50%
나) 손해정도비율 = 60%

2) **경과비율** : 79.17%
가) 수확기 이전 사고
(1) 경과비율 = 0.676 + (1 - 0.676) × (생장일수10 ÷ 표준생장일수28) = 79.17%
(2) 준비기 생산비 계수 : 67.6%

3) **생산비보장보험금** : 1,520,000원

생산비보장보험금 = 재배면적 × 단위면적당 보장 생산비 × 경과비율 × 피해율
= 800 × 10,000 × 0.7917 × 0.24 = 1,520,000원

12. 1) 한지형 마늘 최초 판매개시일 24시

2) 50만원

지급보험금 = 보험가입금액500만원 × 25% × 표준출현 피해율0.4 = 50만원

표준출현 피해율(10a 기준) = (30,000 - 출현주수18,000) ÷ 30,000 = 40%

3) 140만원

경작불능보험금 = 보험가입금액500만원 × 보장비율0.28 = 140만원

〈조기파종특약의 자기부담비율별 경작불능보험금 보장비율〉

구분	자기부담비율				
	10%형	15%형	20%형	30%형	40%형
경작불능보험금 (마늘 조기파종특약)	보험가입금액의 32%	보험가입금액의 30%	보험가입금액의 28%	보험가입금액의 25%	보험가입금액의 25%

13. 보험가액 : 380,700원

- 보험가액 = 자돈가격(30kg) + (적용체중 - 30kg) × (110kg 비육돈 수취가격 - 30kg 자돈가격) ÷ 80
  = 20만원 + (95kg - 30kg) × (422,400원 - 20만원) ÷ 80
  = 380,700원
- 110kg 비육돈 수취가격 = 사고 당일 포함 직전 5영업일 평균돈육대표가격(전체, 탕박) × 110kg × 지급(육)율(76.8%)
  = 5,000원/kg × 110kg × 0.768 = 422,400원

〈적용체중〉

단위구간(kg)	31~40	41~50	51~60	61~70	71~80	81~90	91~100	101~110 미만
적용체중(kg)	35	45	55	65	75	85	95	105

주) 1. 단위구간은 사고돼지의 실측중량(kg/1두) 임

2. 110kg 이상은 110kg으로 한다.

14.

품목	산출식
양배추	= 정상 양배추 무게의 합계 + (80%형 양배추 무게 × 20%)
차	= (수확한 새싹 무게 ÷ 수확한 새싹수) × 기수확 새싹수 × 기수확 지수 + 수확한 새싹 무게 ※ 기수확지수 = 기수확 새싹수 ÷ (기수확 새싹수 + 수확한 새싹수)
양파	= 작물무게의 합계 × (1 + 비대추정지수) = {정상무게합계 + (80%형 무게 × 0.2)} × (1 + 비대추정지수)
마늘	= 작물무게의 합계 × (1 + 비대추정지수) × 환산계수 = {정상무게합계 + (80%형 무게 × 0.2)} × (1 + 비대추정지수) × 환산계수
고구마	= 정상무게 합계 + (50%형 고구마 무게 × 0.5) + (80%형 고구마 무게 × 0.2)
옥수수 (피해수확량)	= {"하"항목 개수 + ("중"항목 개수 × 0.5)} × 품종별 표준중량
콩	= 종실중량 × $\frac{(1-\text{함수율})}{(1-\text{기준함수율}14\%)}$

15. 1) **피해율** : 18%

피해율 = 피해비율 × 손해정도비율 × (1 - 미보상비율) = 0.5 × 0.36 = 18%

* 피해비율 = 피해면적 ÷ 재배면적 = 1,000 ÷ 2,000 = 50%

* 손해정도비율 = (10 + 8 + 6 + 8 + 4) ÷ 100 = 36 ÷ 100 = 36%

2) **경과비율** : 76.35%

경과비율 = 준비기생산비계수+(1-준비기생산비계수)×(생장일수÷표준생장일수)

= 0.527 + (1 - 0.527) × (50/100) = 76.35%

* 준비기생산비계수 : 52.7%

* 생장일수 : 50일

* 표준생장일수 : 100일

3) **보험금** : 874,300원

보험금 = (잔존보험가입금액 × 경과비율 × 피해율) - 자기부담금

= (1,000만원 × 0.7635 × 0.18) - 50만원 = 874,300원

* 자기부담금 = 잔존보험가입금액×자기부담비율 = 1,000만원×5% = 50만원

* 자기부담금 선택 기준

① 3%형 : 최근 2년 연속 가입 및 2년간 수령 보험금이 순보험료의 120% 미만인 계약자

② 5%형 : 제한 없음

16. 1) **보험금** : 80만원

- 보험금 = 보험가입금액1,000만원 × 20% × 면적피해율0.4 = 80만원
- 면적피해율 = 피해면적400 ÷ 보험 가입면적1,000 = 40%

2) **보험금** : 554,780원

- 보험금 = (잔존보험가입금액1,000만원 × 경과비율0.5936 × 피해율0.144) - 자기부담금30만원 = 554,780원
- 경과비율 = 준비기생산비 계수0.492 + $\{(1 - \text{준비기생산비계수}0.492) \times \frac{\text{생장일수}26}{\text{표준생장일수}130}\}$ = 59.36%
- 피해율 = 면적피해율0.4 × 작물피해율0.4 × (1-미보상비율0.1) = 14.4%
- 면적피해율 = 피해면적(400㎡) ÷ 재배면적(1,000㎡) = 40%
- 작물피해율 = {(4×0.5) + (5×0.8) + (10×1)}/40 = 40%
- 자기부담금 = 잔존보험가입금액1,000만원 × 0.03 = 30만원

17. ① **표본구간 단위면적당 수확량** : 2.86kg

표본구간 단위면적당 수확량 = 표본구간수확량 ÷ 표본구간면적 = 30 ÷ 10.5 = 2.86kg

② **수확량** : 8,665kg

수확량 = (표본구간 단위면적당 수확량 × 조사대상면적)
+ {단위면적당 평년수확량 × (타작물 및 미보상면적 + 기수확면적)}
= (2.86 × 2,500) + (3.03 × 500) = 8,665kg

* 단위면적당 평년수확량 = 평년수확량 ÷ 실제경작면적 = 10,000 ÷ 3,300 = 3.03kg

* 조사대상면적 = 실제경작면적 - 수확불능면적 - 타작물 및 미보상면적 - 기수확면적
= 3,300 - 300 - 500 = 2,500m^2

③ **실제수입** : 22,330,000원

실제수입 = (수확량 + 미보상감수량) × min(기준가격, 수확기가격)
= (8,665 + 267) × 2,500 = 22,330,000원

미보상감수량 = (평년수확량 - 수확량) × 미보상비율
= (10,000 - 8,665) × 0.2 = 267kg

④ **피해율** : 25.57%

피해율 = (기준수입 - 실제수입) ÷ 기준수입
= (30,000,000 - 22,330,000) ÷ 30,000,000 = 0.25566 = 25.57%

* 기준수입 = 평년수확량 × 기준가격 = 10,000 × 3,000원 = 30,000,000kg/원

* 실제수입 = (수확량 + 미보상감수량) × 수확기가격
= (8,665 + 267) × 2,500원 = 22,330,000kg/원

⑤ **농업수입감소보험금** : 1,671,000원

보험가입금액 = 가입수확량 × 기준가격 = 10,000 × 3,000 = 30,000,000kg/원

농업수입감소보험금 = 30,000,000 × (0.2557 - 0.2) = 1,671,000원

18. 1) **수확감소보험금** : 5,770,000원

수확감소보험금 = 가 × (피 - 자) = 2,500만원 × (0.4308 - 0.2) = 5,770,000원

• 피해율 = (평2,400 - 수1,108 - 미258) ÷ 평 = 1,034 ÷ 2,400 = 43.08%

• 미보상감수량 = (평2,400 - 수1,108) × 미보상비율0.2 = 258kg

2) **수확량** : 1,108kg

수확량 : 착과량2,520 - 사고당 감수량 합1,412 = 1,108kg

3) **착과량** : 2,520kg

착과량 = A품종 착과량1,200 + B품종 착과량1,320 = 2,520kg

* A품종 착과량 = (A착과수3,600 × 개당과중0.3) + (A주당평년수확량12 × 미보상주수10)
= 1,080 + 120 = 1,200kg

* B품종 착과량 = (B착과수4,400 × 개당과중0.3) + (B주당평년수확량12 × 미보상주수0)
= 1,320kg

* A품종 주당평년수확량 = {평년수확량 × (A표준수확량 ÷ AB표준수확량합)} ÷ A실제결과주수
= {2,400 × (1,200 ÷ 2,400)} ÷ 100 = 12kg

4) **감수량** : 1,412kg

감수량 = 착과감수량719 + 낙과감수량693 + 고사주수감수량0 = 1,412kg

• 착과감수량 = A착과감수량413 + B착과감수량306 = **719kg**

• 낙과감수량 = A낙과감수량277 + B낙과감수량416 = **693kg**

- A착과감수량 = A착과량810 × A착과피해구성률0.51 = **413kg**
  - * A착과량 = A주당착과수30 × 개당과중0.3 × A조사대상주수90 = 810kg
- B착과감수량 = B착과량600 × B착과피해구성률0.51 = **306kg**
  - * B착과량 = B주당착과수20 × 개당과중0.3 × B조사대상주수100 = 600kg
- A낙과감수량 = A낙과량(1,400 × 0.3) × A낙과피해구성률0.66 = **277kg**
- B낙과감수량 = B낙과량(2,100 × 0.3) × B낙과피해구성률0.66 = **416kg**

19. 1) **표고버섯(원목재배) 생산비보장보험금**

- 생산비보장보험금 = 재배원목(본)수2,000 × 원목(본)당 보장생산비7,000 × 피해율10% = 1,400,000원
- 피해율 = 피해비율 × 손해정도비율 = 20% × 50% = 10%
- 피해비율 = 피해원목(본)수400 ÷ 재배원목(본)수2,000 = 20%
- 손해정도비율 = 표본원목의 피해면적20 ÷ 표본원목의 전체면적40 = 50%

2) **표고버섯(톱밥배지재배) 생산비보장보험금**

- 생산비보장보험금 : 582,050원
- 생산비보장보험금 = 재배배지(봉)수 × 배지(봉)당 보장생산비 × 경과비율 × 피해율
  = 2,000 × 2,800 × 0.8315 × 0.125 = 582,050원
- 경과비율 = 0.663 + (1 - 0.663) × (생장일수45 ÷ 표준생장일수90) = 83.15%
- 피해율 = 피해비율(500/2,000) × 손해정도비율50% = 12.5%
- 손해정도비율 : 표고버섯(톱밥배지재배) = 손해정도에 따라 50%, 100%에서 결정

품목	품종	표준생장일수
표고버섯(톱밥배지재배)	전체	90일
느타리버섯(균상재배)	전체	28일
양송이버섯(균상재배)	전체	30일

3) **느타리버섯(균상재배) 생산비보장보험금**

- 생산비보장보험금 : 4,122,960원
- 생산비보장보험금 = 재배면적2,000×단위면적당 보장생산비16,400×경과비율0.838×피해율0.15
  = 4,122,960원
- 경과비율 = 0.676 + (1 - 0.676) × (생장일수14 ÷ 표준생장일수28) = 83.8%
- 피해율 = 피해비율(500/2,000) × 손해정도비율60% = 15%
- 느타리버섯(균상재배) 손해정도비율

손해정도	1~20%	21~40%	41~60%	61~80%	81~100%
손해정도비율	20%	40%	60%	80%	100%

20. 1) **보험금** : 1,033,500원

- 보험금 = 보험가입금액1,500만원 × (피해율0.1689 - 자기부담비율0.1) = 1,033,500원
  * 금차착과량3,500 + 금차감수량900 + 기수확량200 ≧ 평년수확량4,500
- 피해율 = (평년수확량4,500 - 수확량3,700 - 미보상감수량40) ÷ 평년수확량4,500 = 16.89%
- 수확량 = 금차착과량3,500 + 기수확량200 = 3,700kg
- 미보상감수량 = 금차감수량(평년수확량4,500 - 수확량3,700) × 미보상비율0.05 = 40kg

2) **보험금** : 1,065,000원

- 보험금 = 보험가입금액1,500만원 × (피해율0.171 - 자기부담비율0.1) = 1,065,000원
  * 금차착과량3,500 + 금차감수량900 + 기수확량200 〈 평년수확량5,000
- 피해율 = (평년수확량5,000 - 수확량4,100 - 미보상감수량45) ÷ 평년수확량5,000 = 17.1%
- 수확량 = 평년수확량5,000 - 금차감수량900 = 4,100kg
- 미보상감수량 = 금차감수량900 × 미보상비율0.05 = 45kg

손해평가사 2차 시험대비

최종모의고사 정답 및 해설

제 5 회

제1과목 농작물재해보험 및 가축재해보험 이론과 실무

01. ① 계약자 ② −30%~+50% ③ 유자 ④ 30% ⑤ 호두

02. 1) 호두, 살구, 유자
2) 최근 2년간 연속 보험가입 과수원으로서 2년간 수령한 보험금이 순보험료의 100% 미만인 경우 선택 가능하다.
3) 당해연도(가입연도) 기준표준수확량

03. 보험료 : 800,000원
보험료 = 보통약관 보험가입금액 × 지역별 보통약관 영업요율 × 종별요율상대도
= 800만원 × 0.1 × 1.0 = 800,000원

종구분	상 세	요율상대도
2종	허용적설심 및 허용풍속이 지역별 내재해형 설계기준 120% 이상인 인삼재배시설	0.9
3종	허용적설심 및 허용풍속이 지역별 내재해형 설계기준 100% 이상~120% 미만인 인삼재배시설	1.0
4종	허용적설심 및 허용풍속이 지역별 내재해형 설계기준 100% 미만이면서, 허용적설심 7.9cm 이상이고, 허용풍속이 10.5m/s 이상인 인삼재배시설	1.1
5종	허용적설심 7.9cm 미만이거나, 허용풍속이 10.5m/s 미만인 인삼 재배시설	1.2

04. 1) 보상하지 않는 재해로 제방, 댐 등이 붕괴되어 발생한 손해
2) 피해를 입었으나 회생 가능한 나무 손해
3) 토양관리 및 재배기술의 잘못된 적용으로 인해 생기는 나무 손해
4) 병충해 등 간접손해에 의해 생긴 나무 손해

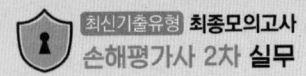

05. 1) 10만원 이하
2) 농업용 시설물(버섯재배사)에 직접적인 피해가 발생하지 않은 자연재해로서 작물피해율이 70% 이상 발생하여 농업용 시설물 내 전체 시설재배 버섯의 재배를 포기하는 경우

06. 1) 마늘
2) 면적 비율
3) ① 피해율 : 55%
1. 기준수입 = 1,000kg × 4,000원/kg = 4,000,000원
2. 실제수입 = (500kg + 100kg) × 3,000원/kg = 1,800,000원
3. 피해율 = {(4,000,000원 − 1,800,000원) ÷ 4,000,000원} × 100 = 55%
② 보험금 : 1,400,000원
농업수입감소보험금 = 4,000,000원 × (0.55 − 0.2) = 1,400,000원

07. 1) **과거수확량**
- 조사수확량이 있는 경우 : 조사수확량 > 평년수확량의 50% → 조사수확량
조사수확량 ≦ 평년수확량의 50% → 평년수확량의 50%
- 무사고시 : Max(평년수확량, 표준수확량) × 110%

구분	2019년	2020년	2021년	2022년	2023년	합계	평균
과거수확량	7,000	4,050	9,020	9,130	8,500	37,700	7,540

2) **평년수확량** = $\{A + (B - A) \times (1 - \frac{Y}{5})\} \times \frac{C}{B}$

$= \{7{,}540 + (8{,}200 - 7{,}540) \times (1-\frac{5}{5})\} \times \frac{8{,}200}{8{,}200} = 7{,}540\text{kg}$

− 아래와 같이 산출

$\left\{A+(B-A)\times(1-\frac{Y}{5})\right\}\times\frac{C}{B}$	A(과거평균수확량) = Σ(과거 5년간 수확량) ÷ Y = 7,540kg
	B(과거평균표준수확량) = Σ(과거 5년간 표준수확량) ÷ Y = 8,200kg
	C(표준수확량) = 가입하는 해의 표준수확량 = 8,200kg
	Y = 과거수확량 산출년도 횟수 = 5

− 다만, 평년수확량은 보험가입연도 표준수확량의 130%를 초과할 수 없음

08. 1) **지급사유** : 보상하는 재해로 평년수확량 대비 자기부담비율 이상의 수확량감소가 발생한 경우
2) **지급시기** : 수확기 경과 후 보험금 청구 서류를 접수하면 지체없이 지급할 보험금을 결정하고 지급할 보험금이 결정되면 7일 이내 지급
3) **보험금** : 8,625,000원
① 수확감소보험금 = 보험가입금액 × (피해율 − 자기부담비율)
= 25,000,000 × (0.45 − 0.15) = 7,500,000원
피해율 = (9,000 − 4,500 − 450) ÷ 9,000 = 0.45, 자기부담비율15%

미보상감수량 = (평년수확량9,000 − 조사수확량4,500) × 미보상비율10% = 450kg
조사수확량 : 4,500kg(보상하는 병충해인 세균구멍병이 아니므로 병충해과실무게도 모두 수확량으로 포함)
② 수확량추가보장 보험금 = 보험가입금액 × (피해율 × 10%)
= 25,000,000 × (0.45 × 0.1) = 1,125,000원
③ 지급보험금 = 7,500,000 + 1,125,000 = 8,625,000원

09. 1) • A농지 : 가입할 수 없다.
이유 ㉠ 보험가입금액이 200만원 이상인 농지가 가입가능하다. 이 농지는 100만원이므로 가입할 수 없다.
㉡ 나머지 조건은 가입이 가능하다.
• B농지 : 가입이 가능하다.
이유 ㉠ 보험가입금액이 200만원 이상인 농지이므로 가능하다.
㉡ 10a당 재식주수가 1,500주 이상이고 4,000주 이하인 농지가 가입 가능
㉢ 4월 1일 이전과 5월 31일 이후에 고추를 식재한 농지는 인수제한인데, 4월 2일에 식재하였다.
㉣ 터널재배 형식으로 재배하면 인수 가능
• C농지 : 가입할 수 없다.
이유 ㉠ 연륙교가 설치된 도서 지역은 가입이 가능
㉡ 10a당 재식주수가 5,000주 농지는 인수 제한
㉢ 전 비닐멀칭 농지는 인수가 가능

2) **병충해가 있는 경우 생산비보장 보험금 계산식**
(잔존보험가입금액 × 경과비율 × 피해율 × 병충해 등급별 인정비율) − 자기부담금

3) **수확기 이전에 보험사고가 발생한 경우 경과비율 계산식**
= 준비기생산비계수 + [(1 − 준비기생산비계수) × (생장일수 ÷ 표준생장일수)]

10. 1) • 법정전염병을 제외한 질병 또는 각종 사고로 인한 폐사
• 부상(사지골절, 경추골절, 탈골), 난산, 산욕마비, 급성고창증 및 젖소의 유량 감소로 긴급도축을 하여야 하는 경우
• 가축 사체 잔존물 처리비용
• 소 도난에 의한 손해
2) • 소도체결함보장
• 구내폭발위험보장
• 화재대물배상책임
• 협정보험가액
3) 약관에 따라 계산한 금액의 10%, 20%, 30%, 40% 또는 200만 원 중 큰 금액
4) 지급보험금 계산 방식에 따라 계산한 금액에 0%, 5%, 10%을 곱한 금액 또는 50만원
5) 생후 15일령부터 13세 미만까지

제2과목 농작물재해보험 및 가축재해보험 손해평가의 이론과 실무

11. ① 5cm ② 6cm ③ 2cm ④ 3.5cm ⑤ 5cm

12. 지급보험금 : 576,000원

지급보험금 = {손해액90만원 × (보험가입금액288만원/보험가액360만원)} - 자기부담금
= 720,000원 - 144,000원 = 576,000원

- 손해액 = 정상도체의 해당등급의 1두 가격360만원 - 사고소의 1두 가격270만원
  = 90만원
- 사고소의 1두 가격 = 사고 전월 전국지육경매평균가격9,000 × 사고 소의 도체 중량300
  = 270만원
- 자기부담금 : 계산된 보험금의 20%

13. 1) **피해율 :** 27.27%

피해율 = (평년수확량 - 수확량 - 미보상감수량) ÷ 평년수확량
= (1,500 - 1,091 - 0) ÷ 1,500 = 409 ÷ 1,500 = 27.27%

* 수확량 = 조사대상면적 수확량 + [(단위면적당 평년수확량 × (타작물면적 + 기수확면적)]
= 941kg + (0.75 × 200) = 1,091kg

* 단위면적당 평년수확량 = 평년수확량1,500 ÷ 실제경작면적2,000 = 0.75kg/m^2

* 조사대상면적 수확량 = 작물중량 × [(1 - 함수율) ÷ (1 - 기준함수율)]
= 1,000 × [(1 - 0.2) ÷ (1 - 0.15)] = 941kg

* 메벼의 기준함수율 = 15%

2) **보험금 :** 3,454,000원

보험금 = 보험가입금액 × (피해율 - 자기부담비율)
= 2천만원 × (0.2727 - 0.1) = 3,454,000원

14. ① 1/2～2/3 ② 120일 ③ 95일 ④ 25일 ⑤ 80～90%

15. 동상해 손해액 : 224,000원

- 손해액 = {보험가입금액 - (보험가입금액 x 기사고피해율)} × 수확기잔존비율 × 동상해피해율 × (1 - 미보상비율)
  = {1,000만원 - (1,000만원 × 0.5)} × 0.16 × 0.35 × 0.8 = 224,000원
- 동상해 피해 과실수 = (동상해 피해 80%형 과실수 합계 × 0.8)
  + (동상해 피해 100%형 과실수 합계 × 1)
  = (10×0.8) + (27×1) = 35개
- 기사고피해율 = 0.45 ÷ (1 - 0.1) = 50%
- 동상해 피해율 = 35/100 = 35%
- 수확기잔존비율 = (100 - 68) - (0.8 × 20일) = 16%

〈수확기 잔존비율〉

사고발생 월	잔존비율(%)
12월	(100–38) – (1×사고발생일자)
1월	(100–68) – (0.8×사고발생일자)
2월	(100–93) – (0.3×사고발생일자)

주) 사고 발생일자는 해당월의 사고 발생일자

16. (1) ① **사고(발생)일자 :** 2020년 8월 8일

② 근거 : 재해가 발생한 일자를 확인하고, 가뭄과 같이 지속되는 재해의 사고일자는 재해가 끝나는 날(가뭄 이후 첫 강우일의 전날)을 사고일자로 한다. 다만, 재해가 끝나기 전에 조사가 이루어질 경우에는 조사가 이루어진 날을 사고일자로 하며, 조사 이후 해당 재해로 추가 발생한 손해는 보상하지 않는다.

(2) **경과비율 :** 95.27%

$$경과비율 = 준비기생산비계수 + (1 - 준비기생산비계수) \times \frac{생장일수}{표준생장일수}$$

$$= 0.527 + (1 - 0.527) \times \frac{90}{100} = 95.27\%$$

(3) **보험금 : 514,592원**

보험금 = (보험가입금액 × 경과비율 × 피해율 × 병충해인정비율) – 자기부담금
= (800만원 × 0.9527 × 0.12) – 40만원 = 514,592원

※ 피해율 = 피해비율 × 손해정도비율 × (1 – 미보상비율) = 0.5 × 0.3 × (1 – 0.2) = 12%

※ 피해비율 = 피해면적1,500 ÷ 재배면적3,000 = 50%

※ 자기부담금 : 잔존보험가입금액의 5% = 800만원×0.05 = 40만원

17. 1) **수확량 :** 4,940kg

수확량 = {① 표본조사 대상 주수200 × ② 표본주당 착과량30kg × (1 – ③ 착과피해구성률0.51)}
+ (④ 주당 평년수확량40 × ⑤ 미보상주수50) = 4,940kg

① 표본조사 대상주수 = 실300 – 미50 – 고50 = 200주

② 주당착과량 = 표본주의 착과무게 합계240 ÷ 표본주수8 = 30kg

③ 착과피해구성률 = $\frac{(10\times0.5)+(20\times0.8)+(30\times1)}{100}$ = 51%

④ 주당 평년수확량 = 평년수확량12,000 ÷ 실제결과주수300 = 40kg/주

⑤ 미보상주수 = 50주

⑥ 미보상감수량 = (평년수확량12,000 – 수확량4,940) × 미보상비율0.1 = 706kg

2) **피해율 :** 52.95%

피해율 = (평12,000 – 수4,940 – 미706) ÷ 평12,000 = 52.95%

3) **보험금 :** 1,718만원

보험금 = 가 × (피 – 자) = 4,000 × (0.5295 – 0.1) = 1,718만원

18. 가. 조사대상

착과피해조사는 심도피해를 유발하는 재해가 있을 경우에만 시행하며, 해당 재해 여부는 재해의 종류와 과실의 상태 등을 고려하여 조사자가 판단한다.

나. 조사시기

착과피해조사는 착과된 과실에 대한 피해정도를 조사하는 것으로 해당 피해에 대한 확인이 가능한 시기에 실시하며, 필요 시 품종별로 각각 실시할 수 있다.

다. 착과수 조사

착과피해조사에서는 가장 먼저 착과수를 확인하여야 하며, 이때 확인할 착과수는 수확 전 착과수조사(위 1호의 착과수조사)와는 별개의 조사를 의미한다. 다만, 이전 실시한 착과수조사(이전 착과피해조사 시 실시한 착과수조사 포함)의 착과수와 착과 피해조사 시점의 착과수가 큰 차이가 없는 경우에는 별도의 착과수 확인 없이 이전에 실시한 착과수조사 값으로 대체할 수 있다.

라. 조사대상주수 산정

착과수 확인은 실제결과주수에서 수확완료주수, 미보상주수 및 고사나무주수를 뺀 조사대상주수를 기준으로 적정 표본주수를 산정하며(별표 1-3 참조), 이후 조사 방법은 위 1호의 착과수조사 방법과 같다.

마. 표본과실수 추출

착과수 확인이 끝나면 수확이 완료되지 않은 품종별로 표본 과실을 추출한다. 이 때 추출하는 표본 과실수는 품종별 20개 이상(농지당 30개 이상)으로 하며(표본 과실을 추출할 때에는 품종별 3개 이상의 표본주에서 추출한다), 추출한 표본 과실을 품목별 피해 구성(다음 목의 품목별 피해 구성 구분 참조)에 따라 품종별로 구분하여 해당 과실 개수를 조사한다.(다만, 필요시에는 해당 기준 절반 조사도 가능하다)

바. 피해구성조사

조사 당시 수확이 완료된 품종이 있거나 피해가 경미하여 피해구성조사가 의미가 없을 때에는 품종별로 피해구성조사를 생략할 수 있다.

사. 포도의 피해 정도 구분 기준 및 피해인정계수는 아래와 같다.

정상과	50%형	80%형	100%형
0	0.5	0.8	1

1) 정상과(0) : 피해가 없거나 경미한 과실
2) 50%형 피해과실(0.5) : 일반시장에 출하할 때 정상과실에 비해 50% 정도의 가격하락이 예상되는 품질의 과실(단, 가공공장 공급 및 판매 여부와 무관)
3) 80%형 피해과실(0.8) : 일반시장 출하가 불가능하나 가공용으로 공급될 수 있는 품질의 과실(단, 가공공장 공급 및 판매 여부와 무관)
4) 100%형 피해과실(1) : 일반시장 출하가 불가능하고 가공용으로도 공급될 수 없는 품질의 과실

19. 1) 착과감소보험금 : 140,000원

• 착과감소보험금 = (착과감소량 − 미보상감수량 − 자기부담감수량) × 가입가격 × 70%
= (2,000 × 0.25kg − 300 × 0.25 − 1,500 × 0.25) × 4,000원 × 0.7
= (500 − 75 − 375) × 4,000 × 0.7 = **140,000원**

① 착과감소과실수 : 2,000개 → 착과감소량 500kg
  * **착과감소과실수 = Min(평착수10,000 − 적착수8,000, 최대인정감수과실수) = 2,000개**

② 최대인정피해율 : 30%
  * 유과타박률 : 30%(30/100)
  * 나무피해율 : 10%(10주/100주)

③ 최대인정감수과실수 = 평년착과수 × 최대인정피해율 = 10,000 × 0.3 = **3,000개**

④ 미보상감수과실수 = 착과감소과실수 × 미보상비율 + 미보상주수감수과실수
= 2,000 × 15% + 0 = **300개** → 미보상감수량 75kg

⑤ 기준착과수 = 적과후 착과수 + 적과전 인정감수과실수 = 10,000개

⑥ 자기부담감수과실수 = 기준착과수 × 자기부담비율 = 10,000×0.15 = 1,500개
  * **자기부담감수량** = 1,500 × 0.25 = **375kg**

2) 과실손해보험금 : 3,764,000원

• 과실손해보험금 = (적과후 누적감수량 – 자기부담감수량) × 가입가격
  = (941 – 0 – 0) × 4,000원 = 3,764,000원

① 태풍 낙과감수과실수 = 총낙과수 × (낙과피해구성률 – maxA) × 1.07
  = 1,000 × (0.29 – 0) × 1.07 = **310개** ⇒ **감수량** 78kg
  * maxA : 금차 사고전 기조사된 착과피해구성률 중 최고값
  * 낙과피해구성률 = $\frac{(100\% \times 15)+(80\% \times 10)+(50\% \times 12)}{\text{피해과수}+\text{정상과}}$ ×100 = 29%

② 일소 낙과감수과실수 = 총낙과수 × (낙과피해구성률 – maxA)
  = 1,000 × 40% = **400개** ⇒ **감수량** 100kg

③ 일소 착과감수과실수 = 사고당시착과수 × (착과피해구성률 – maxA)
  = 6,000 × (30% – 0) = **1,800개** ⇒ **감수량** 450kg

④ 우박 착과피해감수과실수 = 사고당시착과수 × (착과피해구성률 – maxA)
  = 5,000 × (0.43 – 0.3) = **650개** ⇒ **감수량** 163kg

⑤ 가을동상해 착과피해감수과실수 = 사고당시착과과실수 × (착과피해구성률 – maxA)
  = 3,000 × (0.63 – 0.43) = **600개** ⇒ **감수량** 150kg

⑥ **적과후 누적감수량** = 78 + 100 + 450 + 163 + 150 = **941kg**

⑦ 자기부담감수과실수 = 기준착과수 × 자기부담비율 – (최대인정착과감소과실수 – 적과전 미보상감수과실수)
  = 10,000 × 15% – (2,000 – 300) = –200 ⇒ 0개 처리

20. ① 월령 1개월~7개월까지 : 분유떼기 암컷 가격(단, 연령(월령)이 1개월 이하(질병사고는 2개월 이하)일 때 50% 적용)
  → 100만원 × 0.5 = 50만원

② 월령 8개월~12개월까지 : 분유떼기암컷 + $\frac{\text{수정단계가격}-\text{분유떼기 암컷}}{6}$ × (사고월령 – 7개월)

= 100 + $\frac{300-100}{6}$ × (11 – 7) = 2,333,333 ⇒ 233만원

③ 월령 19개월~23개월까지 : 수정단계가격 + $\frac{\text{초산우가격}-\text{수정단계가격}}{6}$ × (사고월령 – 18개월)

= 300 + $\frac{350-300}{6}$ × (20 – 18) = 3,166,666 ⇒ 316만원

④ 월령 32개월~39개월까지 : 초산우가격 + $\frac{\text{다산우가격}-\text{초산우가격}}{9}$ × (사고월령 – 31개월)

= 350 + $\frac{480-350}{9}$ × (35 – 31) = 4,077,777 ⇒ 407만원

⑤ 월령 56개월~66개월까지 : 다산우가격 + $\frac{\text{노산우가격}-\text{다산우가격}}{12}$ × (사고월령 – 55개월)

= 480 + $\frac{300-480}{12}$ × (60 – 55) = 4,050,000 = 405만원

월령	보험가액
1개월~7개월	분유떼기 암컷 가격
8개월~12개월	분유떼기암컷가격 + (수정단계가격 − 분유떼기암컷가격) ÷ 6 × (사고월령 − 7개월)
13개월~18개월	수정단계가격
19개월~23개월	수정단계가격 + (초산우가격 − 수정단계가격) ÷ 6 × (사고월령 − 18개월)
24개월~31개월	초산우가격
32개월~39개월	초산우가격 + (다산우가격 − 초산우가격) ÷ 9 × (사고월령 − 31개월)
40개월~55개월	다산우가격
56개월~66개월	다산우가격 + (노산우가격 − 다산우가격) ÷ 12 × (사고월령 − 55개월)
67개월 이상	노산우가격

손해평가사 2차 시험대비

최종모의고사 정답 및 해설

제 6 회

제1과목 농작물재해보험 및 가축재해보험 이론과 실무

01. 1) **위험보유** : 위험보유(risk retention)는 우발적 손실을 자신이 부담하는 것을 말한다.
2) **위험의 전가** : 계약을 통해 제3자에게 위험을 전가하는 것
3) **위험의 결합** : 다수의 동질적 위험을 결합하여 위험 발생에 대비하는 것으로 보험이 이에 해당한다.

02. 1) **인삼(작물)** : 태풍(강풍), 폭설, 집중호우, 침수, 화재, 우박, 냉해, 폭염
2) **해가림시설** : 자연재해, 조수해, 화재

03. 1) **농업용 시설물** : 전산(電算)으로 산정된 기준 보험가입금액의 90～130% 범위 내에서 결정
2) **유리온실(경량철골조)** : 계약자 고지사항을 기초로 보험가입금액 결정(㎡당 5～50만원 범위에서 가입금액 선택 가능하다.)
3) **부대시설** : 계약자 고지사항을 기초로 보험가액을 추정하여 보험가입금액 결정
4) 연간 재배예정인 시설작물 : 생산비가 가장 높은 작물 가액의 50～100% 범위 내에서 계약자가 가입금액을 결정(10% 단위)

04. ① 150일 ② 160일 ③ 11월 20일 ④ 80일 ⑤ 3월 31일

05. 1) 재고조사 시 발견된 손해
2) 사기 또는 횡령으로 인한 손해
3) 도난손해가 생긴 후 30일 이내에 발견하지 못한 손해
4) 보관장소를 72시간 이상 비워둔 동안에 생긴 도난손해
5) 보험의 목적이 보관장소를 벗어나 보관되는 동안에 생긴 도난 손해

06. 벼 품목 평년수확량 = [A + (B × D − A) × (1 − Y ÷ 5)] × C ÷ D
= [2,110 + (2,600 × 1.1 − 2,110) × (1 − 4 ÷ 5)] × 1.1 ÷ 1.1 = 2,260kg

- A(과거평균수확량) = Σ과거 5년간 수확량 ÷ Y = 2,110

과거수확량	2018	2019	2020	2021	2022	평균
	1,300		2,860	1,200	3,080	2,110

- B(가입연도 지역별 기준수확량) = 2,600
- C(가입연도 보정계수) = 가입연도의 품종, 이앙일자, 친환경재배 보정계수를 곱한 값
- D(과거평균보정계수) = Σ과거 5년간 보정계수 ÷ Y = 1.1
- Y = 과거수확량 산출연도 횟수(가입횟수)

※ 다만, 평년수확량은 보험가입연도 표준수확량의 130%를 초과할 수 없음

> 과거수확량 산출방법
> 조사수확량 > 평년수확량 50% → 조사수확량, 평년수확량 50% ≧ 조사수확량 → 평년수확량 50%
> ※ 사고 시에는 조사수확량 값 적용
> ※ 무사고 시에는 표준수확량의 1.1배와 평년수확량의 1.1배 중 큰 값 적용

07. 1) **보험가입금액** = 단위면적당 시설비 × 면적 × (1 − 감가상각률)
= 30,000원 × 4,000m^2 × 0.3 = 3,600만원
감가상각률 = 6년 경과시 잔가율 30%

2) **보험가입금액** = 단위면적당 시설비 × 면적 × (1 − 감가상각률)
= 50,000원 × 6,000m^2 × (1 − 0.222) = 233,400,000원
※ 동일한 재료(목재 또는 철재)로 설치하였으나 설치시기 경과년수가 각기 다른 해가림시설 구조체가 상존하는 경우, 가장 넓게 분포하는 해가림시설 구조체의 설치시기를 동일하게 적용한다.
감가상각률 = 5년 × 0.0444 = 0.222

08. 1) **보험금** = Min(손해액400만원 − 자기부담금0원, 보험가입금액400만원) = 400만원
자기부담금 : 30만원 ≦ 손해액의 10%, 40만원 ≦ 100만원
※ 단, 화재손해는 자기부담금 미적용이므로 자기부담금은 0원

2) ① 계약자 또는 피보험자가 임의 해지하는 경우
② 사기에 의한 계약, 계약의 해지 또는 중대사유로 인한 해지에 따라 계약을 취소 또는 해지하는 경우
③ 보험료 미납으로 인한 계약의 효력 상실

09. 1) ① 도살 ② 위탁도살 ③ 살처분 ④ 도태권고 ⑤ 법정대리인

2) ① 연속 6주
② 120시간(5일)
③ 120시간(5일)
④ 24시간(1일)
⑤ 24시간(1일)

10. ① 보상하는 재해로 농지 전체를 이앙 · 직파하지 못하게 된 경우
② 보상하는 재해로 면적 피해율이 10%를 초과하고, 재이앙 · 재직파한 경우(1회 지급)
③ 보상하는 재해로 식물체 피해율이 65% 이상이고, 계약자가 경작불능보험금을 신청한 경우
④ 보상하는 재해로 벼(조곡) 제현율이 65% 미만으로 떨어져 정상벼로서 출하가 불가능하게 되고, 계약자가 수확불

능보험금을 신청한 경우
⑤ 보상하는 재해로 피해율이 자기부담비율을 초과하는 경우

제2과목 농작물재해보험 및 가축재해보험 손해평가의 이론과 실무

11. 1) 120% 2) 비육돈 3) 지급(육)율(76.8%) 4) 계약 당시 협정한 가액 5) 80

12. 꽃눈 분화, 평년착과량(수확량), 신초 발아, 미보상감수량, 보험가액

13. 1) **재이앙 · 재직파 보험금** = 보험가입금액 × 25% × 면적피해율
= 5,000,000원 × 0.25 × 0.25 = 312,500원
※ 면적피해율 = 피해면적 ÷ 보험가입면적 = 500 ÷ 2,000 = 0.25
2) **수확감소보험금** = 보험가입금액 × (피해율 − 자기부담비율)
= 8,000,000원 × (0.35 − 0.2) = 1,200,000원
※ 피해율 = (평년수확량 − 수확량 − 미보상감수량) ÷ 평년수확량
※ 동일 농지에 대하여 복수의 조사방법을 실시한 경우 피해율 산정의 우선순위는 전수조사, 표본조사, 수량요소조사 순으로 적용한다.

14. 1) 10% 미만(미흡) 2) 20% 미만(불량) 3) 20% 미만(불량)

〈농작물재해보험 미보상비율 적용표(감자, 고추 제외 전품목)〉

구분	제초 상태	병해충 상태	기타
해딩 없음	0%	0%	0%
미흡	10% 미만	10% 미만	10% 미만
불량	20% 미만	20% 미만	20% 미만
매우 불량	20% 이상	20% 이상	20% 이상

미보상비율 적용기준

㉠ **제초 상태(과수품목은 피해율에 영향을 줄 수 있는 잡초만 해당)**
ⓐ 해당 없음 : 잡초가 농지 면적의 20% 미만으로 분포한 경우
ⓑ 미흡 : 잡초가 농지 면적의 20% 이상 40% 미만으로 분포한 경우
ⓒ 불량 : 잡초가 농지 면적의 40% 이상 60% 미만으로 분포한 경우 또는 경작불능 조사 진행 건이나 정상적인 영농활동 시행을 증빙하는 자료(비료 및 농약 영수증 등)가 부족한 경우
ⓓ 매우 불량 : 잡초가 농지 면적의 60% 이상으로 분포한 경우 또는 경작불능 조사 진행 건이나 정상적인 영농활동 시행을 증빙하는 자료(비료 및 농약 영수증 등)가 없는 경우

㉡ **병해충 상태(각 품목에서 별도로 보상하는 병해충은 제외)**
ⓐ 해당 없음 : 병해충이 농지 면적의 20% 미만으로 분포한 경우

ⓑ 미흡 : 병해충이 농지 면적의 20% 이상 40% 미만으로 분포한 경우
ⓒ 불량 : 병해충이 농지 면적의 40% 이상 60% 미만으로 분포한 경우 또는 경작불능 조사 진행 건이나 정상적인 영농활동 시행을 증빙하는 자료(비료 및 농약 영수증 등)가 부족한 경우
ⓓ 매우 불량 : 병해충이 농지 면적의 60% 이상으로 분포한 경우 또는 경작불능 조사 진행 건이나 정상적인 영농활동 시행을 증빙하는 자료(비료 및 농약 영수증 등)가 없는 경우

ⓒ **기타** : 영농기술 부족, 영농 상 실수 및 단순 생리장애 등 보상하는 손해 이외의 사유로 피해가 발생한 것으로 추정되는 경우[해거리, 생리장애(원소결핍 등), 시비관리, 토양관리(연작 및 PH과다 · 과소 등), 전정(강전정 등), 조방재배, 재식밀도(인수기준 이하), 농지상태(혼식, 멀칭, 급배수 등), 가입이전사고 및 계약자 중과실손해, 자연감모, 보상재해 이외(종자불량, 일부가입 등)]에 적용
ⓐ 해당 없음 : 위 사유로 인한 피해가 없는 것으로 판단되는 경우
ⓑ 미흡 : 위 사유로 인한 피해가 10% 미만으로 판단되는 경우
ⓒ 불량 : 위 사유로 인한 피해가 20% 미만으로 판단되는 경우
ⓓ 매우 불량 : 위 사유로 인한 피해가 20% 이상으로 판단되는 경우

15. 1) **밤** : 품종별 개당 과중 = 품종별 {정상 표본과실 무게 합 + 소과 표본과실 무게 합 × 0.8)} ÷ 표본과실 수
= {1.5kg + (0.5kg × 0.8)} ÷ 60 = 0.032kg

2) **참다래** : 품종별 개당 과중 = 품종별 {50g 초과 표본과실 무게 합 + (50g 이하 표본과실 무게 합 × 0.7)} ÷ 표본과실 수 = {3.5kg + (1.5kg × 0.7)} ÷ 60 = 0.076kg

3) **양배추** : 수확량(무게) = 표본구간 정상양배추 무게 25kg + (80% 피해 양배추 무게 13kg × 0.2) = 27.6kg

4) **마늘** : 수확량(무게) = (3.5cm 미만 마늘무게 합 0.18kg × 20%) + 3.5cm 이상 무게 합 0.2kg
= 0.236kg

5) **콩** : 수확량(무게) = 종실중량 × (1 − 함수율) ÷ 0.86 = 0.93kg

16. 1) **수확감소보험금** : 5,775,000원
수확감소보험금 = 가 × (피 − 자) = 15,000,000원 × (0.485 − 0.1) = 5,775,000원

2) **피해율** = (평 − 수 − 미 + 병) ÷ 평 = (7,400 − 3,773 − 363 + 325) ÷ 7,400 = 48.5%
- 수확량 = 착과량 − 사고당 감수량의 합 = 6,200 − 2,427 = 3,773kg
- 품종별 개당 과중이 모두 있는 경우
  수확량 = 착과량 − 사고당 감수량의 합

3) **착과량** = (착과수 × 개당과중) + (주당 평년수확량 × 미보상주수)
= (20,000 × 0.3) + (20 × 10) = 6,200kg
- 주당 평년수확량 = 평년수확량 ÷ 실제결과주수 = 7,400kg ÷ 370주 = 20kg

4) **감수량** = 착과감수량 + 낙과감수량 + 금차 고사주수 감수량
= 1,444 + 286 + 325 + 372 = 2,427kg
- 착과감수량 = 착과수 × 개당과중 × 착과피해구성률 = 19,250 × 0.3 × 0.25 = 1,444kg
  * 착과피해구성률 = (2 + 8 + 5) ÷ 60 = 25%
- 낙과감수량 = 낙과수 × 개당과중 × 낙과피해구성률 = 2,380 × 0.3 × 0.4 = 286kg
  * 낙과피해구성률 = (4 + 8 + 12) ÷ 60 = 40%
- 금차 고사주수 감수량 = 금차고사주수 × (주당착과수 + 주당낙과수) × 개당과중
  = 20 × (55 + 7) × 0.3 = 372kg

5) **병충해 착과 · 낙과감수량** = (병충해착과과실수 × 개당과중 × 0.5) + (병충해낙과과실수 × 개당과중 × 0.5)
= (1,925 × 0.3 × 0.5) + (238 × 0.3 × 0.5) = 289 + 36 = 325kg
- 병충해착과과실수 = 착과과실수 × (병충해착과표본수 ÷ 표본과실수) = 19,250 × (6 ÷ 60) = 1,925개

- 병충해낙과과실수 = 낙과과실수 × (병충해낙과표본수 ÷ 표본과실수) = 2,380 × (6 ÷ 60) = 238개
- 미보상감수량 = (평년수확량 − 수확량) × 미보상비율 = (7,400 − 3,773) × 0.1 = 363kg

17. 1) **병충해 담보특약 7종 :** 벼멸구, 도열병, 흰잎마름병, 줄무늬잎마름병, 세균성벼알마름병, 먹노린재, 깨씨무늬병

2) ① A농지 피해율 : 63%
- 수확량 : 4,080kg
- 평년수확량 : 가입면적 × 단위면적당 평년수확량 × 가입비율 = 16,000 × 0.85 × 1 = 13,600kg
- 미보상감수량 : (평년수확량 − 수확량) × 미보상비율 = (13,600 − 4,080) × 0.1 = 952kg
- 피해율 : (평년수확량 − 수확량 − 미보상감수량) ÷ 평년수확량 = $\frac{13,600-4,080-952}{13,600}$ = 0.63 = 63%

② A농지 보험금 = 가입금액 × (피해율 − 자기부담비율)
= 17,680,000 × (0.63 − 0.2) = 7,602,400원
- 가입금액 : 가입면적×단위면적당 평년수확량×가입가격×가입비율 = 16,000×0.85×1,300 = 17,680,000원

③ B농지 피해율 : 55.71%
- 수확량 : 4,000kg
- 평년수확량 : 12,500 × 0.84 × 1 = 10,500kg
- 미보상감수량 : (10,500 − 4,000) × 0.1 = 650kg
- 피해율 : $\frac{10,500-4,000-650}{10,500}$ = 0.55714 ⇒ 55.71%

④ B농지 보험금 : 5,984,370원
- 보험금 = 가입금액 × (피해율 − 자기부담비율)
= 14,700,000 × (0.5571 − 0.15) = 5,984,370원
- 가입금액 : 가입면적 × 단위면적당 평년수확량 × 가입가격 × 가입비율
= 12,500 × 0.84 × 1,400 × 1 = 14,700,000원

3) ⑤ A농지 경작불능 보험금 : 가입금액 × 0.4 = 17,680,000 × 0.4 = 7,072,000원
⑥ B농지 경작불능 보험금 : 가입금액 × 0.42 = 14,700,000 × 0.42 = 6,174,000원

18. [시설1] 보험금 : 920만원
- 보험금 = Min(손해액800 − 자기부담금80, 보험가입금액1,000) + 비용보험금
= 720만원 + 200만원 = 920만원
- 비용보험금 = 잔존물제거비용(80만원) + 손해방지비용(70만원) + 기타협력비용(50만원) = 200만원
- 잔존물제거비용 = 손해액(200만원) − 최소자기부담금(30만원) = 170만원 ⇒ 80만원
  * 잔존물제거비용은 손해액의 10% 초과 불가
- 손해방지비용 = 손해액(100만원) − 최소자기부담금(30만원) = 70만원
- 기타협력비용 = 50만원

[시설2] 보험금 : 3,600,000원
- 보험금 = (손해액 − 자기부담금) × (보험가입금액 ÷ 보험가액) + 손해방지비용
= (550만원 − 55만원) × (770 ÷ 1,100) + 14만원 = 3,600,000원
- 보험가액 = 보험가입당시 재조달금액 = 재배칸수 × 단위면적당 시설비 × (1 − 감가상각률)
= 3,000 × 5,000× (1 − 0.2666) = 11,000,000원
- 손해액 = 피해면적 × 단위면적당 시설비 × (1 − 감가상각률) = 1,500 × 5,000 × (1 − 0.2666) = 5,500,000원
- 피해면적 = 피해칸수 × 1칸당 넓이 = 500 × 3m^2 = 1,500m^2
- 자기부담금 : 10만원 ≦ 손해액의 10% ≦ 100만원
- 손해방지비용 = {30만원 − 10만원(최소자기부담금)} × (770 ÷ 1,100) = 20만원 × 0.7 = 14만원

[시설3] 보험금 : 860만원

- 보험금 = (손해액800-자기부담금80)+잔존물제거비용70+손해방지비용20+기타협력비용50
  = 860만원
- 자기부담금 : 30만원 ≦ 손해액의 10% ≦ 100만원
- 잔존물제거비용 보험금 = 손해액 - 자기부담금 = 100만원 - 30만원 = 70만원
- 잔존물제거비용은 손해액의 10%(80만원) 초과불가
- 자기부담금 : 비용손해액의 10%(10만원) → 최소자기부담금 30만원
- 손해방지비용 : 20만원

농업용시설물의 보험금 등의 지급한도

(1) 재해보험사업자가 지급하여야 할 보험금과 잔존물 제거비용은 주계약 보험금 계산방법을 적용하여 계산하며, 그 합계액은 보험증권에 기재된 농업용시설물 및 부대시설의 보험가입금액을 한도로 한다. 단, 잔존물 제거비용은 손해액의 10%를 초과할 수 없다.

(2) 비용손해 중 손해방지비용, 대위권 보전비용 및 잔존물 보전비용은 주계약 보험금 계산방법을 적용하여 계산한 금액이 농업용 시설물 및 부대시설의 보험가입금액을 초과하는 경우에도 지급한다. 단, 이 경우에 자기부담금은 차감하지 않는다.

(3) 비용손해 중 기타 협력비용은 보험가입금액을 초과한 경우에도 전액 지급한다.

19. 1) **표본구간유효중량 :** 251g

- 계산과정

표본구간유효중량 = 표본구간작물중량합계 × (1 - Loss율) × (1 - 함수율) ÷ (1 - 기준함수율)
= 300g × (1 - 0.07) × (1 - 0.235) ÷ (1 - 0.15) = 251g

* Loss율 : 7%

* 기준함수율 : 메벼(15%), 찰벼(13%), 밀(13%)

2) **피해율 :** 47.84%

- 계산과정

1. 수확량 = (표본구간 단위면적당 유효중량 × 조사대상면적)
   + [(단위면적당 평년수확량 × (타작물 및 미보상면적 + 기수확면적)]
   = (0.502kg × 4,000m^2) + [(3,850kg ÷ 5,000m^2) × 0]
   = 2,008kg

   * 표본구간 단위면적당 유효중량 = 표본구간 유효중량0.251kg ÷ 표본구간면적0.5 = 0.502kg

   * 단위면적당 평년수확량 = 평년수확량 ÷ 실제경작면적

   * 조사대상면적 = 실제경작면적 - 고사면적 - 타작물 및 미보상면적 - 기수확면적
   = 5,000 - 1,000 - 0 - 0 = 4,000

2. 미보상감수량 = (평년수확량 - 수확량) × 미보상비율
   = (3,850kg - 2,008kg) × 0% = 0

3. 피해율 = (평년수확량 - 수확량 - 미보상감수량) ÷ 평년수확량
   = (3,850kg - 2,008kg - 0) ÷ 3,850kg = 47.84%

3) **보험금 :** 18,062,000원

보험금 = 보험가입금액 × (피해율 - 자기부담비율)
= 55,000,000원 × (47.84% - 15%) = 18,062,000원

20. 1) **착과감소보험금 : 4,903,500원**

착과감소험금 = (착과감소량 − 미보상감수량 − 자기부담감수량) × 가입가격 × 보장수준
= (4,000 − 999 − 1,600) × 5,000원 × 70% = 4,903,500원

① 착과감소량 = 착과감소과실수 × 가입과중 = 20,000개 × 0.2kg = **4,000kg**
- 착과감소과실수 = 평년착과수80,000개 − 적과후 착과수60,000개 = 20,000개

② 미보상감수량 = 미보상감수과실수 × 가입과중 = 4,995 × 0.2 = **999kg**
- 미보상감수과실수 = (착과감소과실수 × 미보상비율) + 미보상주수감수과실수
= (20,000 × 15%) + 1,995개 = 4,995개
- 미보상주수감수과실수 = 미보상주수 × 1주당 평년착과수 = 15 × 133 = 1,995개
- 1주당 평년착과수 = 평년착과수80,000 ÷ 실제결과주수600 = 133개

③ 자기부담감수량 = 기준착과량 × 자기부담비율 = 16,000 × 10% = **1,600kg**
- 기준착과량 = (적과후 착과수 + 착과감소과실수) × 가입과중
= (60,000 + 20,000) × 0.2 = 16,000kg

2) **과실손해보험금 : 44,965,000원**

과실손해보험금 = (누적감수량 − 자기부담감수량) × 가입가격
= (8,993 − 0 − 0) × 5,000원/kg = 44,965,000원

① 적과종료 이전 자연재해로 인한 적과종료 이후 착과손해 감수과실수
- 착과율 = 적과후 착과수 ÷ 평년착과수 = 60,000 ÷ 80,000 = 0.75 = 75%
  * 착과율 60% 이상
- 감수과실수 = 적과후 착과수 × 인정착과피해율(maxA)
= 60,000 × 0.0313 = **1,878개**
- 인정착과피해율 = 0.05 × (100% − 75%) ÷ 40% = 0.0313 = 3.13% = maxA

② 태풍 낙과피해 감수과실수 = 총낙과수 × (낙과피해구성률 − maxA)
= 5,000 × (0.79 − 0.0313) = **3,794개**
- 낙과피해구성률 = {(50% × 20) + (80% × 30) + (100% × 45)} ÷ 100 = 79%

③ 나무피해감수과실수
= (고사주수 + 수확불능주수) × 무피해 1주당 평균착과수 × (1 − maxA)
= (10 + 30) × 133주 × (1 − 0.0313) = **5,153개**

④ 태풍 낙엽피해감수과실수
= 사고당시 착과과실수 × (인정피해율 − maxA) × (1 − 미보상비율)
= 49,680 × (0.1479 − 0.0313) × (1 − 0.1) = **5,213개**
- 사고당시 착과과실수
= 적과후 착과수 − 총낙과과실수 − 총적과후 나무피해과실수 − 기수확과실수
= 60,000 − 5,000 − (40 × 133 = 5,320) − 0 = 49,680개
- 인정피해율 = (1.0115 × 낙엽율25%) − (0.0014 × 경과일수75일) = 14.79%

⑤ 우박 착과피해감수과실수 = 사고당시착과과실수 × (착과피해구성률 − maxA)
= 49,680 × (0.73 − 0.1479) = **28,919개**
- 착과피해구성률 = {(50% × 30) + (80% × 30) + (100% × 34)} ÷ 100 = 73%

⑥ 누적감수량 = 1,878개 × 0.2 + 3,794개 × 0.2 + 5,153개 × 0.2 + 5,213개 × 0.2 + 28,919개 × 0.2
= 376 + 759 + 1,031 + 1,043 + 5,784 = **8,993kg**

⑦ 자기부담감수량 = 기준수확량 × 자기부담비율 = (80,000개 × 0.2) × 0.1 = 1,600kg
  * 자기부담감수량의 조정감수량 = 자기부담감수량 − (적과전 착과감수량 − 적과전 미보상감수량)
= 1,600 − (4,000 − 999) = −값으로 0처리

손해평가사 2차 시험대비

최종모의고사 정답 및 해설

제 7 회

제1과목 농작물재해보험 및 가축재해보험 이론과 실무

01. ① 보유 - 자가보험 ② 전가 - 보험 ③ 손실통제 ④ 위험회피

02. 1) 기준가격
= [{(2,900+3,700)/2 + (3,000+3,600)/2 + (3,000+3,600)/2} ÷ 3] × 0.86 = 2,830원

2) 수확기가격 = 상품, 중품의 평균가격3,410원 × 농가수취비율0.84 = 2,860원
- 기준가격 적용 농가수취비율 : 가입연도의 농가수취비율
- 통계기간 중 상품, 중품의 평균가격
  = (6,600/2 + 6,600/2 + 5,700/2 + 8,600/2 + 6,600/2) ÷ 5 = 3,410원
- 농가수취비율(최근 5년간 올림픽 평균값) = (83+86+83) ÷ 3 = 84%

> 기준가격의 산출
> ① 서울시농수산식품공사 가락도매시장 연도별 중품과 상품 평균가격의 보험가입 직전 5년 올림픽평균값에 농가수취비율을 곱하여 산출한다.
> ② 연도별 평균가격은 연도별 기초통계 기간의 일별 가격을 평균하여 산출한다.
>
> 수확기 가격의 산출
> 가격 구분별 기초통계기간 동안 서울시농수산식품공사 가락도매시장 중품과 상품 평균가격에 농가수취비율의 최근 5년간 올림픽 평균값을 곱하여 산출한다.

03. ① 이듬해 6월 30일
② 이듬해 6월 30일
③ 판매개시연도 10월 31일
④ 판매개시연도 10월 31일
⑤ 판매개시연도 9월 30일

구분		보험의 목적	보험기간	
약관	보장		보장개시	보장종료
보통약관	종합위험 수확감소 보장	마늘, 양파, 감자(고랭지재배), 고구마, 옥수수, 콩, 팥	계약체결일 24시 (다만, 마늘의 경우 조기파종 보장 특약 가입 시 해당 특약 보장종료 시점)	수확기 종료 시점 단, 아래 날짜를 초과할 수 없음 – 마늘 : 이듬해 6월 30일 – 양파 : 이듬해 6월 30일 – 감자(고랭지재배) : 판매개시연도 10월 31일 – 고구마 : 판매개시연도 10월 31일 – 옥수수 : 판매개시연도 9월 30일 – 콩 : 판매개시연도 11월 30일 – 팥 : 판매개시연도 11월 13일
		감자(봄재배)	파종완료일 24시 (다만, 보험계약시 파종완료일이 경과한 경우에는 계약체결일 24시)	수확기 종료 시점 다만, 판매개시연도 7월 31일을 초과할 수 없음
		감자(가을재배)		수확기 종료 시점 다만, 제주는 판매개시연도 12월 15일, 제주 이외는 판매개시연도 11월 30일을 초과할 수 없음
		양배추	정식완료일 24시 (다만, 보험계약시 정식완료일이 경과한 경우에는 계약체결일 24시이며 정식 완료일은 판매개시연도 9월 30일을 초과할 수 없음)	수확기 종료 시점 다만, 아래의 날짜를 초과할 수 없음 – 극조생, 조생 : 이듬해 2월 28일 – 중생 : 이듬해 3월 15일 – 만생 : 이듬해 3월 31일
		차(茶)	계약체결일 24시	햇차 수확종료시점 다만, 이듬해 5월 10일을 초과할 수 없음
특별약관	종합위험 조기파종 보장	마늘(남도종)	계약체결일 24시	한지형마늘 보험상품 최초 판매개시일 24시

주) "판매개시연도"는 해당 품목 판매개시일이 속하는 연도를 말하며, "이듬해"는 판매개시연도의 다음 연도를 말한다.

04. ① 보험가입금액 × 15%
② 보험가입금액 × 25% × 면적 피해율
③ 보험가입금액 × 40%
④ 보험가입금액 × 55%
⑤ 보험가입금액 × (피해율 – 자기부담비율)

〈자기부담비율에 따른 경작불능보험금〉

자기부담비율	경작불능보험금
10%형	보험가입금액의 45%
15%형	보험가입금액의 42%
20%형	보험가입금액의 40%
30%형	보험가입금액의 35%
40%형	보험가입금액의 30%

〈자기부담비율에 따른 수확불능보험금〉

자기부담비율	수확불능보험금
10%형	보험가입금액의 60%
15%형	보험가입금액의 57%
20%형	보험가입금액의 55%
30%형	보험가입금액의 50%
40%형	보험가입금액의 45%

05. ① 질병 또는 사고로 인한 폐사
- 가축전염병예방법 제2조 제2항에서 정한 가축전염병 제외

② 긴급도축
- 부상(경추골절 · 사지골절 · 탈구), 난산, 산욕마비, 급성고창증, 젖소의 유량감소 등으로 즉시 도살해야 하는 경우

③ 도난 · 행방불명

④ 가축사체 잔존물 처리비용

06. 1) 인삼(1형-3년근)보험금 : 1,987,500원
- 보험금 = 보험가입금액 × (피해율 - 자기부담비율) = 15,900,000원 × (0.225 - 0.1) = 1,987,500원
- 보험가입금액 = 연근별(보상)가액10,600 × 재배면적(500×3) = 15,900,000원
- 피해율 = $(1-\frac{\text{수확량}0.4}{\text{연근별기준수확량}0.64})\times\frac{\text{피해면적(칸수)}300}{\text{재배면적(칸수)}500}$ = 22.5%

2) 해가림시설 보험금 = 손해액450만원 × $(\frac{1,100\text{만원}}{1,100\text{만원}+500\text{만원}})$ = 309만원
- 중복보험시(보험가입금액의 합이 보험가액보다 클 경우)
  다른 계약이 이 계약과 지급보험금 계산방법이 같은 경우
  보험금 = 손해액 × (이 계약의 보험가입금액 / 다른 계약이 없는 것으로 하여 각각 계산한 보험가입금액의 합계액)
- 해가림시설 보험가입금액 = 재조달가액 × (1 - 감가상각율)
  = 1,500만원×(1 - 0.2666) = 11,001,000원 → 1,100만원
  - 재조달가액 = 단위면적당 시설비 × 재배면적 = 5,000 × 3,000 = 15,000,000원
  - 감가상각율 = 경과연수 × 경년감가율 = 2년 × 13.33% = 26.66%
- 손해액 = 900m^2 × 5,000원/m^2 = 4,500,000원

07. 1) 잔존물처리비용, 손해방지비용, 대위권 보전비용, 잔존물 보전비용, 기타 협력비용

2) ① × ② × ③ × ④ ○ ⑤ ○

3) ① 2m ② 2㎡

08. 1) 태풍(강풍), 우박, 지진, 화재, 집중호우

2) 연속 2일 이상 33℃ 이상으로 관측된 경우

3) 최근 3년간 연속 보험가입 과수원으로 누적 적과전 손해율 100% 미만인 경우에만 가능

4) Y년 9월 1일~Y년 수확기종료시점(다만, Y년 11월 10일을 초과할 수 없음)

5) 보험에 가입할 때 결정한 과실의 kg당 평균 가격으로 한 과수원에 다수의 품종이 혼식된 경우에도 품종과 관계없이 동일

09. 과실손해 보험가입금액 = 가입수확량 × 가입가격 = 25,000 × 10,000원 = 250,000,000원
나무손해보장 보험가입금액 = 가입결과주수(500주) × 주당 가입가격(10만원) = 50,000,000원

1) 과실손해보장 보험금
- 보험금 = 손해액 − 자기부담금 = 5,000만원 − 2천500만원 = **2천500만원**
- 손해액 = 보험가입금액 × 피해율 = 2억5천만원 × 20% = 5,000만원
- 자기부담금 = 보험가입금액 × 자기부담비율 = 2억5천만원 × 10% = 2천500만원

2) 나무손해보장 특약 보험금
- 보험금 = 보험가입금액 × (피해율 − 자기부담비율) = 5천만원 × (0.2 − 0.05) = **750만원**
- 피해율 = 피해주수(고사된 나무) ÷ 실제결과주수 = 100 ÷ 500 = 20%

3) 과실손해추가보장 특약 보험금
- 보험금 = 보험가입금액 × 피해율 × 10% = 250,000,000원 × 0.2 × 0.1 = **500만원**

10.

1)	양파	경작불능보장(수확개시시점) 수확감소보장(수확기 종료 시점, 단, 6월 30일 초과불가)
2)	마늘	경작불능보장(수확개시시점) 재파종보장(판매개시연도 10월 31일) 수확감소보장(수확기 종료 시점, 단, 6월 30일 초과불가)
3)	가을감자 (가을재배)	경작불능보장(수확개시시점) 수확감소보장(수확기 종료 시점, 제주는 12월 15일 초과불가)
4)	양배추	경작불능보장(수확개시시점) 재정식보장(재정식 종료 시점, 단, 10월 15일은 초과불가) 수확감소보장(수확기 종료 시점, 중생종 : 이듬해 3월 15일)
5)	대파	경작불능보장(최초수확직전, 단, 종합위험생산비보장에서 정하는 보장종료일을 초과할 수 없음) 생산비보장(수확기 종료 시점, 정식일부터 200일째 되는 날 24시)

제2과목 농작물재해보험 및 가축재해보험 손해평가의 이론과 실무

11. ① 실제결과주수
② 수확불능주수
③ 조사대상주수
④ 출수
⑤ 정식

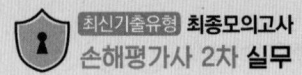

12. ① 12주 ② 6주 ③ 5개 ④ 6개 ⑤ 7칸

참고 품목별 표본주(구간)수 표

(인삼)피해칸수	표본칸수	(인삼)피해칸수	표본칸수
300칸 미만	3칸	900칸 이상 1,200칸 미만	7칸
300칸 이상 500칸 미만	4칸	1,200칸 이상 1,500칸 미만	8칸
500칸 이상 700칸 미만	5칸	1,500칸 이상, 1,800칸 미만	9칸
700칸 이상 900칸 미만	6칸	1,800칸 이상	10칸

감귤		고구마, 양파, 마늘, 옥수수, 양배추		벼, 밀, 보리	
가입면적	표본주수	가입면적	표본구간	가입면적	표본구간
5,000㎡ 미만	4	1,500㎡ 미만	4	2,000㎡ 미만	3
10,000㎡ 미만	6	1,500㎡ 이상, 3,000㎡ 미만	5	2,000㎡ 이상 3,000㎡ 미만	4
10,000㎡ 이상	8	3,000㎡ 이상, 4,500㎡ 미만	6	3,000㎡ 이상 4,000㎡ 미만	5
		4,500㎡ 이상	7	4,000㎡ 이상 5,000㎡ 미만	6
				5,000㎡ 이상 6,000㎡ 미만	7
				6,000㎡ 이상	8

13. ① 정식시기 ② 최초 구입시기 ③ 가장 넓게 분포 ④ 면적 ⑤ 30%

14. 1) 면적피해율 10% 초과
2) (가) 묘가 본답의 바닥에 있는 흙과 분리되어 물 위에 뜬 면적
(나) 묘가 토양에 의해 묻히거나 잎이 흙에 덮여져 햇빛이 차단된 면적
(다) 묘는 살아 있으나 수확이 불가능할 것으로 판단된 면적
3) **보험금** = 보험가입금액 × 25% × 면적피해율

15. ① 90일 ② 45일 ③ 30일 ④ 40일 ⑤ 70일

16. 1) **피해율** = (평 − 수 − 미) ÷ 평 = (2,420 − 700 − 172) ÷ 2,420 = 63.97%
- 수확량 = {단위길이 m당 착과량 × 조사대상길이 × (1 − 착과피해구성률)}
  + (단위길이 m당 평년수확량 × 미보상길이)
  = {0.75 × 2,150 × (1 − 0.6)} + (1.1 × 50) = 700kg
- 조사대상길이 = 실 − 미 − 고 = 2,200 − 50 − 0 = 2,150m
- 단위길이m당 착과량 = 표본구간 착과량 ÷ 표본구간 길이 = 6kg ÷ 8m = 0.75kg/m
- 단위길이m당 평년수확량 = 평년수확량 ÷ 실제재배길이 = 2,420kg ÷ 2,200m = 1.1kg/m
- 착과피해구성률 = (0.4 × 0.5 + 1 × 0.8 + 0.8 × 1) ÷ 3 = 1.8 ÷ 3 = 60%
- 미보상감수량 = (평년수확량 − 수확량) × 미보상비율 = 1,720 × 0.1 = 172kg

2) **보험금** = 가 × (피 − 자) = 900만원 × (0.6397 − 0.2) = 3,957,300원

17. 1) 양도할 때
2) 보험의 목적 또는 보험의 목적을 수용하는 건물의 구조를 변경, 개축, 증축하거나 계속하여 15일 이상 수선할 때
3) 보험의 목적 또는 보험의 목적이 들어있는 건물을 계속하여 30일 이상 비워두거나 휴업하는 경우
4) 다른 곳으로 옮길 때
5) 개체 수가 증가되거나 감소되었을 때

18. 1) **적과후 착과수** : 11,000개
- 계산과정 = {(240개 ÷ 3주) × 20주} + {(960개 ÷ 8주) × 60주} + {(330개 ÷ 3주) × 20주}
  = 1,600 + 7,200 + 2,200 = 11,000개

2) **누적감수과실수** : 5,601개
- 계산과정
  1. 적과전 인정착과감수량 = 적과후 착과수11,000 × 5% × (100% − 착과율73.33%) ÷ 40% = **367개**
     * 착과율 = 적과후 착과수 ÷ 평년착과수 = 73.33%
     * 인정착과피해율(maxA) = 3.33%
  2. 태풍
     ① 낙과감수과실수 = 총낙과수 × (낙과피해구성률100% − maxA0.0333)
     = 1,000개 × (1 − 0.0333) = **967개**
     ② 낙엽피해감수과실수 = 사고당시착과과실수×(인정피해율 − maxA) × (1 − 미보상비율)
     = 10,000개 × (0.4218 − 0.0333) = **3,885개**
     * 인정피해율 = (1.0115 × 0.5) − (0.0014 × 60) = 42.18%
     * 사고당시착과실수 = 적과후 착과수 − 총낙과수 = 10,000개
  3. 우박
     우박감수과실수 = 사고당시착과과실수10,000 × (착과피해구성률46% − maxA42.18%)
     = 10,000개 × (0.46 − 0.4218) = **382개**
  4. 가을동상해 = 사고당시착과과실수 × (착과피해구성률 − maxA)
     = 3,000개 × (0.3755 − 0.4218) = −값 ⇒ 0처리
     = 0개
     * 착과피해구성률 = {(10 × 1) + (20 × 0.8) + (20 × 0.5) + (50 × 0.0031 × 10)} ÷ 100 = 37.55%
  5. 누적감수과실수 = 367 + 967 + 3,885 + 382 = **5,601개**

19. 1) **보험금** : 720만원
보험금 = Min(손해액800 − 자기부담금80, 보험가입금액1,000만원) = 720만원
자기부담금(손해액의 10%) : 80만원
30만원 ≦ 손해액의 10% ≦ 100만원

2) **보험금** : 4,547,200원
보험금 = 피해작물 재배면적700 × 피해작물 단위면적당 보장생산비14,500
× 경과비율70% × 피해율64% = 4,547,200원
피해율 = 피해비율0.8 × 손해정도비율0.8 = 64%
피해비율 = 피해면적560 ÷ 재배면적700 = 80%
준비기생산비계수(α) : 딸기, 토마토, 오이 등의 경우 40%
경과비율 = α + (1 − α) × (생장일수/표준생장일수)
= 0.4 + (1 − 0.4) × 45/90 = 70%

20. 1) **피해율** : 17.71%

피해율 = (피해면적492 ÷ 실제경작면적(재배면적)2,500)×(1−미보상비율0.1) = 17.71%

피해면적 = (도복으로 인한 피해면적 × 70%) + [도복 이외로 인한 피해면적 × {(20%형 피해 표본면적 × 0.2) + (40%형 피해 표본면적 × 0.4) + (60%형 피해 표본면적 × 0.6) + (80%형 피해 표본면적 × 0.8) + (100%형 피해 표본면적 × 1)} ÷ 표본면적 합계]

$= (500\times0.7) + [400\times\{(1\times0.2)+(0.5\times0.4)+(0.2\times0.6)+(0.5\times0.8)+(0.5\times1)\} \div 4m^2]$

$= 350 + 400\times(0.2+0.2+0.12+0.4+0.5)/4 = 492m^2$

2) **보험금** : 385,500원

보험금 = 보험가입금액500만원 × (피해율0.1771 − 자기부담비율0.1) = 385,500원

손해평가사 2차 시험대비

최종모의고사 정답 및 해설

제 8 회

제1과목 농작물재해보험 및 가축재해보험 이론과 실무

01. 1) **역선택 :** 보험자는 보험에 가입하려는 계약자의 위험을 정확하게 파악하고 측정할 수 있어야 손실을 정확히 예측할 수 있으며, 적정한 보험료를 책정 · 부과할 수 있다. 그러나 보험자가 계약자의 위험 특성을 제대로 파악하지 못하면, 즉 계약자 또는 피보험자가 보험자보다 더 많은 정보를 가지고 있는 상태가 되면, 오히려 계약자 측에서 손실 발생 가능성이 커 자신에게 이득이 되는 보험을 선택하는 결과가 되는데 이를 역선택이라고 한다.

2) **도덕적 위태 :** 도덕적 위태는 어느 한 쪽이 보험계약을 충실히 이행하지 않아 발생되는 문제로 계약자 또는 피보험자가 고의나 과실로 보험사고의 발생 가능성을 높이거나 손해액을 확대하려는 성향을 의미한다. 보험에 가입한 후부터 평소의 관리를 소홀히 한다거나 손실이 발생할 경우 경감하려는 노력을 하지 않고 심한 경우 방치하거나 손실의 규모를 키우는 경우 등이 이에 해당한다.

02. 1) 축종별 및 성별을 구분하지 않고 보험가입 시에는 소 이력제 현황의 70% 이상

2) 축종별 및 성별을 구분하여 보험가입 시에는 소 이력제 현황의 80% 이상

03. 1) ○ 2) ○ 3) × 4) × 5) ○

3) 포도, 대추, 참다래의 비가림시설은 단지 단위로 가입(구조체 + 피복재)하고 최소 가입면적은 200㎡이다.

4) 벼, 밀, 보리의 경우 가입금액 50만원 미만의 농지라도 인접 농지의 면적과 합하여 50만원 이상이 되면 통합하여 하나의 농지로 가입할 수 있다.

04. ① 7월 31일 ② 출수기 전 ③ 수확 개시 시점 ④ 11월 30일 ⑤ 이듬해 6월 30일

05. 1) 경과비율 : 81.08%

= 준비기생산비계수0.527+[(1-준비기생산비계수0.527)×(생장일수60÷표준생장일수100)]

= 81.08%

2) **피해율 : 12.6%**

= 피해비율0.4 × 손해정도비율0.35 × (1 - 미보상비율0.1) = 12.6%

3) **생산비보장보험금 : 415,000원**

= (잔존보험가입금액1,000만원 × 경과비율0.8108 × 피해율0.126 × 병충해 등급별 인정비율0.7) - 자기부담금30만원 = 415,000원

※ 자기부담금 = 잔존보험가입금액1,000만원 × 자기부담비율0.03 = 30만원

〈고추 병충해 등급별 인정비율〉

등급	종류	인정비율
1등급	역병, 풋마름병, 바이러스병, 세균성점무늬병, 탄저병	70%
2등급	잿빛곰팡이병, 시들음병, 담배가루이, 담배나방	50%
3등급	흰가루병, 균핵병, 무름병, 진딧물 및 기타	30%

06. ① 6m ② 5m ③ 6㎜ ④ 10㎜ ⑤ 500~800ℓ

07. 1) **경과비율 : 74.6%**

경과비율 = 준비기생산비계수 + {(1 - 준비기생산비계수) × (생장일수 ÷ 표준생장일수)}
= 0.492 + (1 - 0.492) × (65/130) = 74.6%

2) **피해율 : 20%**

피해율 = 피해비율 × 작물피해율 = 0.4 × 0.5 = 20%

작물피해율 = (20×0.5 + 20×0.8 + 24×1)/100 = 50%

3) **생산비보장보험금 : 992,000원**

생산비보장보험금 = (잔존보험가입금액 × 경과비율 × 피해율) - 자기부담금
= (1,000만원 × 0.746 × 0.2) - 50만원 = 992,000원

자기부담금 = 잔존보험가입금액 × 5% = 50만원

08. 1) 메밀, 당근, 배추(월동 · 가을), 무(월동), 쪽파 · 실파, 양상추

2) **10%형** : 최근 3년간 연속 보험가입계약자로서 3년간 수령한 보험금이 순보험료의 120% 미만인 경우에 한하여 선택 가능

3) 최소자기부담금(10만원)과 최대자기부담금(100만원) 범위 안에서 보험사고로 인하여 발생한 손해액의 10%에 해당하는 금액을 자기부담금으로 한다.

4) **3%형** : 최근 2년 연속 가입 및 2년간 수령 보험금이 순보험료의 120% 미만인 계약자

5) 15%, 20%, 30%, 40%

09. 1) **마늘** : 30,000주/10a 미만인 농지

2) **양파** : 10a당 23,000주 미만, 40,000주 초과한 농지

3) **가을감자** : 4,000주/10a 미만인 농지

봄감자 : 4,000주/10a 미만인 농지

고랭지감자 : 3,500주/10a 미만인 농지

4) **옥수수(1주재배, 충북지역)** : 10a당 3,500주 미만, 5,000주 초과인 농지

5) **고추** : 10a당 1,500주 미만, 4,000주 초과인 농지

6) **고구마** : 4,000주/10a 미만인 농지
7) **대파** : 15,000주/10a 미만인 농지
8) **양배추** : 평당 8구 미만인 농지

10. 1) ① 보험금 = 보험가입금액 × (피해율 - 자기부담비율) = 1,000만원 × (0.3 - 0.1) = 200만원

② 피해율 = $(1-\frac{\text{수확량}}{\text{연근별기준수확량}})\times\frac{\text{피해면적}}{\text{재배면적}}$ = $(1-\frac{0.2}{0.5})\times(\frac{500}{1000})$ = 30%

2) ① 해가림시설의 보험가입금액 = 재조달가액 × (1 - 감가상각율) = 12,000,000원 × (1 - 0.6665)
= 4,000,000원(만원단위 미만 절사)

② 재조달가액 = 단위면적당 시설비 × 재배면적 = 30,000원 × 400m^2 = 12,000,000원
※ 목재(6년) 경년감가율 : 13.33% × 5년 = 0.6665

3) ① 14m/s ② 5cm ③ 80mm ④ 15cm ⑤ 0.5℃ ⑥ 7일

제2과목 농작물재해보험 및 가축재해보험 손해평가의 이론과 실무

11. 1) 수확 전 14일 전후
2) 식물체 피해율이 65% 이상인 경우
3) 벼의 제현율이 65% 미만으로 정상적인 출하가 불가능한지를 확인
4) (가) 당해연도 11월 30일까지 수확을 하지 않은 경우
(나) 목적물을 수확하지 않고 갈아엎은 경우(로터리 작업 등)
(다) 대상 농지의 수확물 모두가 시장으로 유통되지 않은 것이 확인된 경우

〈조사시기에 따른 조사방법〉

조사 시기	조사 방법
수확 전 14일 전후	수량요소조사
알곡이 여물어 수확이 가능한 시기	표본조사
수확시	전수조사

12. 1) **보험금** = 가입금액500만원 × 35% × 표준출현피해율(재파종)0.4 = 700,000원
표준출현피해율 = (30,000 - 18,000) ÷ 30,000 = 40%
2) **보험금** = 가입금액500만원 × 20% × 면적피해율0.6 = 600,000원
면적피해율 = 피해면적600 ÷ 가입면적1,000 = 60%
3) **보험금** = 가입금액500만원 × 보장비율0.4 × 0.9 = 1,800,000원
(가) 보장비율

구분	45%형	42%형	40%형	35%형	30%형
보장비율	45%	42%	40%	35%	30%

(나) 경과비율

월별	5월	6월	7월	8월
경과비율	80%	80%	90%	100%

13. 1) 재해가 끝나는 날(가뭄 이후 첫 강우일의 전날)
2) 조사가 이루어진 날
3) 역병, 풋마름병, 바이러스병, 세균성점무늬병, 탄저병
4) ① 70% ② 손해정도비율

14. 1) 태풍(강풍), 폭설, 집중호우, 침수, 화재, 우박, 냉해, 폭염
2) 칸 넓이 = 지주목 간격 × (두둑 폭 + 고랑 폭)
3) 감가를 적용하지 않는다.
※ 피해액이 보험가액의 20% 이하인 경우에는 감가를 적용하지 않고, 피해액이 보험가액의 20%를 초과하면서 감가 후 피해액이 보험가액의 20% 미만인 경우에는 보험가액의 20%를 손해액으로 산출한다.
4) 수확량 ÷ 연근별기준수확량
5) 10만원
※ 자기부담금은 최소자기부담금(10만 원)과 최대자기부담금(100만 원)을 한도로 손해액의 10%에 해당하는 금액을 적용한다.

15. 1) **보험금 : 604,800원**
생산비보장 보험금 = 피해작물 재배면적 × 단위면적당 보장생산비 × 경과비율 × 피해율
= 1,000 × 2,400원 × 0.7 × 0.36 = 604,800원

2) **경과비율 : 70%**

$$경과비율 = 준비기생산비계수 + (1 - 준비기생산비계수) \times \frac{생장일수}{표준생장일수}$$

= 0.4 + (1 − 0.4) × (35 ÷ 70) = 70%
준비기생산비계수 : 40%

3) **피해율 : 36%**
피해율 = 피해비율 × 손해정도비율 = 0.6 × 0.6 = 0.36
피해비율 = 피해면적 ÷ 재배면적 = 600 ÷ 1,000 = 60%

16. 1) **피해율** : 12.17%

$$피해율 = (1 - \frac{수확량}{연근별기준수확량}) \times \frac{피해면적}{재배면적} = (1 - \frac{0.566}{0.71}) \times \frac{120}{200} = 12.17\%$$

2) **수확량** : 0.566kg
① 수확량 = 단위면적당 조사수확량0.53 + 단위면적당 미보상감수량0.036 = 0.566kg
② 단위면적당 조사수확량 = 표본칸 수확량합4.77kg ÷ 표본칸 면적합$9m^2$ = $0.53kg/m^2$
③ 표본칸 면적 합계 = {지주목간격1.5 × (두둑 폭1.5 + 고랑 폭0.5)} × 표본칸수3 = $9m^2$
④ 단위면적당 미보상감수량 = (기준수확량 − 단위면적당 조사수확량) × 미보상비율
= (0.71 − 0.53) × 20% = 0.036kg
⑤ 피해면적 = 피해칸수 = 120칸
⑥ 재배면적 = 실제경작칸수 = 200칸

3) **지급보험금** : 868,000원
보험금 = 보험가입금액4,000만원 × (피해율0.1217 − 자기부담비율0.1) = 868,000원

17. 1) **복분자 사고일자**

① 6월 5일 : 93%

98 - 사고발생일자(5일) = 93%

② 6월 10일 : 40%

(사고발생일자10^2 - 43 × 사고발생일자10 + 460) ÷ 2 = 65%

2) **무화과 사고일자**

① 8월 5일 : 94.7%

100 - 1.06 × 사고 발생일자5 = 94.7%

② 9월 10일 : 55.7%

(100 - 33) - 1.13 × 사고 발생일자10 = 55.7%

③ 10월 10일 : 24.6%

(100 - 67) - 0.84 × 사고 발생일자10 = 24.6%

〈수확일자별 잔여수확량 비율〉

품목	사고일자	경과비율(%)
복분자	1일~7일	98 - 사고발생일자
	8일~20일	(사고발생일자^2 - 43 × 사고발생일자 + 460) ÷ 2

〈사고발생일에 따른 잔여수확량 산정식〉

품목	사고발생 월	잔여수확량 산정식(%)
무화과	8월	100 - 1.06 × 사고 발생일자
	9월	(100 - 33) - 1.13 × 사고 발생일자
	10월	(100 - 67) - 0.84 × 사고 발생일자

18. ① 감가율 : 13.33% × 2년 = 26.66%

보험가액 : 2,200 × 3.3 × 5,500 × (1 - 0.2666) = 29,284,660원

유형	내용연수	경년감가율
목재	6년	13.33%
철재	18년	4.44%

② 손해액 : 10,648,960원

800칸 × 3.3m^2 × 5,500원 = 14,520,000원(보험가액의 20% 초과로 감가)

14,520,000 × (1 - 0.2666) = 10,648,960원(원 단위 이하 버림)

* 감가적용 : 산출된 피해액에 대하여 감가상각을 적용하여 손해액을 산정한다. 다만, 피해액이 보험가액의 20% 이하인 경우에는 감가를 적용하지 않고, 피해액이 보험가액의 20%를 초과하면서 감가 후 피해액이 보험가액의 20% 미만인 경우에는 보험가액의 20%를 손해액으로 산출한다.

③ 자기부담금 : 손해액의 10%(최소 10만원 최대 100만원)

10,648,960 × 0.1 = 1,064,896 ⇒ 1,000,000원(최대값)

④ 보험금 = 손해액 - 자기부담금 = 10,648,960 - 1,000,000 = 9,648,960원

> 참고 보험가입금액이 보험가액보다 작을 경우에는 보험가입금액을 한도로 다음과 같이 비례보상한다.
>
> (손해액 - 자기부담금) × (보험가입금액 ÷ 보험가액)

⑤ 잔존보험가입금액 = 보험가입금액 - 보상액

= 39,930,000 - 9,648,960 = 30,281,040원

19. 1) **보험금** = Min(보험가입금액1,000만원, 손해액250만원) - 자기부담금100만원 = 150만원
손해액 = 피해수확량 × 가입가격 = 500kg × 5,000원 = 2,500,000원
자기부담금 = 보험가입금액 × 자기부담비율 = 1,000,000원

2) **보험금** = 보험가입금액1,000만원 × 25% × 표준출현율0.5 = 125만원
표준출현율(10a) = (30,000 - 출현주수15,000) / 30,000 = 50%

3) **생산비보장보험금** : 100만원
생산비보장보험금 = 보험가입금액500만원 × (피해율0.4 - 자기부담비율0.2) = 100만원
피해율 = 피해면적400 ÷ 실제 재배면적1,000 = 40%
피해면적 = (도복으로 인한 피해면적400×70%) + (도복 이외 피해면적200×손해정도비율60%)
= 280 + 120 = 400m^2

20. 1) **수확량 : 3,244kg**
수확량 = {① 주당 착과량8kg × ② 표본조사 대상 주수700 × (1 - ③ 착과피해구성률0.51)}
+ (④ 주당 평년수확량10 × ⑤ 미보상주수50)
= 3,244kg
① 표본조사 대상주수 = 실800 - 미50 - 고50 = 700주
② 주당착과량 = 표본주의 착과무게 합계80 ÷ 표본주수10 = 8kg
③ 착과피해구성률 = $\frac{(10\times0.5)+(20\times0.8)+(30\times1)}{100}$ = 0.51
④ 주당 평년수확량 = 평년수확량8,000 ÷ 실제결과주수800 = 10kg/주
⑤ 미보상주수 = 50주
⑥ 미보상감수량 = (평년수확량8,000 - 수확량3,244) × 미보상비율0.1 = 475.6kg

2) **피해율 : 54%**
피해율 = (평8,000 - 수3,244 - 미475.6) ÷ 평8,000 = 0.53505 = 54%

3) **수확감소보험금 : 2,200만원**
수확감소보험금 = 가 × (피 - 자) = 5,000 × (0.54 - 0.1) = 2,200만원

손해평가사 2차 시험대비

최종모의고사 정답 및 해설

제 9 회

제1과목 농작물재해보험 및 가축재해보험 이론과 실무

01. 1) 불예측성 2) 광역성 3) 동시성 · 복합성 4) 계절성 5) 피해의 대규모성 6) 불가항력성

02. 포도, 복숭아, 살구

03. ① 과수원에 조수해 방재를 위한 시설이 없는 경우
② 과수원에 조수해 방재를 위한 시설이 과수원 전체 둘레의 80% 미만으로 설치된 경우
③ 과수원의 가입 나무에 조수해 방재를 위한 시설이 80% 미만으로 설치된 경우

04. 1) 병충해 이름 : 세균구멍병
2) 병의 특징 : ① 암갈색 ② 가지 ③ 황색 ④ 흑색 ⑤ 녹황색

05. ① 신의성실의 원칙 ② 인쇄 ③ 수기 ④ 보험자 ⑤ 계약자

06. 1) 150만원
보험가액 = 300만원 × 0.5 = 150만원

> 연령(월령)이 1개월 이상 6개월 이하인 경우
> 보험가액 = 「농협축산정보센터」에 등재된 전전월 전국산지평균 송아지 가격
> (연령(월령) 2개월 미만(질병사고는 3개월 미만)일 때는 50% 적용)

2) ① 58% ② 20% ③ 2.3kg ④ 80% ⑤ 16.5%

07. 1) **배추 생산비보장 보험금 :** 336,000원

생산비보장 보험금 = 피해작물 재배면적 × 단위면적당 보장생산비 × 경과비율 × 피해율
= 1,000 × 2,400원 × 0.7 × 0.2 = 336,000원

* 경과비율 = 준비기생산비계수 + (1 − 준비기생산비계수) × $\frac{생장일수}{표준생장일수}$

= 0.4 + (1 − 0.4) × (35 ÷ 70) = 70%

준비기생산비계수 : 40%

* 피해율 = 피해비율 × 손해정도비율 = 0.5 × 0.4 = 0.2

* 피해비율 = 피해면적 ÷ 재배면적 = 500 ÷ 1,000 = 50%

2) **장미 생산비보장 보험금 :** 900,000원

보험금 = 장미재배면적 × 단위면적당 나무생존시 보장생산비 × 피해율
= 1,000 × 4,500원 × 0.2 = 900,000원

* 피해율 = 피해비율 × 손해정도비율 = 0.5 × 0.4 = 20%

* 피해비율 = 피해면적 ÷ 재배면적 = 500 ÷ 1,000 = 50%

3) **쑥갓 생산비보장 보험금 :** 907,500원

보험금 = 쑥갓재배면적 × 단위면적당 보장생산비 × 경과비율 × 피해율
= 1,000 × 5,500원 × 0.55 × 0.3 = 907,500원

* 피해율 = 피해비율 × 손해정도비율 × (1 − 미보상비율) = 0.6 × 0.5 = 30%

* 피해비율 = 피해면적/재배면적 = 600/1,000 = 60%

* 경과비율 = 준비기생산비계수 + [(1 − 준비기생산비계수) × (생장일수 ÷ 표준생장일수)]
= 0.1 + [(1 − 0.1) × (25 ÷ 50)] = 55%

* 준비기생산비계수 : 10%

4) **시금치 생산비보장 보험금 :** 319,200원

보험금 = 피해작물 재배면적 × 단위면적당 보장생산비 × 경과비율 × 피해율
= 1,000 × 1,900원 × 0.7 × 0.24 = 319,200원

* 경과비율 = $(1 - \frac{수확일수}{표준수확일수})$ = 1 − 6 ÷ 20 = 70%

* 피해율 = 피해비율 × 손해정도비율 = 0.4 × 0.6 = 24%

* 피해비율 = 피해면적 ÷ 재배면적 = 400 ÷ 1,000 = 40%

08. 1) **기준가격** = (백태기준가격5,440× $\frac{1,500}{2,500}$) + (서리태기준가격6,240× $\frac{1,000}{2,500}$) = 5,760원

- 백태 기준가격 = [{(6,300+6,100)/2+(7,200+6,800)/2+(7,400+7,000)/2}÷3] × 농가수취비율
= [(6,200 + 7,000 + 7,200) ÷ 3] × 0.8 = 5,440원
- 서리태 기준가격 = [{(7,800+7,400)/2+(8,400+8,200)/2+(7,800+7,200)/2}÷3] × 농가수취비율
= [(7,600 + 8,300 + 7,500) ÷ 3] × 0.8 = 6,240원

2) **수확기가격** = (백태수확기가격5,040× $\frac{1,500}{2,500}$) + (서리태수확기가격6,640× $\frac{1,000}{2,500}$) = 5,680원

- 백태 수확기 가격 = {(6,400+6,200)/2} × 0.8 = 5,040원
- 서리태 수확기 가격 = {(8,400 + 8,200)/2} × 0.8 = 6,640원

3) **보험금 :** 1,231,200원

수입감소보험금 = 보험가입금액864만원 × (피해율0.3425 − 자기부담비율0.2) = 1,231,200원

- 보험가입금액 = 가입수확량1,500 × 기준가격5,760 = 864만원
- 피해율 = (기준수입864 − 실제수입568) ÷ 기준수입864 = 34.25%
- 기준수입 = 평년수확량1,500 × 기준가격5,760 = 864만원

• 실제수입 = (조사수확량1,000 + 미보상감수량0) × Min(수확기 가격5,680, 기준가격5,760)
= 5,680,000원

09. **보험료환급금** : 168,000원

• **환급보험료** = 보험료280,000원 – 경과기간보험료112,000원 = 168,000원
• **보험료** = 보험가입금액400만원 × 지역별 · 종별 보험요율0.1 × 단기요율지수0.7 = 280,000원
• **단기요율지수** = 4개월 50% + 가산요율(3월, 6월) 20% = 70%
• **경과기간 보험료** = 보험가입금액400만원 × 지역별 · 종별 보험요율0.1 × 단기요율지수0.7
× 경과일수비율(48/120) = 112,000원

10. 1) **보험료** = 가입금액 × 지역별 기본 영업요율 × (1 ± 손해율에 따른 할인 · 할증률) × (1 + 친환경 재배 시 할증률)
× (1 – 정부 및 지방자치단체 지원요율)
보험료 = 1,000만원 × 0.1 × (1 – 0.1) × (1 + 0.08) × (1 – 0.8)
= 194,400원 ⇒ 194,000원

참고 정부의 농가부담보험료 지원 비율

구분	품목	보장 수준(%)				
		60	70	80	85	90
국고보조율 (%)	사과, 배, 단감, 떫은감	60	60	50	38	33
	벼	60	55	50	44	41

2) 흰잎마름병, 줄무늬잎마름병, 깨씨무늬병, 도열병, 세균성벼알마름병, 벼멸구, 먹노린재
3) 보상하는 재해로 벼(조곡) 제현율이 65% 미만으로 떨어져 정상벼로서 출하가 불가능하게 되고, 계약자가 수확불능보험금을 신청한 경우

제2과목 농작물재해보험 및 가축재해보험 손해평가의 이론과 실무

11. ① 계약자 ② 기망 ③ 과실 ④ 지급거절 ⑤ 계약을 취소

12. ㉠ 40, ㉡ 30, ㉢ 60, ㉣ 80, ㉤ 60

표본주 내 과실 추출 방법

• 농지에서 품종별로 착과가 평균적인 3주 이상의 표본주 선정
• 크기가 평균적인 과실을 품종별 20개 이상(포도는 농지당 30개 이상, 복숭아 · 자두는 농지당 60개 이상) 추출

13. • 조사수확비율 : 70%

〈조사수확비율 환산표〉

점수 합계	조사수확비율(%)	점수 합계	조사수확비율(%)
10점 미만	0%~20%	16점~18점	61%~70%
10점~11점	21%~40%	19점~21점	71%~80%
12점~13점	41%~50%	22점~23점	81%~90%
14점~15점	51%~60%	24점 이상	91%~100%

• 이삭상태(4포기) 포기당 이삭수

포기번호	1	2	3	4	점수합계
포기당 이삭수	13개	20개	15개	18개	
점수	1	2	1	2	6점

포기당 이삭수	점수
16개 미만	1
16개 이상	2

• 완전낟알상태 이삭당 낟알수

포기번호	1	2	3	4	점수합계
포기별 이삭 1개당 이삭수	45개	55개	75개	85개	
점수	1	2	4	5	12점

이삭당 완전낟알수	점수
51개 미만	1
51개 이상 61개 미만	2
61개 이상 71개 미만	3
71개 이상 81개 미만	4
81개 이상	5

14. 1) 고구마, 감자, 옥수수　2) 양파, 마늘, 고구마, 양배추　3) 콩　4) 감자　5) 양파

15. • 착과감소보험금 : 4,111,800원

착과감소보험금 = (착과감소량 − 미보상감수량 − 자기부담감수량) × 0.7 × 가입가격
= (4,800 − 480 − 1,650) × 0.7 × 2,200원 = 4,111,800원

• 착과감소량 = (평년착과수 − 적과후 착과수) × 가입과중 = (27,500 − 15,500) × 0.4 = 4,800kg
• 적과전 미보상감수량 = (착과감소량 × 미보상비율) = (4,800 × 0.1) = 480kg
• 자기부담감수량 = 기준수확량 × 자기부담비율 = 27,500 × 0.4 × 0.15 = 1,650kg
• 미보상비율 적용 : 미보상비율 조사값 중 최대값만 적용

16. 1) **피해율** : 35.55%

피해율 = (평 − 수 − 미) ÷ 평 = (21,000 − 12,705 − 829.5) ÷ 21,000 = 35.55%

2) **수확량** : 12,705kg

수확량 = (착과수435,000 × 개당 과중0.046 × (1 − 착과피해구성률0.4))
+ (단위면적(㎡)당 평년수확량2.33 × 미보상주수10 × 재식면적30) = 12,006 + 699 = 12,705kg

- 착과수 = 단위면적당 착과수50 × 조사대상면적8,700 = 435,000개
  - * 조사대상면적 = 재식면적 × 조사대상주수 = (5 × 6) × (실300 − 미10 − 고0) = 8,700m²
  - * 재식면적 = 주간거리 × 열간거리 = 30m²
  - * 단위면적당 착과수 = 표본구간 착과수12,000 ÷ 표본구간넓이240 = 50개
  - * 단위면적당 평년수확량 = 평년수확량21,000 ÷ 실제경작면적9,000 = 2.33kg
  - * 실제경작면적 = 재식면적 × 실제결과주수 = 30 × 300 = 9,000m²
  - * 개당과중 = {2.2 + (0.8 × 0.7)} ÷ 60 = 0.046kg
- 미보상감수량 = (평 − 수) × 미보상비율 = 8,295 × 0.1 = 829.5kg

3) **보험금** : 4,665,000원

- 지급보험금 = 가 × (피 − 자) = 30,000,000원 × (0.3555 − 0.2) = 4,665,000원

17. 1) **피해율** : 41.06%

- 피해율 = (평년수확량 − 수확량 − 미보상감수량) ÷ 평년수확량
  = (6,000 − 3,262.4 − 273.76) ÷ 6,000 = 41.06%
- 수확량 = 표본구간 주당착과수 × 조사대상주수 × 표준과중 × (1−피해구성률) + (주당 평년수확량 × 미보상주수)
  = 200 × 260 × 0.08kg × (1 − 0.36) + (20kg × 30주)
  = 2,662.4 + 600 = 3,262.4kg
- 조사대상주수 = 실제결과주수300 − 고사주수10 − 미보상고사주수30 = 260주
- 표본구간 주당착과수 = 표본주 총 착과수1,800개 ÷ 표본주수 9주 = 200개
- 주당 평년수확량 = 평년수확량6,000 ÷ 실제결과주수300주 = 20kg
- 피해구성률 = (0.5 × 20 + 0.8 × 20 + 1 × 10) ÷ 100 = 36%
- 미보상감수량 = (평년수확량6,000 − 수확량3,262.4) × 미보상비율0.1 = 273.76kg

과실분류	피해인정계수	비고
정상과	0	피해가 없거나 경미한 과실
50%형 피해과실	0.5	일반시장에 출하할 때 정상과실에 비해 50% 정도의 가격하락이 예상되는 품질의 과실(단, 가공공장공급 및 판매 여부와 무관)
80%형 피해과실	0.8	일반시장 출하가 불가능하나 가공용으로 공급될 수 있는 품질의 과실 (단, 가공공장공급 및 판매 여부와 무관)
100%형 피해과실	1	일반시장 출하가 불가능하고 가공용으로도 공급될 수 없는 품질의 과실

2) **피해율** : 18.92%

- 피해율 = (1 − 수확전 사고 피해율) × 잔여수확량비율 × 결과지피해율
  = (1 − 0.4106) × 0.788 × 0.4074 = 18.92%
- 잔여수확량 피해율 = 100 − (1.06 × 20) = 78.8%
- 결과지 피해율 = (고사결과지수 + 미고사결과지수 × 착과피해율 − 미보상고사결과지수)
  ÷ 기준결과지수 = {7 + (20 × 0.3) − 2}/27 = 40.74%
- 기준결과지수 = 고사결과지수7 + 미고사결과지수20 = 27
- 고사결과지수 = 보상고사결과지수5 + 미보상고사결과지수2

3) **보험금** : 3,998,000원

- 지급보험금 = 보험가입금액 × (피해율 − 자기부담비율)
  = 1천만원 × (0.5998 − 0.2) = 3,998,000원
- 피해율 = 수확전 피해율0.4106 + 수확 후 피해율0.1892 = 59.98%

18. ① 지급불가
② 지급(40만원)
③ 지급(30만원)
④ 지급불가(회사의 지출요구가 없음)
⑤ 보험금 = 손해액 – 자기부담금 = 3,000,000원 – 600,000원 = 2,400,000원
지급가능 비용 = 700,000원
최종지급금액 = 3,100,000원

> 가축재해보험 보통약관
> **제3조(보상하는 손해)**
> ① 회사는 보험증권에 기재된 보험의 목적이 입은 손해를 이 약관의 일반조항 및 각 부문별 제 규정에 따라 보상하여 드립니다.
> ② 회사는 제1항에서 보장하는 위험으로 인하여 손해가 발생한 경우 계약자 또는 피보험자가 지출한 아래의 비용을 추가로 지급합니다.
> 1. 잔존물처리비용 : 보험목적물이 폐사한 경우 사고현장에서의 잔존물의 견인비용 및 차에 싣는 비용(사고현장 및 인근 지역의 토양, 대기 및 수질 오염물질 제거비용과 차에 실은 후 폐기물 처리비용은 포함하지 않습니다. 다만, 적법한 시설에서의 랜더링비용은 포함합니다). 다만, 제1항에서 보장하지 않는 위험으로 보험의 목적이 손해를 입거나 관계법령에 의하여 제거됨으로써 생긴 손해에 대하여는 보상하여 드리지 않습니다.
> 2. 손해방지비용 : 손해의 방지 또는 경감을 위하여 지출한 필요 또는 유익한 비용. 다만, **제25조(보험 목적의 관리의무)**를 위하여 지출한 비용은 제외합니다.
> 3. 대위권 보전비용 : 제3자로부터 손해의 배상을 받을 수 있는 경우에는 그 권리를 지키거나 행사하기 위하여 지출한 필요 또는 유익한 비용
> 4. 잔존물 보전비용 : 잔존물을 보전하기 위하여 지출한 필요 또는 유익한 비용. 다만, **제13조(잔존물)**에 의해 회사가 잔존물을 취득한 경우에 한합니다.
> 5. 기타 협력비용 : 회사의 요구에 따르기 위하여 지출한 필요 또는 유익한 비용

> 제8조(보험금 등의 지급한도)
> ① **제3조(보상하는 손해)** 제1항의 손해에 의한 보험금과 제3조(보상하는 손해) 제2항의 잔존물 처리비용은 각각 제9조(지급보험금의 계산)를 준용하여 계산하며, 그 합계액은 보험증권에 기재된 보험가입금액을 한도로 합니다. 다만, 잔존물 처리비용은 손해액의 10%를 초과할 수 없습니다.
> ② **제3조(보상하는 손해)** 제2항의 비용손해 중 손해방지비용, 대위권 보전비용 및 잔존물 보전비용은 제9조(지급보험금의 계산)를 준용하여 계산한 금액이 보험가입금액을 초과하는 경우에도 이를 지급합니다.
> ③ **제3조(보상하는 손해)** 제2항의 비용손해 중 기타 협력비용은 보험가입금액을 초과한 경우에도 이를 전액 지급합니다.

> 보험가입금액이 보험가액과 같거나 클 때 보험금 지급액
> 보험가입금액을 한도로 손해액 전액. 그러나, 보험가입금액이 보험가액보다 클 때에는 보험가액을 한도로 합니다.

19. 1) 수확량 : 3,772kg
- 수확량 = (표본구간 단위면적당 수확량 × 조사대상면적) + (단위면적당 평년수확량 × 타작물 · 미보상 · 기수확면적)
  = (0.47 × 7,600) + (0.5 × 400) = 3,772kg
- 표본구간 단위면적당 수확량 = 표본구간 수확량 합계 ÷ 표본구간 면적
  = 3.72 ÷ 8 = 0.47kg
- 표본구간 수확량 합계 = 표본구간 종실중량 × (1 – 함수율) ÷ 0.86
  = 4 × (1 – 0.2) ÷ 0.86 = 3.72kg

- 조사대상면적 = 실경작면적 − 수확불능면적 − 타작물면적 − 미보상면적 − 기수확면적
  = 8,000 − 400 = 7,600m^2
- 단위면적당 평년수확량 = 평년수확량 ÷ 실제경작면적 = 4,000 ÷ 8,000 = 0.5kg/m^2

2) **기준수입 : 1,600만원**
기준수입 = 평년수확량 × 기준가격 = 4,000kg × 4,000원 = 1,600만원

3) **실제수입 : 12,143,000원**
실제수입 = (조사수확량 + 미보상감수량) × Min(수확기가격, 기준가격)
= (3,772 + 22.8) × 3,200원 = 12,143,000원
미보상감수량 = (평년수확량 − 수확량) × 미보상비율 = (4,000 − 3,772) × 0.1 = 22.8kg

4) **농업수입감소보험금 : 지급 없음**
보험금 = 보험가입금액400만원 × (피해율0.0513 − 자기부담비율0.1) = 지급 없음
피해율 = (평년수확량 − 수확량 − 미보상감수량)/평년수확량
= (4,000 − 3,772 − 22.8)/4,000 = 5.13%

20. 1) 계약자, 피보험자 또는 이들의 법정대리인의 고의 또는 중대한 과실로 인한 보험사고
2) 계약자 또는 피보험자의 도살 및 위탁 도살에 의한 가축 폐사로 인한 손해
3) 가축전염병에 의한 폐사로 인한 손해 및 정부 및 공공기관의 살처분 또는 도태 권고로 발생한 손해
4) 보험목적이 유실 또는 매몰되어 보험목적을 객관적으로 확인할 수 없는 손해
다만, 풍수해 사고로 인한 직접손해 등 재해보험사업자가 인정하는 경우에는 보상한다.
5) 원인의 직접, 간접을 묻지 않고 전쟁, 혁명, 내란, 사변, 폭동, 소요, 노동쟁의, 기타 이들과 유사한 사태로 인한 손해
6) 핵연료물질 또는 핵연료 물질에 의하여 오염된 물질의 방사성, 폭발성 그 밖의 유해한 특성 또는 이들의 특성에 의한 사고로 인한 손해
7) 방사선을 쬐는 것 또는 방사능 오염으로 인한 손해
8) 지진의 경우 보험계약일 현재 이미 진행 중인 지진(본진, 여진을 포함한다)으로 인한 손해
9) 계약체결 시점 현재 기상청에서 발령하고 있는 기상특보 발령 지역의 기상특보 관련 재해(풍재, 수재, 설해, 지진, 폭염)로 인한 손해

손해평가사 2차 시험대비

최종모의고사 정답 및 해설

제 10 회

제1과목 농작물재해보험 및 가축재해보험 이론과 실무

01. 1) 재해농가의 손실 회복 2) 농가의 신용력 증대 3) 농촌지역경제의 안정화
4) 농업정책의 안정적 추진 5) 재해대비 의식 고취

02. ① 9월 15일 ② 10월 31일 ③ 10월 15일 ④ 11월 10일 ⑤ 10월 25일

03. 1) 수확량 감소 추가보장 특별약관 종료기간 : 이듬해 2월 말일
2) 제주도 지역(12월 21일 이후) 동상해 피해 인정 기온 : 영하 3℃ 이하로 6시간 이상 지속
3) 제주도 외 지역(12월 21일 이후) 동상해 피해 인정 기온 : 영하 0℃ 이하로 48시간 이상 지속
4) 수확량감소 추가보장 보험금 산출식 : 보험가입금액 × (주계약 피해율 × 10%)
5) 수확감소보장 계약자 임의 선택이 가능한 최소 자기부담비율 : 20%

04. 1) $50m^2$ 초과
2) 5,000만원
3) 20%
4) 6주
5) 200만원

05. (가) 시설작물의 재배를 위하여 농업용 시설물 내부 구조체에 연결, 부착되어 외부에 노출되지 않는 시설물
(나) 시설작물의 재배를 위하여 농업용 시설물 내부 지면에 고정되어 이동 불가능한 시설물
(다) 시설작물의 재배를 위하여 지붕 및 기둥 또는 외벽을 갖춘 외부 구조체 내에 고정·부착된 시설물
※ 터널과 연동하우스의 수평 커튼도 부대시설(보온시설)로 가입

06. 1) 3년 미만 : 포도, 복숭아, 참다래, 오디
2) 4년 미만 : 유자, 무화과, 대추, 온주밀감
3) 5년 미만 : 매실, 밤, 살구

〈보험인수가 제한되는 나무수령〉

3년 미만	4년 미만	5년 미만	6년 미만
포도, 복숭아, 참다래, 오디(가입년도 기준)	유자, 무화과, 대추, 온주밀감	매실, 밤, 살구	자두
삭벌 3년차 이상 식묘 4년차 이상	8년 미만	1년 이하 11년 이상	7년 미만
오미자	호두	복분자	차

07. 1) **느타리버섯(균상재배) 생산비보장보험금**
- 생산비보장보험금 : 3,589,000원
- 생산비보장보험금 = 재배면적2,000×단위면적당 보장생산비16,400×경과비율0.796×피해율0.1375
  = 3,589,960원
- 경과비율 = 0.676 + [(1 - 0.676) × (생장일수14 ÷ 표준생장일수28)] = 79.6%
- 피해율 = 피해비율(500/2,000) × 손해정도비율55% = 13.75%

2) **새송이버섯(병재배) 생산비보장보험금**
- 생산비보장보험금 : 660,000원
- 생산비보장보험금 = 재배병수10,000 x 병당 보장생산비480 x 경과비율91.7% x 피해율0.24
  = 1,056,384원
- 경과비율 = 일자와 관계없이 91.7%
- 피해율 = 피해비율0.4 x 손해정도비율0.6 = 24%
- 피해비율 = 피해병수4,000 ÷ 재배병수10,000 = 40%
- 손해정도에 따른 손해정도비율(아래) : 60%

손해정도	1%~20%	21%~40%	41%~60%	61%~80%	81%~100%
손해정도비율	20%	40%	60%	80%	100%

※ 단, 위의 경우에도 불구하고 재배병수에 병당 보장생산비를 곱한 값이 보험가입금액보다 큰 경우에는 위에서 계산된 생산비보장보험금을 아래와 같이 다시 계산하여 지급한다.

- 계산된 생산비보장보험금1,056,000 × $\frac{\text{보험가입금액300만원}}{\text{병당 보장생산비480} \times \text{재배병수10,000병}}$

  = 660,000원

3) **양송이버섯(균상재배) 생산비보장보험금의 계산과정과 값**
- 생산비보장보험금 : 4,920,000원
- 생산비보장보험금 = 재배면적2,000 × 단위면적당 보장생산비20,500원 × 경과비율0.5 × 피해율0.24
  = 4,920,000원
- 경과비율 = 1 - (수확일수15 ÷ 표준수확일수30) = 50%
- 피해율 = 피해비율0.4 × 손해정도비율0.6 = 0.24%
  * 피해비율 = 피해면적800 ÷ 재배면적2,000 = 40%
  * 손해정도에 따른 손해정도비율 : 60%

08. 1) **환산결실수 : 18.75개/m**

환산결실수 = 표본가지 결실수 합계600 ÷ 표본가지 길이 합계32 = 18.75개/m

2) **조사결실수 : 18.49개/m**

조사결실시 = {(환산결실수×조사대상주수) + (주당 평년결실수 × 미보상주수)} ÷ 실제결과주수
= {(18.75 × 178) + (30 × 12)} ÷ 200 = 18.49개/m

조사대상주수 = 200 - 10 - 12 = 178주

주당 평년결실수 = (평년결실수30 × 실제결과주수200) ÷ 실제결과주수200 = 30개

3) **지급보험금 : 1,453,000원**

보험금 = 보험가입금액1,000만원 × (피해율0.3453 - 자기부담비율0.2) = 1,453,000원

피해율 = (평년결실수30 - 조사결실수18.49 - 미보상감수결실수1.15) ÷ 평년결실수30 = 34.53%

미보상감수결실수 = Max{(평년결실수30 - 조사결실수18.49), 0} × 미보상비율10% = 1.15개/m

09. • **가을동상해**

1) 가을동상해 피해 인정 기준 : 서리 또는 기온의 하강으로 인하여 과실 또는 잎이 얼어서 생기는 피해가 육안으로 판별 가능한 결빙증상이 지속적으로 남아 있는 경우
2) 단감, 떫은감 품목의 잎 피해 인정 기준 : 10월 31일까지 발생한 가을동상해로 나무의 전체 잎 중 50% 이상이 고사한 경우에 피해를 인정

• **일소피해**

1) 일소현상의 정의 : 일소는 과실이 태양광에 노출되어 과피 또는 과육이 괴사되어 검게 그을리거나 변색되는 현상.
2) 폭염의 인정 기준 : 폭염은 대한민국 기상청에서 폭염특보(폭염주의보 또는 폭염경보)를 발령한 때 과수원에서 가장 가까운 3개소의 기상관측장비(기상청 설치 또는 기상청이 인증하고 실시간 관측 자료를 확인할 수 있는 관측소)로 측정한 낮 최고기온이 연속 2일 이상 33℃ 이상으로 관측된 경우

10. ① **불가능** : 고추 정식 6개월 이내에 인삼을 재배한 농지

② **불가능** : 직파한 농지

③ **불가능** : 풋고추 형태로 판매하기 위해 재배하는 농지

④ **불가능** : 노지재배, 터널재배 이외의 재배작형으로 재배하는 농지

⑤ **가능**

> 고추 보험인수제한 목적물
>
> 가) 보험가입금액이 200만원 미만인 농지
> 나) <u>재식밀도가 조밀(1,000㎡당 4,000주 초과) 또는 넓은(1,000㎡당 1,500주 미만) 농지</u>
> 다) 노지재배, 터널재배 이외의 재배작형으로 재배하는 농지
> 라) 비닐멀칭이 되어 있지 않은 농지
> 마) <u>직파한 농지</u>
> 바) <u>4월 1일 이전과 5월 31일 이후에 고추를 식재한 농지</u>
> 사) 동일 농지 내 재배 방법이 동일하지 않은 농지(단, 보장생산비가 낮은 재배 방법으로 가입하는 경우 인수 가능)
> 아) 동일 농지 내 재식 일자가 동일하지 않은 농지(단, 농지 전체의 정식이 완료된 날짜로 가입하는 경우 인수 가능)
> 자) <u>고추 정식 6개월 이내에 인삼을 재배한 농지</u>
> 차) <u>풋고추 형태로 판매하기 위해 재배하는 농지</u>

제2과목 농작물재해보험 및 가축재해보험 손해평가의 이론과 실무

11. 시금치 생산비보장 보험금 : 319,200원

- 보험금 = 피해작물 재배면적 × 단위면적당 보장생산비 × 경과비율 × 피해율
  = 1,000 × 1,900원 × 0.7 × 0.24 = 319,200원
  - 경과비율 = $(1 - \frac{\text{수확일수}}{\text{표준수확일수}})$ = 1 − 6 ÷ 20 = 70%
  - 피해율 = 피해비율 × 손해정도비율 = 0.4 × 0.6 = 24%
  - 피해비율 = 피해면적 ÷ 재배면적 = 400 ÷ 1,000 = 40%

12. 축사 보험금 : 860만원

- 보험금 = {손해액 × (보험가입금액 ÷ 보험가액의 80%) − 50만원} + 손해방지비용
  = {1,000만원 × (1,280만원 ÷ 1,600만원) − 50만원} + 손해방지비용 200만원 × (1,280만원 ÷ 1,600만원)
  = 750만원 + 110만원 = 860만원
  - 자기부담금 : 풍재, 수재, 설해, 지진 피해시 50만원
  - 손해방지비용 = 200만원 × (1,280만원 ÷ 1,600만원) − 50만원 = 160만원 − 50만원 = 110만원

13.

품목	조사대상주수(면적)	표본주수(구간)
자두	500주 이상 600주 미만	① 12
매실	500주 이상 1,000주 미만	② 12
감귤	5,000㎡ 이상 10,000㎡ 미만	③ 6
벼	3,000㎡ 이상 4,000㎡ 미만	④ 5
감자	2,500㎡ 이상 5,000㎡ 미만	⑤ 5

14. 1) **생후 5주 성계 가격 : 6,000원**
31주령 가격20,000 × 30% = 6,000원

2) **생후 21주 성계 가격 : 14,400원**
31주령 가격20,000 × (100%−((31주령−사고주령21) × 2.8%)) = 14,400원

3) **생후 51주 성계 가격 : 9,600원**
31주령 가격20,000 × (100%−((사고주령51−31주령) × 2.6%)) = 9,600원

4) **생후 62주 성계 가격 : 4,000원**
31주령 가격 × 20% = 4,000원

종 계	해당주령	보험가액
병아리	생후 2주 이하	사고 당일 포함 직전 5영업일의 육용 종계 병아리 평균가격
성계	생후 3 ~ 6주	31주령 가격 × 30%
	생후 7 ~ 30주	31주령 가격 × (100%−((31주령−사고주령) × 2.8%))
	생후 31주	회사와 계약당시 협정한 가액
	생후 32 ~ 61주	31주령 가격 × (100%−((사고주령−31주령) × 2.6%))
	생후 62주 ~ 64주	31주령 가격 × 20%
노계	생후 65주 이상	사고 당일 포함 직전 5영업일의 종계 성계육 평균가격

15. 착과감소보험금 : 1,250,000원

• 착과감소보험금 = (착과감소량 − 미보상감수량 − 자기부담감수량) × 가입가격 × 50%
= (2,500 − 375 − 1,875) × 10,000 × 0.5 = 1,250,000원

− 착과감소과실수 = 평년착과수 − 적과후 착과수 = 50,000 − 40,000 = **10,000개 ⇒ 2,500kg**

− 미보상감수과실수 = (평년착과수 − 적과후 착과수) × 미보상비율 + 미보상주수감수과실수
= 10,000 × 0.15 + 0 = **1,500개 ⇒ 375kg**

− 기준착과수 = 적과후 착과수 + 적과전 착과감수과실수 = 40,000 + 10,000 = **50,000개**

− 자기부담감수과실수 = 기준착과수 × 자기부담비율 = 50,000 × 0.15 = 7,500개 ⇒ **1,875kg**

16. 1) **종합위험 고사결과모지수** : 1.17개

• 고사결과모지수(**평생수정불량 미보상**)
= 평년결과모지수 − (기준 살아있는 결과모지수 − 수정불량환산 고사결과모지수 + 미보상 고사결과모지수)
= 7 − (6 − 0.3 + 0.13) = 1.17개

• 기준 살아있는 결과모지수 = 표본구간 살아있는 결과모지수 ÷ (표본구간수 × 5)
= 300 ÷ (10 × 5) = 6개

• 수정불량환산 고사결과모지수
= (표본구간 살아있는 결과모지수 × 수정불량환산계수) ÷ (표본구간수 × 5)
= (300 × 0.05) ÷ 50 = 0.3개

• 수정불량환산계수 = (수정불량결실수 ÷ 전체결실수) − 자연수정불량률15%
= (80 ÷ 400) − 0.15 = 5%

• 미보상고사결과모지수
= Max[{평년결과모지수 − (기준 살아있는 결과모지수 − 수정불량환산 고사결과모지수)} × 미보상비율, 0]

2) **특정위험 고사결과모지수** : 2.31개

• 고사결과모지수(**환산고사 미보상고사**)
= 수확감소환산 고사결과모지수 − 미보상고사 결과모지수 = 2.57 − 0.26 = 2.31개

• 종합위험손해조사 실시한 경우
수확감소환산 고사결과모지수(**生水누환**)
= (기준 살아있는 결과모지수 − 수정불량환산 고사결과모지수) × 누적수확감소환산계수
= (6 − 0.3) × 0.45 = 2.57개

• 누적수확감소환산계수 = Max{(기준일자별 잔여수확량비율95% − 결실율50%), 0} = 45%

• 기준일자별 잔여수확량 비율 : 95%

• 결실율 = Σ(표본송이 수확가능한 열매수 합) ÷ Σ(표본송이 총 열매수) = 210 ÷ 420 = 50%

• 미보상고사 결과모지수 = 수확감소환산 고사결과모지수 × 미보상비율 = 2.57 × 0.1 = 0.26개

3) **과실손해보험금** : 2,971,000원

• 보험금 = 보험가입금액 × (피해율 − 자기부담비율)
= 1,000만원 × (0.4971 − 0.2) = 2,971,000원

• 피해율 = (종합위험 고사결과모지수 + 특정위험 고사결과모지수) ÷ 평년결과모지수
= (1.17 + 2.31) ÷ 7 = 49.71%

17. 1) **피해수확량** : **3,650kg**

• 피해수확량 = (표본구간 단위면적당 피해수확량0.45 × 표본조사대상면적7,000)
+ (단위면적당 표준수확량0.5 × 고사면적1,000)
= 3,150 + 500 = **3,650kg**

• 표본구간 단위면적당 피해수확량 = 표본구간 피해수확량4.5 ÷ 표본구간 면적10 = 0.45kg/m^2

• 표본구간 피해수확량 = (표본구 '하' 옥수수 개수20 + 표본구 '중' 옥수수 개수10 × 0.5)

× 표준중량0.18 = **4.5kg/m²**

- 조사대상면적 = 실제경작면적10,000 − 고사면적1,000 − 타작물면적0 − 기수확면적2,000 = **7,000m²**
- 단위면적당 표준수확량 = 표준수확량5,000 ÷ 실제경작면적10,000 = **0.5kg/m²**

2) **손해액 : 6,570,000원**
- 손해액 = (피해수확량3,650 − 미보상감수량365) × 표준가격2,000 = 6,570,000원
- 미보상감수량 = 피해수확량3,650 × 미보상비율0.1 = **365kg**

3) **수확감소보험금 : 3,570,000원**
- 보험금 = MIN(보험가입금액1,500만원, 손해액657만원) − 자기부담금300만원 = 3,570,000원
- 자기부담금 = 보험가입금액1,500만원 × 자기부담비율0.2 = 3,000,000원

18. 1) **조사기준**

① 손해가 생긴 때와 곳에서의 가액에 따라 손해액을 산출하며, 손해액 산출 시에는 농업용 시설물 감가율을 적용한다.

② 재조달가액 보장 특별약관에 가입한 경우에는 재조달가액(보험의 목적과 동형 동질의 신품을 조달하는데 소요되는 금액)기준으로 계산한 손해액을 산출한다. 단, 보험의 목적이 손해를 입은 장소에서 실제로 수리 또는 복구되지 않은 때에는 재조달가액에 의한 보상을 하지 않고 시가(감가상각된 금액)로 보상한다.

2) **평가단위 :** 물리적으로 분리 가능한 시설 1동을 기준으로 계약 원장에 기재된 목적물별로 평가한다.

3) **손해평가**

(가) 피복재

다음을 참고하여 하우스 폭에 피해길이를 감안하여 피해 범위를 산정한다.

① 전체 교체가 필요하다고 판단되어 전체 교체를 한 경우 전체 피해로 인정

② 전체 교체가 필요하다고 판단되지만 부분 교체를 한 경우 교체한 부분만 피해로 인정

③ 전체 교체가 필요하지 않는다고 판단되는 경우 피해가 발생한 부분만 피해로 인정

(나) 구조체 및 부대시설

다음을 참고하여 교체수량(비용), 보수 및 수리 면적(비용)을 산정하되, 재사용할 수 없는 경우(보수 불가) 또는 수리 비용이 교체비용보다 클 경우에는 재조달비용을 산정한다.

① 손상된 골조(부대시설)를 재사용할 수 없는 경우는 교체수량 확인 후 교체 비용 산정

② 손상된 골조(부대시설)를 재사용할 수 있는 경우는 수리 및 보수비용 산정

(다) 인건비

실제 투입된 인력, 시방서, 견적서, 영수증 및 시장조사를 통해 피복재 및 구조체 시공에 소모된 인건비 등을 감안하여 산정한다.

19. 1) **보험금** : 4,030,000원

보험금 = 보험가입금액 × (피해율 − 자기부담비율)
= 13,000,000 × (0.51 − 0.2) = 4,030,000원

2) **피해율** = {(평 − 수 − 미) + 병충해감수량} ÷ 평년수확량
= {(9,000 − 4,200 − 480) + 270} ÷ 9,000 = 51%

3) **수확량** = (표본구간 단위면적당 수확량0.6 × 조사대상면적4,500)
+ {단위면적당 평년수확량1.5 × (타작물면적300 + 기수확면적700)} = 4,200kg

4) **표본구간 단위면적당 수확량** = 표본구간수확량7.2 ÷ 표본구간면적12 = 0.6kg/m²
- 표본구간수확량 = 정상감자무게 + (50%형 감자무게 × 0.5) + 병충해감자무게 = 2.2 + 2 + 3 = 7.2kg
- 조사대상면적 = 실 − 고 − 타미 − 기 = 6,000 − 500 − 300 − 700 = 4,500m²
- 단위면적당 평년수확량 = 평년수확량 ÷ 실제경작면적 = 9,000 ÷ 6,000 = 1.5kg/m²
- 미보상감수량 = (평 − 수) × 미보상비율 = (9,000 − 4,200) × 0.1 = 480kg

5) 병충해감수량 : 270kg
- 병충해감수량 = 표본구간단위면적당 병충해감수량0.06kg × 조사대상면적4500 = 270kg
- 표본구간단위면적당 병충해감수량 = (표본구간병충해감수량0.77 ÷ 표본구간면적12) = 0.06kg
- 표본구간병충해감수량 = 병충해 괴경무게 × 손해정도비율 × 인정비율 = 3 × 0.5133 × 0.5 = 0.77kg
- 손해정도비율 = (1×0.2+0.6×0.4+0.4×0.6+0.7×0.8+0.3×1)/3 =1.54/3 = 51.33%

20. 과실손해보험금 : 41,760,000원
- 과실손해보험금 = (적과후 누적감수량 − 자기부담감수량) × 가입가격
  = (4,176 − 0 − 0) × 10,000 = **41,760,000원**
- 적과전 자연재해로 인한 인정착과감수과실수 = 적과후 착과수 × 5% × $\left(\frac{100\% - 착과율80\%}{40\%}\right)$
  = 40,000 × 0.05 × 0.5 = 1,000개 ⇒ **250kg**
  * 착과율 = 적과후 착과수 ÷ 평년착과수 = 40,000 ÷ 50,000 = 80%
  * 착과피해율(maxA) = 5% × $\left(\frac{100\% - 착과율}{40\%}\right)$ = 0.025
- 나무피해 감수과실수 = (고사주수 + 수확불능주수) × 무피해 1주당평균착과수 × (해당과실피해구성률 − maxA)
  = (10 + 0) × 500 × (1 − 0.025) = 4,875개 ⇒ **1,219kg**
- 태풍 낙과손해감수과실수 = (표본주 낙과과실수합계 ÷ 표본주) × 조사대상주수 × (낙과피해구성률 − maxA)
  = (240 ÷ 6) × 90 × (1 − 0.025) = **3,510개** ⇒ **878kg**
- 낙엽피해 감수과실수 = 사고당시착과과실수 × (인정피해율 − maxA) × (1 − 미보상비율)
  = 31,400 × (0.3162 − 0.025) × (1 − 0.2) = 7,315개 ⇒ **1,829kg**
  * 낙엽인정피해율 = (0.9662 × 낙엽율40%) − 0.0703 = 31.62%
  * 낙엽율 = 200 ÷ 500 = 40%
  * 사고당시 착과수 = 적착수 − 총낙과수 − 적과후 총나무피해과실수 − 기수확주수
  = 40,000 − 3,600 − 5,000 = 31,400개
- 우박 수확직전 착과수조사 = 착과수20,000 × (착과피해구성률0.28 − maxA0.3162) ⇒ **0처리**
- 가을동상해 착과피해감수과실수 = 사고당시착과수3,000 × (착과피해율0.27 − maxA0.3162)
  = 3,000 × (27.01% − 31.62%) = −값 ⇒ 0처리
  * 착과피해율(잎피해 50% 이상인 경우) = 27.01%

$$\frac{100\%형피해과수 \times 1 + 80\%형피해과수 \times 0.8 + 50\%형피해과수 \times 0.5 + (정상과수 \times 0.0031 \times 잔여일수)}{피해과실수 + 정상과실수}$$

$$= \frac{10 + 16 + 15 + (140 \times 0.0031 \times 30)}{200} = 27.01\%$$

- **적과종료이후 누적감수량** = 250 + 1,219 + 878 + 1,829 = **4,176kg**
- 자기부담감수과실수 = 기준착과수 × 자기부담비율 − (착과감소과실수 − 적과전 미보상감수과실수)
  = 50,000 × 0.15 − (10,000 − 1,500) = −값 ⇒ 0처리
  * 산출된 착과감소량이 존재하는 경우 착과감소량에서 적과전에 산정된 미보상감수량을 뺀 값을 자기부담감수량에서 제외한다. (단, 자기부담감수량은 0보다 작을 수 없다.)

손해평가사 2차 시험대비

2023년도 2차 기출문제 해설

제 9 회

제1과목 농작물재해보험 및 가축재해보험 이론과 실무

01. ① 해당 ② 미해당 ③ 미해당 ④ 해당 ⑤ 해당

1) 지진 피해의 경우 아래의 최저기준을 초과하는 손해를 담보한다.
   ① 기둥 또는 보 1개 이하를 해체하여 수선 또는 보강하는 것
   ② 지붕틀의 1개 이하를 해체하여 수선 또는 보강하는 것
   ③ 기둥, 보, 지붕틀, 벽 등에 2m 이하의 균열이 발생한 것
   ④ 지붕재의 2㎡ 이하를 수선하는 것
2) 축사 부문에서는 보험기간 중에 계약에서 정한 가축을 수용하는 건물 및 가축사육과 관련된 건물을 보험의 목적으로 한다.

건물의 부속물	피보험자 소유인 칸막이, 대문, 담, 곳간 및 이와 비슷한 것
건물의 부착물	피보험자 소유인 게시판, 네온싸인, 간판, 안테나, 선전탑 및 이와 비슷한 것
건물의 부속설비	피보험자 소유인 전기가스설비, 급배수설비, 냉난방설비, 급이기, 통풍설비 등 건물의 주 용도에 적합한 부대시설 및 이와 비슷한 것
건물의 기계장치	착유기, 원유냉각기, 가금사의 기계류(케이지, 부화기, 분류기 등) 및 이와 비슷한 것

02. ① 5월 20일 ② 7월 31일 ③ 8월 31일 ④ 9월 30일 ⑤ 10월 31일

03. ① 24 ② 5 ③ 0.5 ④ 30 ⑤ 50

[인삼 보상하는 재해 : 자연재해]

1) **태풍(강풍)** : 기상청에서 태풍에 대한 특보(태풍주의보, 태풍경보)를 발령한 때 해당 지역의 바람과 비 또는 최대순간풍속 14m/s 이상의 강풍
2) **폭설** : 기상청에서 대설에 대한 특보(대설주의보, 대설경보)를 발령한 때 해당 지역의 눈 또는 24시간 신적설이 5cm 이상인 상태
3) **집중호우** : 기상청에서 호우에 대한 특보(호우주의보, 호우경보)를 발령한 때 해당 지역의 비 또는 24시간 누적강수량이 80mm 이상인 상태
4) **침수** : 태풍, 집중호우 등으로 인하여 인삼 농지에 다량의 물(고랑 바닥으로부터 침수 높이가 최소 15cm 이상)이 유입되어 상면에 물이 잠긴 상태
5) **우박** : 적란운과 봉우리 적운 속에서 성장하는 얼음알갱이나 얼음덩이가 내려 발생하는 피해

6) **냉해** : 출아 및 전엽기(4~5월) 중에 해당 지역에 최저기온 0.5℃ 이하의 찬 기온으로 인하여 발생하는 피해를 말하며, 육안으로 판별 가능한 냉해 증상이 있는 경우에 피해를 인정
7) **폭염** : 해당 지역에 최고기온 30℃ 이상이 7일 이상 지속되는 상태를 말하며, 잎에 육안으로 판별 가능한 타들어간 증상이 50% 이상 있는 경우에 인정
8) **화재** : 화재로 인하여 발생하는 피해

04. ① 305 ② 10,000 ③ 30 ④ 11,000 ⑤ 20

협정보험가액 특별약관(유량검정젖소)]
유량검정젖소란 젖소개량사업소의 검정사업에 참여하는 농가 중에서 일정한 요건을 충족하는 농가(직전 월의 305일 평균유량이 10,000kg 이상이고 평균 체세포수가 30만 마리 이하를 충족하는 농가)의 소(최근 산차 305일 유량이 11,000kg 이상이고, 체세포수가 20만 마리 이하인 젖소)를 의미하며 요건을 충족하는 유량검정젖소는 시가에 관계없이 협정보험가액 특약으로 보험 가입이 가능하다.

05. ① 6 ② 5 ③ 20 ④ 6 ⑤ 10

〈방재시설 판정기준〉

방재시설	판정기준
방상팬	• 방상팬은 팬 부분과 기둥 부분으로 나뉘어짐 • 팬 부분의 날개 회전은 원심식으로 모터의 힘에 의해 돌아가며 좌우 180도 회전가능하며 팬의 크기는 면적에 따라 조정 • 기둥 부분은 높이 6m 이상 • 1,000㎡당 1마력은 3대, 3마력은 1대 이상 설치 권장 (단, 작동이 안 될 경우 할인 불가)
서리방지용 미세살수장치	• 서리피해를 방지하기 위해 설치된 살수량 500~800ℓ/10a의 미세살수장치 * 점적관수 등 급수용 스프링클러는 포함되지 않음
방풍림	• 높이가 6미터 이상의 영년생 침엽수와 상록활엽수가 5미터 이하의 간격으로 과수원 둘레 전체에 식재되어 과수원의 바람 피해를 줄일 수 있는 나무
방풍망	• 망구멍 가로 및 세로가 6~10㎜의 망목네트를 과수원 둘레 전체나 둘레 일부(1면 이상 또는 전체둘레의 20% 이상)에 설치
방충망	• 망구멍이 가로 및 세로가 6㎜ 이하 망목네트로 과수원 전체를 피복
방조망	• 망구멍의 가로 및 세로가 10㎜를 초과하고 새의 입출이 불가능한 그물 • 주 지주대와 보조 지주대를 설치하여 과수원 전체를 피복

06. 1) 평년착과량 = [A + (B − A) × (1 − Y/5)] × C/D
= [2,500 + (4,200 − 2,500) × (1 − 4/5)] × 9,000/6,000
= 4,260kg

ㅇ A = Σ과거 5년간 적과후착과량10,000 ÷ 과거 5년간 가입횟수4
= 2,500kg

구분	2018년	2019년	2021년	2022년	평균
적과후착과량(kg)	2,000	800	4,000 × 30%	6,000	2,500
	2,000	800	1,200	6,000	

※ 과거 적과후착과량 : 연도별 적과후착과량을 인정하되, 21년 적과후착과량부터 아래 상 · 하한 적용

- 상한 : 평년착과량의 300%
- 하한 : 평년착과량의 30%

ㅇ B = Σ과거 5년간 표준수확량16,800 ÷ 과거 5년간 가입횟수4
= 4,200kg

구분	2018년	2019년	2021년	2022년	평균
표준수확량(kg)	1,500	3,000	5,700	6,600	4,200

ㅇ Y = 과거 5년간 가입횟수 = 4회
ㅇ C = 당해연도(가입연도: 2023년 수령 8년) 기준표준수확량
= 9,000kg
ㅇ D = Σ과거 5년간 기준표준수확량24,000 ÷ 과거 5년간 가입횟수4
= 6,000kg

년도(수령)	2018(3년)	2019(4년)	2021(6년)	2022(7년)	평균
기준표준수확량(kg)	6,000 × 50%	6,000 × 75%	8,000	8,500	6,000
	3,000	4,500	8,000	8,500	

※ 과거기준표준수확량(D) 적용 비율 : 일반재배 수령 5년 기준 아래 비율 적용
- 대상품목 사과만 해당
- 3년생 : 일반재배방식의 표준수확량 5년생의 50%,
  4년생 : 일반재배방식의 표준수확량 5년생의 75%

2) 착과감소보험금 = (착과감소량1,760-미보상감수량-자기부담감수량852) × 50% × 2,000원/kg
= 908,000원
- 착과감소량 = 평년착과량4,260 - 적과후 착과량2,500 = 1,760kg
- 자기부담감수량 = 기준수확량4,260 × 0.2 = 852kg

3) 차액보험료 = 감액분 계약자부담 보험료82,629 × 감액미경과비율0.7 = 57,840원
- 감액분 수확량 : 1,760kg
- 감액분 계약자부담 보험료 = 200,000원 × (4,260 - 2,500)/4,260 = 82,629원
- 감액미경과비율 : 70%

〈감액미경과비율〉

적과종료 이전 특정위험 5종 한정보장 특별약관에 가입하지 않은 경우

품목	착과감소보험금 보장수준 50%형	착과감소보험금 보장수준 70%형
사과, 배	70%	63%
단감, 떫은감	84%	79%

07. 1) **과실손해보험금 : 없음**
보험금 = 손해액120만원 - 자기부담금200만원
- 손해액 = 보험가입금액 × 피해율 = 1천만원 × 0.12 = 1,200,000원
- 피해율 = {(등급 내 피해과실30 + 등급 외 피해과실24 × 0.5) ÷ 기준과실수280} × (1 - 미보상비율) = 0.12
- 자기부담금 = 가입금액1,000만원 × 자기부담비율0.2 = 200만원

2) **동상해보장보험금 : 1,609,750원**
보험금 = 손해액 2,409,750원 - 자기부담금800,000원 = 1,609,750원

- 손해액 = {가입금액 - (가입금액 × 기사고피해율)} × 경과비율 × 동상해피해율 × (1 - 미보상비율)
  = {1천만원 - (1천만원 × 0.15)} × 0.7 × 0.45 × (1 - 0.1) = 2,409,750원
- 자기부담금 = 절대값{가입금액1천만원 × (주계약피해율12% - 자기부담비율20%), 0} = 800,000원
- 동상해피해율 = (80%형 피해과50개×0.8 + 100%형 피해과50개×1)/200 = 45%
- 기사고피해율(미보상비율 제외) = 15%
- 경과비율(수확기 잔존비율)(%) = 100 - 1.5 × 사고발생일자20일[사고발생 월 12월 기준] = 70%

08. • **유상계약성** : 계약당사자 쌍방이 서로 대가적인 의미를 가지는 출연(대금이나 차임)을 하는 계약
- **쌍무계약성** : 계약당사자 쌍방이 서로 대가적 의미를 가지는 채무를 부담하는 계약으로 계약자는 보험료 지급의무, 보험자는 보험금 지급의무를 대가적으로 부담한다.
- **상행위성** : 보험의 인수는 영업을 통하여 해야 한다는 점에서 보험계약행위는 상행위이다.
- **최고 선의성** : 보험계약이 사행성을 띠고 있고 보험의 도박화를 방지하기 위하여 보험은 선의계약성이 요구된다. 이는 사법상의 신의성실의 원칙에 기초하고 있으며, 일반적인 선의보다도 더 강도 높은 선의성을 요구한다.
- **계속계약성** : 보험계약은 보험계약자의 보험료 지급의무와 보험자의 보험금 지급의무가 일정기간동안 계속하여 존재한다.

09. 1) **보험가입금액 : 6,003,000원**

보험가입금액 = 재조달가액 × (1 - 감가상각률)
= 18,000,00원 × (1 - 0.6665) = 6,003,000원

- 재조달가액 = 재배면적 × 단위면적(m^2)당 시설비 = 3,000m^2 × 6,000원 = 18,000,000원
- 감가상각률 = 경과연수5년 × 경년감가율13.33% = 66.65%

2) **보험가입금액 : 4,836,000원**

보험가입금액 = 재조달가액7,500,000원 × (1 - 감가상각률35.52%) = 4,836,000원

- 재조달가액 = 재배면적 × 단위면적(m^2)당 시설비 = 1,250m^2 × 6,000원 = 7,500,000원
- 감가상각률 = 경과연수8년 × 경년감가율4.44% = 35.52%

10. ① **불가능** : 고추 정식 6개월 이내에 인삼을 재배한 농지

② **불가능** : 직파한 농지

③ **불가능** : 풋고추 형태로 판매하기 위해 재배하는 농지

④ **불가능** : 노지재배, 터널재배 이외의 재배작형으로 재배하는 농지

⑤ **가능**

> 고추 보험인수제한 목적물
> 가) 보험가입금액이 200만원 미만인 농지
> 나) 재식밀도가 조밀(1,000㎡당 4,000주 초과) 또는 넓은(1,000㎡당 1,500주 미만) 농지
> 다) 노지재배, 터널재배 이외의 재배작형으로 재배하는 농지
> 라) 비닐멀칭이 되어 있지 않은 농지
> 마) 직파한 농지
> 바) 4월 1일 이전과 5월 31일 이후에 고추를 식재한 농지
> 사) 동일 농지 내 재배 방법이 동일하지 않은 농지(단, 보장생산비가 낮은 재배 방법으로 가입하는 경우 인수 가능)
> 아) 동일 농지 내 재식 일자가 동일하지 않은 농지(단, 농지 전체의 정식이 완료된 날짜로 가입하는 경우 인수 가능)
> 자) 고추 정식 6개월 이내에 인삼을 재배한 농지
> 차) 풋고추 형태로 판매하기 위해 재배하는 농지

제2과목 농작물재해보험 및 가축재해보험 손해평가의 이론과 실무

11. 역병, 갈쭉병, 모자이크병, 무름병, 둘레썩음병, 가루더뎅이병, 잎말림병, 감자뿔나방

〈감자 병충해 등급별 인정비율〉

급수	종류	인정비율
1급	역병, 갈쭉병, 모자이크병, 무름병, 둘레썩음병, 가루더뎅이병, 잎말림병, 감자뿔나방	90%
2급	홍색부패병, 시들음병, 마른썩음병, 풋마름병, 줄기검은병, 더뎅이병, 균핵병, 검은무늬썩음병, 줄기기부썩음병, 진딧물류, 아메리카잎굴파리, 방아벌레류	70%
3급	반쭉시들음병, 흰비단병, 잿빛곰팡이병, 탄저병, 겹둥근무늬병, 오이총채벌레, 뿌리혹선충, 파밤나방, 큰28점박이무당벌레, 기타	50%

12. 1) **낙엽률 : 25%**

낙엽률 = 총표본주의 낙엽수 합계120 ÷ 총표본주의 착엽수와 낙엽수 합계480개 = 25%

총표본주의 잎사귀 합계 = 동서남북 4곳의 결과지 × 각 가지당 착엽수와 낙엽수 합계 10개 × 표본주12주
= 480개

2) **인정피해율 : 17.13%**

인정피해율 = 0.9662 × 낙엽률0.25 − 0.0703 = 0.17125%

품목	인정피해율
단감	인정피해율 = 1.0115 × 낙엽률 − 0.0014 × 경과일수 ※ 경과일수 : 6월 1일부터 낙엽피해 발생일까지 경과된 일수
떫은감	인정피해율 = 0.9662 × 낙엽률 − 0.0703

※ 인정피해율의 계산 값이 0보다 적은 경우 인정피해율은 0으로 한다.

13. 보험금 : 3,578,400원

보험금 = 잔존보험가입금액 × 경과비율 × 피해율 − 자기부담금
= 15,000,000원 × 0.746 × 0.36 − 450,000원 = 3,578,400원

- 경과비율 = 준비기생산비계수0.492 + (1 − 준비기생산비계수0.492) × 생장일수65/표준생장일수130
  = 0.746
- 피해율 = 피해비율0.6 × 작물피해율0.6 = 36%
- 피해비율 = 피해면적600 ÷ 재배면적1,000 = 60%
- 작물피해율 = {(30×0.5) + (15×0.8) + (33×1)}/100 = 60%
- 자기부담금 = 보험가입금액1,500만원 × 자기부담비율3% = 450,000원

14. 보험금 : 5,774,000원

보험금 = 보험가입금액20,000,000원 × (피해율0.4887 − 자기부담비율0.2) = 5,774,000원

- 피해율 = (평년수확량8,000 − 수확량3,656 − 미보상감수량434.4) ÷ 평년수확량8,000
  = 48.87%
- 수확량 = 주당착과량20×조사대상주수370×(1 − 착과피해율0.56) + 주당평년수확량20 × 미보상주수20 = 3,656kg
  - 조사대상주수 = 370주
  - 주당착과량 = 표본주착과량160 ÷ 표본주수8 = 20kg

- 착과피해율 = {(20×0.5) + (20×0.8) + (30×1)}/100 = 56%
- 주당평년수확량 = 평년수확량8,000 ÷ 실제결과주수400 = 20kg
- 미보상감수량 = (평년수확량8,000 - 수확량3,656) × 미보상비율0.1 = 434.4kg

15. 1) **마늘 재파종보험금 : 210,000원**

재파종보험금 = 보험가입금액3,000,000원 × 35% × 표준출현피해율0.2 = 210,000원

표준출현피해율 = (3,000 - 2,400)/3,000 = 20%

2) **양배추 재정식보험금 : 100,000원**

재정식보험금 = 보험가입금액2,000,000원 × 20% × 면적피해율0.25 = 100,000원

면적피해율 = 피해면적500 ÷ 가입면적2,000 = 25%

16. 1) ① 1 ② 3 ③ 10 ④ 15 ⑤ 30

2) **지급보험금 :** 4,340,800원

지급보험금 = (사고소의 보험가액6,026,000원 - 이용물처분액800,000원 × 0.75) - 자기부담금
= 5,426,000원 - 1,085,200원 = 4,340,800원

자기부담금 = 5,426,000원 × 20% = 1,085,200원

사고소의 보험가액 = 655kg × 9,200원/kg = 6,026,000원

사고소(한우 수컷)의 월령 : 27개월로 25개월 초과시 655kg 인정

사고 전전월 성별 전국산지평균가격 : Max(3,220,000/350, 3,600,000/600) = 9,200원/kg

17. 1) ① 8 ② 5.3 ③ 1 ④ 40 ⑤ 16

〈농업용 시설물 감가율〉

고정식 하우스

구분		내용연수	경년감가율
구조체	단동하우스	10년	8%
	연동하우스	15년	5.3%
피복재	장수PE, 삼중EVA, 기능성필름, 기타	1년	40% 고정감가
	장기성Po	5년	16%

2) 생산비보장보험금 : 858,000원

보험금 = 피해작물 재배면적×피해작물 단위 면적당 보장생산비×경과비율×피해율
= 1,000 × 2,600 × 0.55 × 0.60 = 858,000원

- 경과비율= 0.1 + [(1-0.1) × (생장일수25 ÷표준생장일수50)] = 55%
- 피해율 = 피해비율0.5 × 손해정도비율0.6 = 0.3
- 피해비율=피해면적500 /재배면적1,000 = 50%
- 손해정도비율 = 60%

18. 1) **경작불능보험금 : 4,500,000원**

경작불능보험금 = 보험가입금액10,000,000원 × 지급비율45% × 경과비율0.9 = 4,050,000원

2) **수확량감소보험금 : 2,173,000원**

보험금 = 보험가입금액10,000,000원 × (피해율0.3173 - 자기부담비율0.1) = 2,173,000원

- 피해율 = (평년수확량1,500 - 수확량905 - 미보상감수량119) ÷ 평년수확량1,500 = 31.73%
- 수확량 = 표본구간단위면적당유효중량0.262 × 조사대상면적2,500
  + 단위면적당평년수확량0.5 × (타작물, 미보상, 기수확면적500) = 905kg
- 표본구간유효중량 = 표본구간작물중량합계400g × (1 - 0.07) × (1 - 0.22)/(1-0.15) = 341g
- 표본구간단위면적당수확량 = 표본구간유효중량341g ÷ 표본구간면적1.3m^2 = 262g
- 단위면적당평년수확량 = 평년수확량1,500kg ÷ 실제경작면적3,000 = 0.5kg/m^2
- 미보상감수량 = (평년수확량1,500 - 수확량905) × 미보상비율0.2 = 119kg

3) **수확량감소보험금 : 4,047,000원**

보험금 = 보험가입금액10,000,000원 × (피해율0.5047 - 자기부담비율0.1) = 4,047,000원
- 피해율 = (평년수확량1,500 - 수확량659 - 미보상감수량84) ÷ 평년수확량1,500 = 50.47%
- 수확량 = 조사대상면적작물중량합계 + 단위면적당평년수확량0.5 × (타작물, 미보상, 기수확면적300)
  = 509 + (0.5 × 300) = 659kg
- 조사대상면적 작물중량합계 = 540kg × (1 - 0.18)/(1 - 0.13) = 509kg
- 단위면적당 평년수확량 = 1,500kg/3,000m^2 = 0.5kg/m^2
- 미보상감수량 = (평년수확량1,500 - 수확량659) × 미보상비율0.1 = 84kg

19. 1) **피해수확량 : 1,875kg**
- 피해수확량 = 단위면적당피해수확량0.25 × 조사대상면적7,000
  + 단위면적당표준수확량0.25 × 고사면적500 = 1,875kg
- 단위면적당피해수확량 = 4 ÷ 16 = 0.25kg
- 표본구간피해수확량 = ('하' 개수18 + '중' 개수14 × 0.5) × 표준중량0.16 = 4kg
- 표준중량 : 대학찰(연농2호) 160g
- 조사대상면적 = 7,000m^2
- 단위면적당표준수확량 = 표준수확량2,000 ÷ 실제경작면적8,000 = 0.25kg/m^2

2) **손해액 : 3,750,000원**
- 손해액 = 피해수확량1,875 × 가입가격2,000원 = 3,750,000원

3) **수확감소보험금 : 1,750,000원**
- 수확감소보험금 = 손해액3,750,000원 - 자기부담금2,000,000원 = 1,750,000원
- 자기부담금 = 보험가입금액20,000,000원 × 자기부담비율0.1 = 2,000,000원

20. 1) ① 경과비율 = 98 - 사고발생일자

② 경과비율 = (사고발생일자^2 - 43 × 사고발생일자 + 460) ÷ 2

2) **과실손해보험금 : 1,143,000원**

보험금 = 보험가입금액5,000,000원 × (피해율0.4286 - 자기부담비율0.2) = 1,143,000원
- 피해율 = 종합위험고사결과모지수3 ÷ 평년결과모지수7 = 42.86%
- 종합위험고사결과모지수 = 평년결과모지수 - (기준살아있는 결과모지수 - 수정불량환산고사결과모지수
  + 미보상고사결과모지수)
  = 7 - (5 - 1.75 + 0.75) = 3개
- 기준살아있는 결과모지수 = 살아있는 결과모지수250 ÷ (표본구간수10 × 5) = 5개
- 수정불량환산고사결과모지수 = 살아있는결과모지수250×환산계수0.35 ÷ (표본구간수10 × 5) = 1.75개
- 수정불량환산계수 = 200/400 - 0.15 = 0.35
- 미보상고사결과모지수 = {평년결과모지수7 - (기준살아있는 결과모지수5-수정불량환산고사결과모지수1.75}
  × 미보상비율0.2 = 0.75개

온라인 교육의 명품브랜드 www.edupd.com

에듀피디 EDUPD

2024.4.19. 「농업재해보험 · 손해평가의 이론과 실무」 이론서 반영

손해평가사

최신기출유형 2차

실무 최종모의고사

PART 04

손해평가사2차실무

부록편

부록

농업재해보험 · 손해평가의 이론과 실무 별표

[별표 1]

품목별 표본주(구간)수 표

〈사과, 배, 단감, 떫은감, 포도(수입보장 포함), 복숭아, 자두, 밤, 호두, 무화과〉

조사대상주수	표본주수
50주 미만	5
50주 이상 100주 미만	6
100주 이상 150주 미만	7
150주 이상 200주 미만	8
200주 이상 300주 미만	9
300주 이상 400주 미만	10
400주 이상 500주 미만	11
500주 이상 600주 미만	12
600주 이상 700주 미만	13
700주 이상 800주 미만	14
800주 이상 900주 미만	15
900주 이상 1,000주 미만	16
1,000주 이상	17

〈유자〉

조사대상주수	표본주수	조사대상주수	표본주수
50주 미만	5	200주 이상, 500주 미만	8
50주 이상, 100주 미만	6	500주 이상, 800주 미만	9
100주 이상, 200주 미만	7	800주 이상	10

〈참다래, 매실, 살구, 대추, 오미자〉

참다래		매실, 대추, 살구		오미자	
조사대상주수	표본주수	조사대상주수	표본주수	조사대상 유인틀 길이	표본주수
50주 미만	5	100주 미만	5	500m 미만	5
50주 이상 100주 미만	6	100주 이상 300주 미만	7	500m 이상 1,000m 미만	6
100주 이상 200주 미만	7	300주 이상 500주 미만	9	1,000m 이상 2,000m 미만	7
200주 이상 500주 미만	8	500주 이상 1,000주 미만	12	2,000m 이상 4,000m 미만	8
500주 이상 800주 미만	9	1,000주 이상	15	4,000m 이상 6,000m 미만	9
800주 이상	10			6,000m 이상	10

〈오디, 복분자, 감귤(온주밀감류)〉

오디		복분자		감귤	
조사대상주수	표본주수	조사대상주수	표본 포기수	가입면적	표본주수
50주 미만	6	1,000포기 미만	8	5,000㎡ 미만	4
50주 이상 100주 미만	7	1,000포기 이상 1,500포기 미만	9	10,000㎡ 미만	6
100주 이상 200주 미만	8	1,500포기 이상 2,000포기 미만	10	10,000㎡ 이상	8
200주 이상 300주 미만	9	2,000포기 이상 2,500포기 미만	11		
300주 이상 400주 미만	10	2,500포기 이상 3,000포기 미만	12		
400주 이상 500주 미만	11	3,000포기 이상	13		
500주 이상 600주 미만	12				
600주 이상	13				

〈벼, 밀, 보리〉

가입면적	표본구간	가입면적	표본구간
2,000㎡ 미만	3	4,000㎡ 이상 5,000㎡ 미만	6
2,000㎡ 이상 3,000㎡ 미만	4	5,000㎡ 이상 6,000㎡ 미만	7
3,000㎡ 이상 4,000㎡ 미만	5	6,000㎡ 이상	8

〈고구마, 양파, 마늘, 옥수수, 양배추〉

※ 수입보장 포함

가입면적	표본구간	가입면적	표본구간
1,500㎡ 미만	4	3,000㎡ 이상, 4,500㎡ 미만	6
1,500㎡ 이상, 3,000㎡ 미만	5	4,500㎡ 이상	7

〈감자, 차, 콩, 팥〉

※ 수입보장 포함

가입면적	표본구간	가입면적	표본구간
2,500㎡ 미만	4	7,500㎡ 이상, 10,000㎡ 미만	7
2,500㎡ 이상, 5,000㎡ 미만	5	10,000㎡ 이상	8
5,000㎡ 이상, 7,500㎡ 미만	6		

〈인삼〉

피해칸수	표본칸수	피해칸수	표본칸수
300칸 미만	3칸	900칸 이상 1,200칸 미만	7칸
300칸 이상 500칸 미만	4칸	1,200칸 이상 1,500칸 미만	8칸
500칸 이상 700칸 미만	5칸	1,500칸 이상, 1,800칸 미만	9칸
700칸 이상 900칸 미만	6칸	1,800칸 이상	10칸

〈고추, 메밀, 브로콜리, 배추, 무, 단호박, 파, 당근, 시금치(노지), 양상추〉

실제경작면적 또는 피해면적	표본구간(이랑) 수
3,000㎡ 미만	4
3,000㎡ 이상, 7,000㎡ 미만	6
7,000㎡이상, 15,000㎡ 미만	8
15,000㎡ 이상	10

[별표 2]

농작물재해보험 미보상비율 적용표

〈감자, 고추 제외 전 품목〉

구분	제초 상태	병해충 상태	기타
해당 없음	0%	0%	0%
미흡	10% 미만	10% 미만	10% 미만
불량	20% 미만	20% 미만	20% 미만
매우 불량	20% 이상	20% 이상	20% 이상

미보상 비율은 보상하는 재해 이외의 원인이 조사 농지의 수확량 감소에 영향을 준 비율을 의미하여 제초 상태, 병해충 상태 및 기타 항목에 따라 개별 적용한 후 해당 비율을 합산하여 산정한다.

1) **제초 상태**(과수품목은 피해율에 영향을 줄 수 있는 잡초만 해당)
   가) 해당 없음 : 잡초가 농지 면적의 20% 미만으로 분포한 경우
   나) 미흡 : 잡초가 농지 면적의 20% 이상 40% 미만으로 분포한 경우
   다) 불량 : 잡초가 농지 면적의 40% 이상 60% 미만으로 분포한 경우 또는 경작불능조사 진행건이나 정상적인 영농활동 시행을 증빙하는 자료(비료 및 농약 영수증 등)가 부족한 경우
   라) 매우 불량 : 잡초가 농지 면적의 60% 이상으로 분포한 경우 또는 경작불능조사 진행건이나 정상적인 영농활동 시행을 증빙하는 자료(비료 및 농약 영수증 등)가 없는 경우
2) **병해충 상태**(각 품목에서 별도로 보상하는 병해충은 제외)
   가) 해당 없음 : 병해충이 농지 면적의 20% 미만으로 분포한 경우
   나) 미흡 : 병해충이 농지 면적의 20% 이상 40% 미만으로 분포한 경우
   다) 불량 : 병해충이 농지 면적의 40% 이상 60% 미만으로 분포한 경우 또는 경작불능조사 진행건이나 정상적인 영농활동 시행을 증빙하는 자료(비료 및 농약 영수증 등)가 부족한 경우
   라) 매우 불량 : 병해충이 농지 면적의 60% 이상으로 분포한 경우 또는 경작불능조사 진행건이나 정상적인 영농활동 시행을 증빙하는 자료(비료 및 농약 영수증 등)가 없는 경우
3) **기타** : 영농기술 부족, 영농 상 실수 및 단순 생리장애 등 보상하는 손해 이외의 사유로 피해가 발생한 것으로 추정되는 경우 [해거리, 생리장애(원소결핍 등), 시비관리, 토양관리(연작 및 pH과다 · 과소 등), 전정(강전정 등), 조방재배, 재식밀도(인수기준 이하), 농지상태(혼식, 멀칭, 급배수 등), 가입이전 사고 및 계약자 중과실손해, 자연감모, 보상재해 이외(종자불량, 일부가입 등)]에 적용
   가) 해당 없음 : 위 사유로 인한 피해가 없는 것으로 판단되는 경우
   나) 미흡 : 위 사유로 인한 피해가 10% 미만으로 판단되는 경우
   다) 불량 : 위 사유로 인핸 피해가 20% 미만으로 판단되는 경우
   라) 매우 불량 : 위 사유로 인한 피해가 20% 이상으로 판단되는 경우

〈감자, 고추 품목〉

구분	제초 상태	기타
해당 없음	0%	0%
미흡	10% 미만	10% 미만
불량	20% 미만	20% 미만
매우 불량	20% 이상	20% 이상

미보상 비율은 보상하는 재해 이외의 원인이 조사 농지의 수확량 감소에 영향을 준 비율을 의미하여 제초 상태, 병해충 상태 및 기타 항목에 따라 개별 적용한 후 해당 비율을 합산하여 산정한다.

1) **제초 상태**(과수품목은 피해율에 영향을 줄 수 있는 잡초만 해당)
   가) 해당 없음 : 잡초가 농지 면적의 20% 미만으로 분포한 경우
   나) 미흡 : 잡초가 농지 면적의 20% 이상 40% 미만으로 분포한 경우
   다) 불량 : 잡초가 농지 면적의 40% 이상 60% 미만으로 분포한 경우 또는 경작불능조사 진행건이나 정상적인 영농활동 시행을 증빙하는 자료(비료 및 농약 영수증 등)가 부족한 경우
   라) 매우 불량 : 잡초가 농지 면적의 60% 이상으로 분포한 경우 또는 경작불능조사 진행건이나 정상적인 영농활동 시행을 증빙하는 자료(비료 및 농약 영수증 등)가 없는 경우
2) **기타** : 영농기술 부족, 영농 상 실수 및 단순 생리장애 등 보상하는 손해 이외의 사유로 피해가 발생한 것으로 추정되는 경우 [해거리, 생리장애(원소결핍 등), 시비관리, 토양관리(연작 및 pH과다 · 과소 등), 전정(강전정 등), 조방재배, 재식밀도(인수기준 이하), 농지상태(혼식, 멀칭, 급배수 등), 가입이전 사고 및 계약자 중과실손해, 자연감모, 보상재해 이외(종자불량, 일부가입 등)]에 적용
   가) 해당 없음 : 위 사유로 인한 피해가 없는 것으로 판단되는 경우
   나) 미흡 : 위 사유로 인한 피해가 10% 미만으로 판단되는 경우
   다) 불량 : 위 사유로 인핸 피해가 20% 미만으로 판단되는 경우
   라) 매우 불량 : 위 사유로 인한 피해가 20% 이상으로 판단되는 경우

[별표 3]

과실 분류에 따른 피해인정계수

〈복숭아 외〉

과실분류	피해인정계수	비고
정상과	0	피해가 없거나 경미한 과실
50%형 피해과실	0.5	일반시장에 출하할 때 정상과실에 비해 50% 정도의 가격하락이 예상되는 품질의 과실(단, 가공공장공급 및 판매 여부와 무관)
80%형 피해과실	0.8	일반시장 출하가 불가능하나 가공용으로 공급될 수 있는 품질의 과실(단, 가공공장 공급 및 판매 여부와 무관)
100%형 피해과실	1	일반시장 출하가 불가능하고 가공용으로도 공급될 수 없는 품질의 과실

〈복숭아〉

과실분류	피해인정계수	비고
정상과	0	피해가 없거나 경미한 과실
50%형 피해과실	0.5	일반시장에 출하할 때 정상과실에 비해 50% 정도의 가격하락이 예상되는 품질의 과실(단, 가공공장공급 및 판매 여부와 무관)
80%형 피해과실	0.8	일반시장 출하가 불가능하나 가공용으로 공급될 수 있는 품질의 과실(단, 가공공장 공급 및 판매 여부와 무관)
100%형 피해과실	1	일반시장 출하가 불가능하고 가공용으로도 공급될 수 없는 품질의 과실
병충해 피해과실	0.5	세균구멍병 피해를 입은 과실

〈감귤(온주밀감류)〉

과실분류		비 고
정상과실	0	무피해 과실 또는 보상하는 재해로 과피 전체 표면 면적의 10% 내로 피해가 있는 경우
등급 내 피해과실	30%형	보상하는 재해로 과육은 피해가 없고 과피 전체 표면 면적의 10% 이상 30% 미만의 피해가 있는 경우
	50%형	보상하는 재해로 과육은 피해가 없고 과피 전체 표면 면적의 30% 이상 50% 미만의 피해가 있는 경우
	80%형	보상하는 재해로 과육은 피해가 없고 과피 전체 표면 면적의 50% 이상 80% 미만의 피해가 있는 경우
	100%형	보상하는 재해로 과피 전체 표면 면적의 80% 이상 피해가 있거나 과육의 부패 및 무름등의 피해가 있는 경우
등급 외 피해과실	30%형	**[제주특별자치도 감귤생산 및 유통에 관한 조례시행규칙]** 제18조 제4항에 준하여 과실의 크기만으로 등급 외 크기이면서 무피해 과실 또는 보상하는 재해로 과피 및 과육 피해가 없는 경우를 말함
	50%형	**[제주특별자치도 감귤생산 및 유통에 관한 조례시행규칙]** 제18조 제4항에 준하여 과실의 크기만으로 등급 외 크기이면서 보상하는 재해로 과육은 피해가 없고 과피 전체 표면 면적의 10% 이상 피해가 있으며 과실 횡경이 71㎜ 이상인 경우를 말함
	80%형	**[제주특별자치도 감귤생산 및 유통에 관한 조례시행규칙]** 제18조 제4항에 준하여 과실의 크기만으로 등급 외 크기이면서 보상하는 재해로 과육은 피해가 없고 과피 전체 표면 면적의 10% 이상 피해가 있으며 과실 횡경이 49㎜ 미만인 경우를 말함
	100%형	**[제주특별자치도 감귤생산 및 유통에 관한 조례시행규칙]** 제18조 제4항에 준하여 과실의 크기만으로 등급 외 크기이면서 과육부패 및 무름 등의 피해가 있어 가공용으로도 공급 될 수 없는 과실을 말함

[별표 4]

매실 품종별 과실 비대추정지수

조사일	남고	백가하	재래종	천매
30일전	2.871	3.411	3.389	3.463
29일전	2.749	3.252	3.227	3.297
28일전	2.626	3.093	3.064	3.131
27일전	2.504	2.934	2.902	2.965
26일전	2.381	2.775	2.740	2.800
25일전	2.258	2.616	2.577	2.634
24일전	2.172	2.504	2.464	2.518
23일전	2.086	2.391	2.351	2.402
22일전	2.000	2.279	2.238	2.286
21일전	1.914	2.166	2.124	2.171
20일전	1.827	2.054	2.011	2.055
19일전	1.764	1.972	1.933	1.975
18일전	1.701	1.891	1.854	1.895
17일전	1.638	1.809	1.776	1.815
16일전	1.574	1.728	1.698	1.735
15일전	1.511	1.647	1.619	1.655
14일전	1.465	1.598	1.565	1.599
13일전	1.419	1.530	1.510	1.543
12일전	1.373	1.471	1.455	1.487
11일전	1.326	1.413	1.400	1.431
10일전	1.280	1.355	1.346	1.375
9일전	1.248	1.312	1.300	1.328
8일전	1.215	1.270	1.254	1.281
7일전	1.182	1.228	1.208	1.234
6일전	1.149	1.186	1.162	1.187
5일전	1.117	1.144	1.116	1.140
4일전	1.093	1.115	1.093	1.112
3일전	1.070	1.096	1.070	1.084
2일전	1.047	1.057	1.046	1.056
1일전	1.023	1.029	1.023	1.028
수확일	1	1	1	1

※ 위에 없는 품종은 남고를 기준으로 함 (출처 : 국립원예특작과학원)

[별표 5]

무화과 품목 사고발생일에 따른 잔여수확량 비율

사고발생 월	잔여수확량 산정식(%)
8월	{100 − (1.06 × 사고발생일자)}
9월	{(100 − 33) − (1.13 × 사고발생일자)}
10월	{(100 − 67) − (0.84 × 사고발생일자)}

[별표 6]

손해정도에 따른 손해정도비율

손해정도	1%~20%	21%~40%	41%~60%	61%~80%	81%~100%
손해정도비율	20%	40%	60%	80%	100%

[별표 7]

고추 병충해 등급별 인정비율

등 급	종 류	인정비율
1등급	역병, 풋마름병, 바이러스병, 세균성점무늬병, 탄저병	70%
2등급	잿빛곰팡이병, 시들음병, 담배가루이, 담배나방	50%
3등급	흰가루병, 균핵병, 무름병, 진딧물 및 기타	30%

[별표 8]

동일한 계약의 목적과 사고에 관한 보험금 계산방법

(1) 다른 계약이 이 계약과 지급보험금의 계산 방법이 같은 경우

$$\text{손해액} \times \frac{\text{이 계약의 보험가입금액}}{\text{다른 계약이 없는 것으로 하여 각각 계산한 보험가입금액의 합계액}}$$

(2) 다른 계약이 이 계약과 지급보험금의 계산 방법이 다른 경우

$$\text{손해액} \times \frac{\text{이 계약에 의한 보험금}}{\text{다른 계약이 없는 것으로 하여 각각 계산한 보험금의 합계액}}$$

[별표 9]

품목별 감수과실 수 및 피해율 산정 방법

1. 적과전 종합위험방식 과수 품목 감수과실수 산정방법

품목	조사시기	재해종류	조사종류	감수과실수 산정 방법
사과 · 배 · 단감 · 떫은감	적과 종료 이전	자연재해 · 조수해 · 화재	피해사실 확인조사	■ **적과종료이전 보상하는 재해(자연재해, 조수해, 화재)로 발생한 착과감소량(과실수)은 아래와 산식과 같음** • 착과감소과실수 = 평년착과수 – 적과후착과수 • 적과종료이전의 미보상감수과실수 = {(착과감소과실수 × 미보상비율) + 미보상주수 감수과실수} ※ 적과종료이전사고 조사에서 미보상비율적용은 미보상비율조사값 중 가장 큰 값만 적용 ■ **단, 적과종료이전 사고로 일부 피해만 발생하는 경우 아래의 산식을 적용함(5종 한정 특약 가입건 제외)** (일부피해 : 조수해 · 화재 사고접수되고 피해규모가 일부인 경우에 해당) • 착과감소과실수 = 최솟값(평년착과수 – 적과후착과수, 최대인정감소과실수) • 최대인정감소량(과실수) = 평년착과량(수) × 최대인정피해율 – 최대인정피해율 = 피해대상주수(고사주수, 수확불능주수, 일부피해주수) ÷ 실제결과주수 ※ 해당 사고가 2회 이상 발생한 경우에는 사고별 피해대상주수를 누적하여 계산
				■ **「적과종료이전 특정위험 5종 한정 보장특별약관」가입건의 적과종료 이전 보상하는 재해로 발생한 착과감소량(과실수)은 아래의 산식과 같음. 적과종료이전 사고는 보상하는 재해가 중복해서 발생한 경우에도 아래 산식을 한번만 적용함** • 착과감소과실수 = 최솟값(평년착과수 – 적과후착과수, 최대인정감소과실수) • 최대인정감소량(과실수) = 평년착과량(수) × 최대인정피해율 ※ 최대인정피해율은 아래의 값 중 가장 큰 값 – 나무피해 · (유실, 매몰, 도복, 절단(1/2), 소실(1/2), 침수주수) ÷ 실제결과주수 단, 침수주수는 침수피해를 입은 나무수에 과실침수율을 곱하여 계산함 · 해당 사고가 2회 이상 발생한 경우에는 사고별 나무피해주수를 누적하여 계산 – 우박피해에 따른 유과타박률 · 최댓값(유과타박률1, 유과타박률2, 유과타박률3, …)

				- 6월1일부터 적과종료 이전까지 단감 · 떫은감의 낙엽피해에 따른 인정피해율 · 최댓값(인정피해율1, 인정피해율2, 인정피해율3, …)
		자연재해	해당 조사없음	■ 적과종료 이전 자연재해로 인한 적과종료 이후 착과 손해 감수과실수 - 적과후 착과수가 평년착과수의 60% 미만인 경우, 감수과실수 = 적과후 착과수 × 5% - 적과후 착과수가 평년착과수의 60% 이상 100% 미만인 경우, $감수과실수 = 적과후\ 착과수 \times 5\% \times \frac{100\% - 착과율}{40\%}$, 착과율 = 적과후 착과수 ÷ 평년착과수 ※ 상기 계산된 감수과실수는 적과종료 이후 누적감수량에 합산하며, 적과종료 이후 착과피해율(max A 적용)로 인식함 ※ 적과전 종합방식(Ⅱ)가입 건 중 「적과종료이전 특정위험 5종 한정 보장특별약관」 미가입시에만 적용

품목	조사시기	재해종류	조사종류	감수과실수 산정 방법
사과 · 배	적과 종료 이후	태풍(강풍) · 화재 · 지진 · 집중호우	낙과피해 조사	• 낙과 손해(전수조사) : 총낙과과실수 × (낙과피해구성률 − max A) × 1.07 • 낙과 손해(표본조사) : (낙과과실수 합계 ÷ 표본주수) × 조사대상주수 × (낙과피해구성률 − max A) × 1.07 ※ 낙과 감수과실수의 7%를 착과손해로 포함하여 산정 ☞ max A : 금차 사고전 기조사된 착과피해구성률 중 최댓값을 말함 ☞ "(낙과피해구성률 − max A)"의 값이 영(0)보다 작은 경우 : 금차 감수과실수는 영(0)으로 함
			나무피해 조사	• 나무의 고사 및 수확불능 손해 − (고사주수 + 수확불능주수) × 무피해 나무 1주당 평균 착과수 × (1 − max A) • 나무의 일부침수 손해 − (일부침수주수 × 일부침수나무 1주당 평균 침수 착과수) × (1 − max A) − max A : 금차 사고전 기조사된 착과피해구성률 또는 인정피해율 중 최댓값을 말함
		우박	낙과피해 조사	• 낙과 손해(전수조사) : 총낙과과실수 × (낙과피해구성률 − max A) • 낙과 손해(표본조사) : (낙과과실수 합계 / 표본주수) × 조사대상주수 × (낙과피해구성률 − max A) ☞ max A : 금차 사고전 기조사된 착과피해구성률 중 최댓값을 말함 ☞ "(해당과실의 피해구성률 − max A)"의 값이 영(0)보다 작은 경우 : 금차 감수과실수는 영(0)으로 함
			착과피해 조사	• 사고당시 착과과실수 × (착과피해구성률 − max A) ☞ max A : 금차 사고전 기조사된 착과피해구성률 중 최댓값을 말함 ☞ "(해당과실의 피해구성률 − max A)"의 값이 영(0)보다 작은 경우 : 금차 감수과실수는 영(0)으로 함
		가을동상해	착과피해 조사	• 사고당시 착과과실수 × (착과피해구성률 − max A) ☞ max A : 금차 사고전 기조사된 착과피해구성률 중 최댓값을 말함 ☞ "(착과피해구성률 − max A)"의 값이 영(0)보다 작은 경우 : 금차 감수과실수는 영(0)으로 함

품목	조사시기	재해종류	조사종류	감수과실수 산정 방법
단감 · 떫은감	적과 종료 이후	태풍(강풍) · 화재 · 지진 · 집중호우	낙과피해 조사	• 낙과 손해(전수조사) : 총낙과과실수 × (낙과피해구성률 − max A) • 낙과 손해(표본조사) : (낙과과실수 합계 ÷ 표본주수) × 조사대상주수 × (낙과피해구성률 − max A) ☞ max A : 금차 사고전 기조사된 착과피해구성률 또는 인정피해율 중 최댓값을 말함 ☞ "(낙과피해구성률 − max A)"의 값이 영(0)보다 작은 경우 : 금차 감수과실수는 영(0)으로 함
			나무피해 조사	• 나무의 고사 및 수확불능 손해 − (고사주수 + 수확불능주수) × 무피해 나무 1주당 평균 착과수 × (1 − max A) • 나무의 일부침수 손해 − (일부침수주수 × 일부침수나무 1주당 평균 침수 착과수) × (1 − max A) − max A : 금차 사고전 기조사된 착과피해구성률 또는 인정피해율 중 최댓값을 말함
			낙엽피해 조사	• 낙엽 손해 − 사고당시 착과과실수 × (인정피해율 − max A) ☞ max A : 금차 사고전 기조사된 착과피해구성률 또는 인정피해율 중 최댓값을 말함 ☞ "(인정피해률 − max A)"의 값이 영(0)보다 작은 경우 : 금차 감수과실수는 영(0)으로 함
		우박	낙과피해 조사	• 낙과 손해(전수조사) − 총낙과과실수 × (낙과피해구성률 − max A) • 낙과 손해(표본조사) − (낙과과실수 합계 ÷ 표본주수) × 조사대상주수 × (낙과피해구성률 − max A) ☞ max A : 금차 사고전 기조사된 착과피해구성률 또는 인정피해율 중 최댓값을 말함 ☞ "(낙과피해구성률 − max A)"의 값이 영(0)보다 작은 경우 : 금차 감수과실수는 영(0)으로 함
			착과피해 조사	• 착과 손해 − 사고당시 착과과실수 × (착과피해구성률 − max A) ☞ max A : 금차 사고전 기조사된 착과피해구성률 또는 인정피해율 중 최댓값을 말함 ☞ "(착과피해구성률 − max A)"의 값이 영(0)보다 작은 경우 : 금차 감수과실수는 영(0)으로 함

품목	조사시기	재해종류	조사종류	감수과실수 산정 방법
단감 · 떫은감	적과 종료 이후	가을동상해	착과 피해조사	• 착과 손해 – 사고당시 착과과실수 × (착과피해구성률 – max A) ※ 단, '잎 50% 이상 고사 피해' 인 경우에는 착과피해구성률을 아래와 같이 적용함 착과피해구성률 = {(정상과실수 × 0.0031 × 잔여일수) + (50%형 피해과실수 × 0.5) + (80%형 피해과실수 × 0.8) + (100%형 피해과실수 × 1)} ÷ {정상과실수 + 50%형 피해과실수 + 80%형 피해과실수 + 100%형 피해과실수} – 잔여일수 : 사고발생일부터 예정수확일(가을동상해 보장종료일 중 계약자가 선택한 날짜)까지 남은 일수 – max A : 금차 사고전 기조사된 착과피해구성률 또는 인정피해율 중 최댓값을 말함 ※ "(착과피해구성률 – max A)"의 값이 영(0)보다 작은 경우 : 금차 감수과실수는 영(0)으로 함
사과 · 배 · 단감 · 떫은감	적과 종류 이후	일소피해	낙과 · 착과 피해소사	• 낙과 손해 (전수조사 시) : 총낙과과실수 × (낙과피해구성률 – max A) • 낙과 손해 (표본조사 시) : (낙과과실수 합계 ÷ 표본주수) × 조사대상주수 × (낙과피해구성률 – max A) – max A : 금차 사고전 기조사된 착과피해구성률 또는 인정피해율 중 최댓값을 말함 ※ "(낙과피해구성률 – max A)"의 값이 영(0)보다 작은 경우 : 금차 감수과실수는 영(0)으로 함 • 착과손해 – 사고낭시 착과과실수 × (착과피해구성률 – max A) – max A : 금차 사고전 기조사된 착과피해구성률 또는 인정피해율 중 최댓값을 말함 ※ "(착과피해구성률 – max A)"의 값이 영(0)보다 작은 경우 : 금차 감수과실수는 영(0)으로 함 • 일소피해과실수 = 낙과 손해 + 착과 손해 – 일소피해과실수가 보험사고 한 건당 적과후 착과수의 6%를 초과하는 경우에만 감수과실수로 인정 – 일소피해과실수가 보험사고 한 건당 적과후 착과수의 6% 이하인 경우에는 해당 조사의 감수과실수는 영(0)으로 함

※ 용어 및 관련 산식

품목	조사종류	내용
사과·배·단감·떫은감	공통	• 조사대상주수 = 실제결과주수 − 고사주수 − 수확불능주수 − 미보상주수 − 수확완료주수 • 미보상주수 감수과실수 = 미보상주수 × 품종 · 재배방식 · 수령별 1주당 평년착과수 • 미보상감수과실수 = 적과종료이전 미보상감수과실수 + 적과종료이후 미보상감수과실수 • 기준착과수 결정 – 적과종료전에 인정된 착과감소과실수가 없는 과수원 : 기준착과수 = 적과후 착과수 – 적과종료전에 인정된 착과감소과실수가 있는 과수원 : 기준착과수 = 적과후 착과수 + 착과감소과실수
	나무피해 조사	• 침수율 = $\frac{\text{침수 꽃(눈)} \cdot \text{유과수의 합계}}{\text{침수 꽃(눈)} \cdot \text{유과수의 합계} + \text{미침수 꽃(눈)} \cdot \text{유과수의 합계}}$ • 나무피해 시 품종 · 재배방식 · 수령별 주당 평년착과수 = (전체 평년착과수 × $\frac{\text{품종} \cdot \text{재배방식} \cdot \text{수령별 표준수확량 합계}}{\text{전체표준수확량 합계}}$) ÷ 품종 · 재배방식 · 수령별 실제결과주수 ※ 품종 · 재배방식 · 수령별로 구분하여 산식에 적용
	유과타박률 조사	• 유과타박률 = $\frac{\text{표본주의 피해유과수 합계}}{\text{표본주의 피해유과수 합계} + \text{표본주의 정상유과수 합계}}$
	피해구성 조사	• 피해구성률 = $\frac{(100\%\text{형피해과실수} \times 1) + (80\%\text{형피해과실수} \times 0.8) + (50\%\text{형피해과실수} \times 0.5)}{100\%\text{형피해과실수} + 80\%\text{형피해과실수} + 50\%\text{형피해과실수} + \text{정상과실수}}$ ※ 착과 및 낙과피해조사에서 피해구성률 산정시 적용
	낙엽피해 조사	• 인정피해율 – 단감 = (1.0115 × 낙엽률) − (0.0014 × 경과일수) – 떫은감 = 0.9662 × 낙엽률 − 0.0703 – 경과일수 = 6월 1일부터 낙엽피해 발생일까지 경과된 일수 – 낙엽률 = $\frac{\text{표본주의 낙엽수 합계}}{\text{표본주의 낙엽수 합계} + \text{표본주의 착엽수 합계}}$
	착과피해 조사	• "사고당시 착과과실수"는 "적과후 착과수 − 총낙과과실수 − 총적과종료후 나무피해과실수 − 총 기수확과실수" 보다 클 수 없음
	적과후 착과수 조사	• 품종 · 재배방식 · 수령별 착과수 = [$\frac{\text{품종} \cdot \text{재배방식} \cdot \text{수령별 표본주의 착과수 합계}}{\text{품종} \cdot \text{재배방식} \cdot \text{수령별 표본주 합계}}$] × 품종 · 재배방식 · 수령별 조사대상주수 ※ 품종 · 재배방식 · 수령별 착과수의 합계를 과수원별 『적과후 착과수』로 함

2. 특정위험방식 밭작물 품목

품목별	조사종류별	조사시기	피해율 산정 방법
인삼	수확량조사	수확량 확인이 가능한 시점	■ 전수조사 시 • 피해율 = $(1-\frac{수확량}{연근별기준수확량})\times\frac{피해면적}{재배면적}$ • 수확량 = 단위면적당 조사수확량 + 단위면적당 미보상감수량 – 단위면적당 조사수확량 = 총조사수확량 ÷ 금차 수확면적 ▷ 금차 수확면적 = 금차 수확칸수 × 지주목간격 × (두둑폭 + 고랑폭) – 단위면적당 미보상감수량 = (기준수확량 – 단위면적당 조사수확량) × 미보상비율 • 피해면적 = 금차 수확칸수 • 재배면적 = 실제경작칸수 ■ 표본조사 시 • 피해율 = $(1-\frac{수확량}{연근별기준수확량})\times\frac{피해면적}{재배면적}$ • 수확량 = 단위면적당 조사수확량 + 단위면적당 미보상감수량 – 단위면적당 조사수확량 = 표본수확량 합계 ÷ 표본칸 면적 ▷ 표본칸 면적 = 표본칸 수 × 지주목간격 × (두둑폭 + 고랑폭) – 단위면적당 미보상감수량 = (기준수확량 – 단위면적당 조사수확량) × 미보상비율 • 피해면적 = 피해칸수 • 재배면적 = 실제경작칸수

3. 종합위험 수확감소보장방식 과수 품목

<table>
<tr><th>품목별</th><th>조사종류별</th><th>조사시기</th><th>피해율 산정 방법</th></tr>
<tr><td>자두,
복숭아,
포도,
감귤
(만감류)</td><td>수확량조사</td><td>착과수조사
(최초 수확
품종 수확전)
/
과중조사
(품종별
수확시기)
/
착과피해조사
(피해 확인
가능 시기)
/
낙과피해조사
(착과수조사
이후
낙과피해 시)
/
고사나무조사
(수확완료 후)</td><td>■ 착과수(수확개시 전 착과수조사 시)
• 품종 · 수령별 착과수 = 품종 · 수령별 조사대상주수 × 품종 · 수령별 주당 착과수
▷ 품종 · 수령별 조사대상주수 = 품종 · 수령별 실제결과주수 – 품종 · 수령별 고사주수 – 품종 · 수령별 미보상주수
▷ 품종 · 수령별 주당 착과수 = 품종 · 수령별 표본주의 착과수 ÷ 품종 · 수령별 표본주수

■ 착과수(착과피해조사 시)
• 품종 · 수령별 착과수 = 품종 · 수령별 조사대상주수 × 품종 · 수령별 주당 착과수
▷ 품종 · 수령별 조사대상주수 = 품종 · 수령별 실제결과주수 – 품종 · 수령별 고사주수 – 품종 · 수령별 미보상주수 – 품종 · 수령별 수확완료주수
▷ 품종 · 수령별 주당 착과수 = 품종별 · 수령별 표본주의 착과수 ÷ 품종별 · 수령별 표본주수

■ 과중조사(사고접수건에 대해 실시)
• 품종별 과중 = 품종별 표본과실 무게 ÷ 품종별 표본과실 수

■ 낙과수 산정(착과수조사 이후 발생한 낙과사고마다 산정)
• 표본조사 시 : 품종 · 수령별 낙과수 조사
▷ 품종 · 수령별 낙과수 = 품종 · 수령별 조사대상 주수 × 품종 · 수령별 주당 낙과수
– 품종 · 수령별 조사대상주수 = 품종 · 수령별 실제결과주수 – 품종 · 수령별 고사주수 – 품종 · 수령별 미보상주수 – 품종 · 수령별 수확완료주수
– 품종 · 수령별주당 낙과수 = 품종 · 수령별 표본주의 낙과수 ÷ 품종 · 수령별 표본주수

• 전수조사 시 : 품종별 낙과수 조사
▷ 전체 낙과수에 대한 품종 구분이 가능할 때 : 품종별로 낙과수 조사
▷ 전체 낙과수에 대한 품종 구분이 불가능할 때 (전체 낙과수 조사 후 품종별 안분)
– 품종별 낙과수 = 전체 낙과수 × (품종별 표본과실 수 ÷ 품종별 표본과실 수의 합계)
• 품종별 주당 낙과수 = 품종별 낙과수 ÷ 품종별 조사대상주수
– 품종별 조사대상주수 = 품종별 실제결과주수 – 품종별 고사주수 – 품종별 미보상주수 – 품종별 수확완료주수)</td></tr>
</table>

품목별	조사종류별	조사시기	피해율 산정 방법
자두, 복숭아, 포도, 감귤 (만감류)	수확량조사	착과수조사 (최초 수확 품종 수확전) / 과중조사 (품종별 수확시기) / 착과피해조사 (피해 확인 가능 시기) / 낙과피해조사 (착과수조사 이후 낙과피해 시) / 고사나무조사 (수확완료 후)	■ **피해구성조사 (낙과 및 착과피해 발생 시 실시)** • 피해구성률 = {(50%형 피해과실 수 × 0.5)+(80%형 피해과실 수 × 0.8) +(100%형 피해과실 수 × 1)} ÷ 표본과실 수 • 금차 피해구성률 = 피해구성률 − max A ▷ 금차 피해구성률은 다수 사고인 경우 적용 ▷ max A : 금차 사고전 기조사된 착과피해구성률 중 최댓값을 말함 ※ 금차 피해구성률이 영(0)보다 작은 경우에는 영(0)으로 함 ■ **착과량 산정** • 착과량 = 품종 · 수령별 착과량의 합 ▷ 품종 · 수령별 착과량 = (품종 · 수령별 착과수 × 품종별 과중) + (품종 · 수령별 주당 평년수확량 × 미보상주수) ※ 단, 품종별 과중이 없는 경우(과중 조사 전 기수확 품종)에는 품종 · 수령별 평년수확량을 품종 · 수령별 착과량으로 한다. − 품종 · 수령별 주당 평년수확량 = 품종 · 수령별 평년수확량 ÷ 품종 · 수령별 실제결과주수 − 품종 · 수령별 평년수확량 = 평년수확량 × (품종 · 수령별 표준수확량 ÷ 표준수확량) − 품종 · 수령별 표준수확량 = 품종 · 수령별 주당 표준수확량 × 품종 · 수령별 실제결과주수 ■ **감수량 산정 (사고마다 산정)** • 금차 감수량 = 금차 착과 감수량 + 금차 낙과 감수량 + 금차 고사주수 감수량 − 금차 착과 감수량 = 금차 품종 · 수령별 착과 감수량의 합 − 금차 품종 · 수령별 착과 감수량 = 금차 품종 · 수령별 착과수 × 품종별 과중 × 금차 품종별 착과피해구성률 − 금차 낙과 감수량 = 금차 품종 · 수령별 낙과수 × 품종별 과중 × 금차 낙과피해구성률 − 금차 고사주수 감수량 = (품종 · 수령별 금차 고사분과실수) × 품종별 과중 ▷ 품종 · 수령별 금차 고사주수 = 품종 · 수령별 고사주수 − 품종 · 수령별 기조사 고사주수 ■ **피해율 산정** • 피해율(포도, 자두, 감귤(만감류)) = (평년수확량 − 수확량 − 미보상 감수량) ÷ 평년수확량 • 피해율(복숭아) = (평년수확량 − 수확량 − 미보상 감수량 + *병충해감수량) ÷ 평년수확량 ▷ 미보상 감수량 = (평년수확량 − 수확량) × 최댓값(미보상비율1, 미보상비율2, …) ■ **수확량 산정(착과수조사 이전 사고의 피해사실이 인정된 경우)** • 수확량 = 착과량 − 사고당 감수량의 합 ■ **수확량 산정(착과수조사 이전 사고의 접수가 없거나, 피해사실이 인**

품목별	조사종류별	조사시기	피해율 산정 방법
			정되지 않은 경우) • 수확량 = max[평년수확량,착과량] - 사고당 감수량의 합 ※ 수확량은 품종별 개당 과중조사 값이 모두 입력된 경우 산정됨. ■ ***병충해 감수량(복숭아만 해당)** • 병충해감수량 = 병충해 착과감수량 + 사고당 병충해 낙과감수량 ▷ 병충해 착과감수량 = 품종 · 수령별 병충해 인정피해(착과)과실수 × 품종별 과중 – 품종 · 수령별 병충해 인정피해(착과)과실수 = 품종 · 수령별 잔여 착과수 × 품종별 병충해 병충해피해구성비율 · 품종별 병충해 착과피해구성률 = (병충해 착과 피해과실수 × 0.5) ÷ 표본 착과과실수 ▷ 금차 병충해 낙과감수량 = 금차 품종 · 수령별 병충해 인정피해(낙과)과실수 × 품종별 과중 – 금차 품종 · 수령별 병충해 인정피해(낙과)과실수 = 금차 품종 · 수령별 낙과피해과실수 × 품종별 병충해낙과피해구성비율 · 품종별 병충해 낙과피해구성비율 = (병충해 낙과 피해과실수 × 0.5) ÷ 표본 낙과과실수

품목별	조사종류별	조사시기	피해율 산정 방법
밤, 호두	수확 개시 전 수확량조사 (조사일 기준)	최초 수확 전	■ **수확개시 이전 수확량 조사** • 기본사항 ▷ 품종별(·수령별) 조사대상 주수 = 품종별(·수령별) 실제결과주수 - 품종별(·수령별) 미보상주수 - 품종별(·수령별) 고사나무주수 ▷ 품종별(·수령별) 평년수확량 = 평년수확량 × ((품종별(·수령별) 주당 표준수확량 × 품종별(·수령별) 실제결과주수) ÷ 표준수확량) ▷ 품종별(·수령별) 주당 평년수확량 = 품종별(·수령별) 평년수확량 ÷ 품종별(·수령별) 실제결과주수 • 착과수 조사 ▷ 품종별(·수령별) 주당 착과수 = 품종별(·수령별) 표본주의 착과수 ÷ 품종별(·수령별) 표본주수 • 낙과수 조사 ▷ 표본조사 - 품종별(·수령별) 주당 낙과수 = 품종별(·수령별) 표본주의 낙과수 ÷ 품종별(·수령별) 표본주수 ▷ 전수조사 - 전체 낙과에 대하여 품종별 구분이 가능한 경우 : 품종별 낙과수 조사 - 전체 낙과에 대하여 품종별 구분이 불가한 경우 : 전체 낙과수 조사 후 낙과수 중 표본을 추출하여 품종별 개수 조사 · 품종별 낙과수 = 전체 낙과수 × (품종별 표본과실 수 ÷ 전체 표본과실 수의 합계) · 품종별 주당 낙과수 = 품종별 낙과수 ÷ 품종별 조사대상 주수 · 품종별 조사대상 주수 = 품종별 실제결과주수 - 품종별 고사주수 - 품종별 미보상주수 • 과중 조사 ▷ (밤) 품종별 개당 과중 = 품종별 {정상 표본과실 무게 + (소과 표본과실 무게 × 0.8)} ÷ 표본과실 수 ▷ (호두) 품종별 개당 과중 = 품종별 표본과실 무게 합계 ÷ 표본과실 수 • 피해구성 조사(품종별로 실시) ▷ 피해구성률 = {(50%형 피해과실 수× 0.5) + (80%형 피해과실 수 × 0.8) + (100%형 피해과실 수 × 1)} ÷ 표본과실 수 • 피해율 = (평년수확량 - 수확량 - 미보상감수량) ÷ 평년수확량 ▷ 수확량 = {품종별(·수령별) 조사대상 주수 × 품종별(·수령별) 주당 착과수 × (1 - 착과피해구성률) × 품종별 과중 } + {품종별(·수령별) 조사대상 주수 × 품종별(·수령별) 주당 낙과수 × (1 - 낙과피해구성률) × 품종별(·수령별) 과중} + (품종별(·수령별) 주당 평년수확량 × 품종별(·수령별) 미보상주수) ▷ 미보상 감수량 = (평년수확량 - 수확량) × 미보상비율

품목별	조사종류별	조사시기	피해율 산정 방법
밤, 호두	수확 개시 후 수확량조사 (조사일 기준)	사고 발생 직후	■ 수확개시 후 수확량 조사 • 착과수 조사 ▷ 품종별(·수령별) 주당 착과수 = 품종별(·수령별) 표본주의 착과수 ÷ 품종별(·수령별) 표본주수 • 낙과수 조사 ▷ 표본조사 – 품종별(·수령별) 주당 낙과수 = 품종별(·수령별) 표본주의 낙과수 ÷ 품종별(·수령별) 표본주수 ▷ 전수조사 – 전체 낙과에 대하여 품종별 구분이 가능한 경우 : 품종별 낙과수 조사 – 전체 낙과에 대하여 품종별 구분이 불가한 경우 : 전체 낙과수 조사 후 낙과수 중 표본을 추출하여 품종별 개수 조사 · 품종별 낙과수 = 전체 낙과수 × (품종별 표본과실 수 ÷ 전체 표본과실 수의 합계) · 품종별 주당 낙과수 = 품종별 낙과수 ÷ 품종별 조사대상 주수 · 품종별 조사대상 주수 = 품종별 실제결과주수 – 품종별 고사주수 – 품종별 미보상주수 – 품종별 수확완료주수 • 과중 조사 ▷ (밤) 품종별 개당 과중 = 품종별 {정상 표본과실 무게 + (소과 표본과실 무게 × 0.8)} ÷ 표본과실 수 ▷ (호두) 품종별 개당 과중 = 품종별 표본과실 무게 합계 ÷ 표본과실 수 • 피해구성 조사(품종별로 실시) ▷ 피해구성률 = ((50%형 피해과실 수 × 0.5) + (80%형 피해과실 수 × 0.8) +(100%형 피해과실 수 × 1)) ÷ 표본과실 수 ▷ 금차 피해구성률 = 피해구성률 – max A – 금차 피해구성률은 다수 사고인 경우 적용 – max A : 금차 사고전 기조사된 착과피해구성률 중 최댓값을 말함 ※ 금차 피해구성률이 영(0)보다 작은 경우에는 영(0)으로 함 • 금차 수확량 = {품종별(·수령별) 조사대상 주수 × 품종별(·수령별) 주당 착과수 × 품종별(·수령별) 개당 과중 × (1 – 금차 착과피해구성률)} + {품종별(·수령별) 조사대상 주수 × 품종별(·수령별) 주당 낙과수 × 품종별(·수령별) 개당 과중 × (1 – 금차 낙과피해구성률)} + (품종별(·수령별) 주당 평년수확량 × 품종별(·수령별) 미보상주수) • 감수량 = (품종별 조사대상 주수 × 품종별 주당 착과수 × 금차 착과피해구성률 × 품종별 개당 과중) + (품종별 조사대상 주수 × 품종별 주당 낙과수 × 금차 낙과피해구성률 × 품종별 개당 과중) + (품종별 금차 고사주수 × (품종별 주당 착과수 + 품종별 주당 낙과수) × 품종별 개당 과중 × (1 – max A)) ▷ 품종별 조사대상 주수 = 품종별 실제 결과주수 – 품종별 미보상주수

품목별	조사종류별	조사시기	피해율 산정 방법
밤, 호두	수확 개시 후 수확량조사 (조사일 기준)	사고 발생 직후	– 품종별 고사나무주수 – 품종별 수확완료주수 ▷ 품종별 평년수확량 = 평년수확량 × ((품종별 주당 표준수확량 × 품종별 실제결과주수) ÷ 표준수확량) ▷ 품종별 주당 평년수확량 = 품종별 평년수확량 ÷ 품종별 실제결과주수 ▷ 품종별 금차 고사주수 = 품종별 고사주수 – 품종별 기조사 고사주수 ■ 피해율 산정 • 금차 수확 개시 후 수확량조사가 최초 조사인 경우(이전 수확량조사가 없는 경우) 1) 『금차 수확량 + 금차 감수량 + 기수확량 < 평년수확량』인 경우 ▷ 피해율 = (평년수확량 – 수확량 – 미보상감수량) ÷ 평년수확량 – 수확량 = 평년수확량 – 금차 감수량 – 미보상 감수량 = 금차 감수량 × 미보상비율 2) 『금차 수확량 + 금차 감수량 + 기수확량 ≧ 평년수확량』인 경우 ▷ 피해율 = (평년수확량 – 수확량 – 미보상감수량) ÷ 평년수확량 – 수확량 = 금차 수확량 + 기수확량 – 미보상 감수량 = (평년수확량 – (금차 수확량 + 기수확량)) × 미보상비율 • 수확 개시 전 수확량 조사가 있는 경우(이전 수확량조사에 수확 개시 전 수확량조사가 포함된 경우) 1) 『금차 수확량 + 금차 감수량 + 기수확량 > 수확 개시 전 수확량조사 수확량』 ⇒ 오류 수정 필요 2) 『금차 수확량 + 금차 감수량 + 기수확량 > 이전 조사 금차 수확량 + 이전 조사 기수확량』 ⇒ 오류 수정 필요 3) 『금차 수확량 + 금차 감수량 + 기수확량 ≦ 수확 개시 전 수확량조사 수확량』 이면서 『금차 수확량 + 금차 감수량 + 기수확량 ≦ 이전 조사 금차 수확량 + 이전 조사 기수확량』인 경우 ▷ 피해율 = (평년수확량 – 수확량 – 미보상감수량) ÷ 평년수확량 – 수확량 = 수확개시전 수확량 – 사고당 감수량의 합 – 미보상감수량 = {평년수확량 – (수확 개시 전 수확량 – 사고당 감수량의 합)} × max(미보상비율) • 수확 개시 후 수확량 조사만 있는 경우(이전 수확량조사가 모두 수확 개시 후 수확량조사인 경우) 1) 『금차 수확량 + 금차 감수량 + 기수확량 > 이전 조사 금차 수확량 + 이전 조사 기수확량』 ⇒ 오류 수정 필요 2) 『금차 수확량 + 금차 감수량 + 기수확량 ≦ 이전 조사 금차 수확량 + 이전 조사 기수확량』인 경우 ① 최초 조사가 『금차 수확량 + 금차 감수량 + 기수확량 < 평년수확량』인 경우 ▷ 피해율 = (평년수확량 – 수확량 – 미보상감수량) ÷ 평년수확량

품목별	조사종류별	조사시기	피해율 산정 방법
			- 수확량 = 평년수확량 - 사고당 감수량의 합 - 미보상 감수량 = 사고당 감수량의 합 × max(미보상비율) ② 최초 조사가 『금차 수확량 + 금차 감수량 + 기수확량 ≧ 평년수확량』 인 경우 ▷ 피해율 = (평년수확량 - 수확량 - 미보상감수량) ÷ 평년수확량 - 수확량 = 최초 조사 금차 수확량 + 최초 조사 기수확량 - 2차 이후 사고당 감수량의 합 - 미보상감수량 = {평년수확량 - (최초 조사 금차 수확량 + 최초 조사 기수확량) + 2차 이후 사고당 감수량의 합} × max(미보상비율)
참다래	수확 개시 전 수확량조사 (조사일 기준)	최초 수확 전	• 착과수조사 ▷ 품종 · 수령별 착과수 = 품종 · 수령별 표본조사 대상면적 × 품종 · 수령별 면적(㎡)당 착과수 - 품종 · 수령별 표본조사 대상면적 = 품종 · 수령별 재식 면적 × 품종 · 수령별 표본조사 대상 주수 - 품종 · 수령별 면적(㎡)당 착과수 = 품종 · 수령별 (표본구간 착과수 ÷ 표본구간 넓이) - 재식 면적 = 주간 거리 × 열간 거리 - 품종별 · 수령별 표본조사 대상주수 = 품종 · 수령별 실제 결과주수 - 품종 · 수령별 미보상주수 - 품종 · 수령별 고사나무주수 - 표본구간 넓이 = (표본구간 윗변 길이 + 표본구간 아랫변 길이) × 표본구간 높이(윗변과 아랫변의 거리) ÷ 2 • 과중 조사 ▷ 품종별 개당 과중 = 품종별 표본과실 무게 합계 ÷ 표본과실 수 • 피해구성 조사(품종별로 실시) ▷ 피해구성률 = {(50%형 피해과실수 × 0.5) + (80%형 피해과실수 × 0.8) + (100%형 피해과실수 × 1)} ÷ 표본과실수 ▷ 금차 피해구성률 = 피해구성률 - max A - 금차 피해구성률은 다수 사고인 경우 적용 - max A : 금차 사고전 기조사된 착과피해구성률 중 최댓값을 말함 ※ 금차 피해구성률이 영(0)보다 작은 경우에는 영(0)으로 함 • 피해율 산정 ▷ 피해율 = (평년수확량 - 수확량 - 미보상감수량) ÷ 평년수확량 - 수확량 = (품종 · 수령별 착과수 × 품종별 과중 × (1 - 피해구성률)) + (품종 · 수령별 면적(㎡)당 평년수확량 × 품종 · 수령별 미보상주수 × 품종 · 수령별 재식면적) - 품종 · 수령별 면적(㎡)당 평년수확량 = 품종별 · 수령별 평년수확량 ÷ 품종 · 수령별 재식면적 합계 - 품종 · 수령별 평년수확량 = 평년수확량 × (품종별 · 수령별 표준수확량 ÷ 표준수확량) - 미보상 감수량 = (평년수확량 - 수확량) × 미보상비율

품목별	조사종류별	조사시기	피해율 산정 방법
참다래	수확 개시 후 수확량조사 (조사일기준)	사고 발생 직후	• 착과수 조사 ▷ 품종 · 수령별 착과수 = 품종 · 수령별 표본조사 대상면적 × 품종 · 수령별 면적(㎡)당 착과수 ▷ 품종 · 수령별 조사대상 면적 = 품종 · 수령별 재식 면적 × 품종 · 수령별 표본조사 대상 주수 ▷ 품종 · 수령별 면적(㎡)당 착과수 = 품종별 · 수령별 표본구간 착과수 ÷ 품종 · 수령별 표본구간 넓이 ▷ 재식 면적 = 주간 거리 × 열간 거리 ▷ 품종 · 수령별 조사대상 주수 = 품종 · 수령별 실제 결과주수 − 품종 · 수령별 미보상주수 − 품종 · 수령별 고사나무주수 − 품종 · 수령별 수확완료주수 ▷ 표본구간 넓이 = (표본구간 윗변 길이 + 표본구간 아랫변 길이) × 표본구간 높이(윗변과 아랫변의 거리) ÷ 2 • 낙과수 조사 ▷ 표본조사 − 품종 · 수령별 낙과수 = 품종 · 수령별 조사대상면적 × 품종 · 수령별 면적(㎡)당 낙과수 − 품종 · 수령별 면적(㎡)당 낙과수 = 품종 · 수령별 표본주의 낙과수 ÷ 품종 · 수령별 표본구간 넓이 ▷ 전수조사 − 전체 낙과에 대하여 품종별 구분이 가능한 경우 : 품종별 낙과수 조사 − 전체 낙과에 대하여 품종별 구분이 불가한 경우 : 품종별 낙과수 = 전체 낙과수 × (품종별 표본과실수 ÷ 전체 표본과실수의 합계) • 과중 조사 ▷ 품종별 개당 과중 = 품종별 표본과실 무게 합계 ÷ 표본과실 수 • 피해구성 조사(품종별로 실시) ▷ 피해구성률 = {(50%형 피해과실수×0.5) + (80%형 피해과실 수×0.8) + (100%형 피해과실수×1)}÷표본과실수 ▷ 금차 피해구성률 = 피해구성률 − max A − 금차 피해구성률은 다수 사고인 경우 적용 − max A : 금차 사고전 기조사된 착과피해구성률 중 최댓값을 말함 ※ 금차 피해구성률이 영(0)보다 작은 경우에는 영(0)으로 함 • 금차 수확량 = {품종 · 수령별 착과수 × 품종별 개당 과중 × (1 − 금차 착과피해구성률)} + {품종 · 수령별 낙과수 × 품종별 개당 과중 × (1 − 금차 낙과피해구성률)} + {품종 · 수령별 ㎡ 당 평년수확량 × 미보상주수 × 품종 · 수령별 재식면적} • 금차 감수량 = {품종 · 수령별 착과수 × 품종별 과중 × 금차 착과피해구성률} + {품종 · 수령별 낙과수 × 품종별 과중 × 금차 낙과피해구성률} + {품종 · 수령별 ㎡ 당 평년수확량 × 금차 고사주수 × (1 − max A)) × 품종 · 수령별 재식면적}

품목별	조사종류별	조사시기	피해율 산정 방법
참다래	수확 개시 후 수확량조사 (조사일 기준)	사고 발생 직후	▷ 금차 고사주수 = 고사주수 − 기조사 고사주수 ▷ 품종 · 수령별 면적(㎡)당 평년수확량 = 품종 · 수령별 평년수확량 ÷ 품종 · 수령별 재식면적 합계 ▷ 품종 · 수령별 평년수확량 = 평년수확량 × (품종 · 수령별 표준수확량 ÷ 표준수확량) ■ 피해율 산정 • 금차 수확 개시 후 수확량조사가 최초 조사인 경우(이전 수확량조사가 없는 경우) 1) 『금차 수확량 + 금차 감수량 + 기수확량 ＜ 평년수확량』인 경우 ▷ 피해율 = (평년수확량 − 수확량 − 미보상감수량) ÷ 평년수확량 − 수확량 = 평년수확량 − 금차 감수량 − 미보상 감수량 = 금차 감수량 × 미보상비율 2) 『금차 수확량 + 금차 감수량 + 기수확량 ≧ 평년수확량』인 경우 ▷ 피해율 = (평년수확량 − 수확량 − 미보상감수량) ÷ 평년수확량 − 수확량 = 금차 수확량 + 기수확량 − 미보상 감수량 = (평년수확량 − (금차 수확량 + 기수확량)) × 미보상비율 • 수확 개시 전 수확량 조사가 있는 경우(이전 수확량조사에 수확 개시 전 수확량조사가 포함된 경우) 1) 『금차 수확량 + 금차 감수량 + 기수확량 ＞ 수확 개시 전 수확량조사 수확량』 ⇒ 오류 수정 필요 2) 『금차 수확량 + 금차 감수량 + 기수확량 ＞ 이전 조사 금차 수확량 + 이전 조사 기수확량』 ⇒ 오류 수정 필요 3) 『금차 수확량 + 금차 감수량 + 기수확량 ≦ 수확 개시 전 수확량조사 수확량』 이면서 『금차 수확량 + 금차 감수량 + 기수확량 ≦ 이전 조사 금차 수확량 + 이전 조사 기수확량』인 경우 ▷ 피해율 = (평년수확량 − 수확량 − 미보상감수량) ÷ 평년수확량 − 수확량 = 수확개시전 수확량 − 사고당 감수량의 합 − 미보상감수량 = {평년수확량 − (수확 개시 전 수확량 − 사고당 감수량의 합)} × max(미보상비율) • 수확 개시 후 수확량 조사만 있는 경우(이전 수확량조사가 모두 수확 개시 후 수확량조사인 경우) 1) 『금차 수확량 + 금차 감수량 + 기수확량 ＞ 이전 조사 금차 수확량 + 이전 조사 기수확량』 ⇒ 오류 수정 필요 2) 『금차 수확량 + 금차 감수량 + 기수확량 ≦ 이전 조사 금차 수확량 + 이전 조사 기수확량』인 경우 ① 최초 조사가 『금차 수확량 + 금차 감수량 + 기수확량 ＜ 평년수확량』인 경우 ▷ 피해율 = (평년수확량 − 수확량 − 미보상감수량) ÷ 평년수확량 − 수확량 = 평년수확량 − 사고당 감수량의 합

품목별	조사종류별	조사시기	피해율 산정 방법
			– 미보상 감수량 = 사고당 감수량의 합 × max(미보상비율) ② 최초 조사가『금차 수확량 + 금차 감수량 + 기수확량 ≧ 평년수확량』인 경우 ▷ 피해율 = (평년수확량 – 수확량 – 미보상감수량) ÷ 평년수확량 – 수확량 = 최초 조사 금차 수확량 + 최초 조사 기수확량 – 2차 이후 사고당 감수량의 합 – 미보상감수량 = {평년수확량 – (최초 조사 금차 수확량 + 최초 조사 기수확량) + 2차 이후 사고당 감수량의 합} × max(미보상비율)
매실, 대추, 살구	수확 개시 전 수확량조사 (조사일 기준)	최초 수확 전	■ **피해율 = (평년수확량 – 수확량 – 미보상감수량) ÷ 평년수확량** • 수확량 = {품종 · 수령별 조사대상주수 × 품종 · 수령별 주당 착과량 × (1 – 착과피해구성률)} + (품종 · 수령별 주당 평년수확량 × 품종 · 수령별 미보상주수) • 미보상 감수량 = (평년수확량 – 수확량) × 미보상비율 ▷ 품종 · 수령별 조사대상주수 = 품종 · 수령별 실제결과주수 – 품종 · 수령별 미보상주수 – 품종 · 수령별 고사나무주수 ▷ 품종 · 수령별 평년수확량 = 평년수확량 × (품종별 표준수확량 ÷ 표준수확량) ▷ 품종 · 수령별 주당 평년수확량 = 품종별 · 수령별 (평년수확량 ÷ 실제결과주수) ▷ 품종 · 수령별 주당 착과량 = 품종별 · 수령별 (표본주의 착과무게 ÷ 표본주수) – 표본주 착과무게 = 조사 착과량 × 품종별 비대추정지수(매실) × 2 (절반조사 시) • 피해구성 조사 ▷ 피해구성률 = ((50%형 피해과실무게×0.5) + ((80%형 피해과실무게 ×0.8) + (100%형 피해과실무게×1)) ÷ 표본과실무게
	수확 개시 후 수확량조사 (조사일 기준)	사고 발생 직후	• 금차 수확량 = {품종 · 수령별 조사대상주수 × 품종 · 수령별 주당 착과량 × (1 – 금차 착과피해구성률)} + {품종 · 수령별 조사대상주수 × 품종별(· 수령별) 주당 낙과량 × (1 – 금차 낙과피해구성률)} + (품종별 주당 평년수확량 × 품종별 미보상주수) • 금차 감수량 = (품종 · 수령별 조사대상주수 × 품종 · 수령별 주당 착과량 × 금차 착과피해구성률) + (품종 · 수령별 조사대상 주수 × 품종별(· 수령별) 주당 낙과량 × 금차 낙과피해구성률) + {품종 · 수령별 금차 고사주수 × (품종 · 수령별 주당 착과량 + 품종별(· 수령별) 주당 낙과량) × (1 – max A)} ▷ 품종 · 수령별 조사대상주수 = 품종 · 수령별 실제 결과주수 – 품종 · 수령별 미보상주수 – 품종 · 수령별 고사나무주수 – 품종 · 수령별 수확완료주수) ▷ 품종 · 수령별 평년수확량 = 평년수확량 ÷ 품종 · 수령별 표준수확량 합계 × 품종 · 수령별 표준수확량 ▷ 품종 · 수령별 주당 평년수확량 = 품종 · 수령별 평년수확량 ÷ 품종 · 수령별 실제결과주수

품목별	조사종류별	조사시기	피해율 산정 방법
매실, 대추, 살구	수확 개시 후 수확량조사 (조사일 기준)	사고 발생 직후	▷ 품종 · 수령별 주당 착과량 = 품종 · 수령별 표본주의 착과량 ÷ 품종 · 수령별 표본주수 ▷ 표본주 착과무게 = 조사 착과량 × 품종별 비대추정지수(매실) × 2(절반조사 시) ▷ 품종 · 수령별 금차 고사주수 = 품종 · 수령별 고사주수 − 품종 · 수령별 기조사 고사주수) • 낙과량 조사 ▷ 표본조사 − 품종 · 수령별 주당 낙과량 = 품종 · 수령별 표본주의 낙과량 ÷ 품종 · 수령별 표본주수 ▷ 전수조사 − 품종별 주당 낙과량 = 품종별 낙과량 ÷ 품종별 표본조사 대상 주수 − 전체 낙과에 대하여 품종별 구분이 가능한 경우 : 품종별 낙과량 조사 − 전체 낙과에 대하여 품종별 구분이 불가한 경우 : 품종별 낙과량 = 전체 낙과량 × (품종별 표본과실 수(무게) ÷ 표본 과실 수(무게)) • 피해구성 조사 ▷ 피해구성률 = ((50%형 피해과실무게×0.5)+((80%형 피해과실무게×0.8) 100%형 피해과실무게)÷표본과실무게 ▷ 금차 피해구성률 = 피해구성률 − max A − 금차 피해구성률은 다수 사고인 경우 적용 − max A : 금차 사고전 기조사된 착과피해구성률 중 최댓값을 말함 ※ 금차 피해구성률이 영(0)보다 작은 경우에는 영(0)으로 함 ■ **피해율 산정** • 금차 수확 개시 후 수확량조사가 최초 조사인 경우(이전 수확량조사가 없는 경우) 1) 『금차 수확량 + 금차 감수량 + 기수확량 ＜ 평년수확량』인 경우 ▷ 피해율 = (평년수확량 − 수확량 − 미보상감수량) ÷ 평년수확량 − 수확량 = 평년수확량 − 금차 감수량 − 미보상 감수량 = 금차 감수량 × 미보상비율 2) 『금차 수확량 + 금차 감수량 + 기수확량 ≥ 평년수확량』인 경우 ▷ 피해율 = (평년수확량 − 수확량 − 미보상감수량) ÷ 평년수확량 − 수확량 = 금차 수확량 + 기수확량 − 미보상 감수량 = (평년수확량 − (금차 수확량 + 기수확량)) × 미보상비율 • 수확 개시 전 수확량 조사가 있는 경우(이전 수확량조사에 수확 개시 전 수확량조사가 포함된 경우) 1) 『금차 수확량 + 금차 감수량 + 기수확량 ＞ 수확 개시 전 수확량조사 수확량』 ⇒ 오류 수정 필요 2) 『금차 수확량 + 금차 감수량 + 기수확량 ＞ 이전 조사 금차 수확량 + 이전 조사 기수확량』 ⇒ 오류 수정 필요

품목별	조사종류별	조사시기	피해율 산정 방법
매실, 대추, 살구	수확 개시 후 수확량조사 (조사일 기준)	사고 발생 직후	3) 『금차 수확량 + 금차 감수량 + 기수확량 ≦ 수확 개시 전 수확량조사 수확량』 이면서 『금차 수확량 + 금차 감수량 + 기수확량 ≦ 이전 조사 금차 수확량 + 이전 조사 기수확량』인 경우 ▷ 피해율 = (평년수확량 − 수확량 − 미보상감수량) ÷ 평년수확량 − 수확량 = 수확개시전 수확량 − 사고당 감수량의 합 − 미보상감수량 = {평년수확량 − (수확 개시 전 수확량 − 사고당 감수량의 합)} × max(미보상비율) • 수확 개시 후 수확량 조사만 있는 경우(이전 수확량조사가 모두 수확 개시 후 수확량조사인 경우) 1) 『금차 수확량 + 금차 감수량 + 기수확량 ＞ 이전 조사 금차 수확량 + 이전 조사 기수확량』 ⇒ 오류 수정 필요 2) 『금차 수확량 + 금차 감수량 + 기수확량 ≦ 이전 조사 금차 수확량 + 이전 조사 기수확량』인 경우 ① 최초 조사가 『금차 수확량 + 금차 감수량 + 기수확량 ＜ 평년수확량』 인 경우 ▷ 피해율 = (평년수확량 − 수확량 − 미보상감수량) ÷ 평년수확량 − 수확량 = 평년수확량 − 사고당 감수량의 합 − 미보상 감수량 = 사고당 감수량의 합 × max(미보상비율) ② 최초 조사가 『금차 수확량 + 금차 감수량 + 기수확량 ≧ 평년수확량』 인 경우 ▷ 피해율 = (평년수확량 − 수확량 − 미보상감수량) ÷ 평년수확량 − 수확량 = 최초 조사 금차 수확량 + 최초 조사 기수확량 − 2차 이후 사고당 감수량의 합 − 미보상감수량 = {평년수확량 − (최초 조사 금차 수확량 + 최초 조사 기수확량) + 2차 이후 사고당 감수량의 합} × max(미보상비율)

품목별	조사종류별	조사시기	피해율 산정 방법
오미자	수확 개시 전 수확량조사 (조사일 기준)	최초 수확 전	■ **피해율 = (평년수확량 − 수확량 − 미보상감수량) ÷ 평년수확량** • 수확량 = {형태 · 수령별 조사대상길이 × 형태 · 수령별 m당 착과량 × (1 − 착과피해구성률)} + (형태 · 수령별 m당 평년수확량 × 형태 · 수령별 미보상 길이) ▷ 형태 · 수령별 조사대상길이 = 형태 · 수령별 실제재배길이 − 형태 · 수령별 미보상길이 − 형태 · 수령별 고사길이) ▷ 형태 · 수령별 길이(m)당 착과량 = 형태 · 수령별 표본구간의 착과무게 ÷ 형태 · 수령별 표본구간 길이의 합 − 표본구간 착과무게 = 조사 착과량 × 2(절반조사 시) ▷ 형태 · 수령별 길이(m)당 평년수확량 = 형태 · 수령별 평년수확량 ÷ 형태 · 수령별 실제재배길이 − 형태 · 수령별 평년수확량 = 평년수확량×{(형태 · 수령별 m당 표준수확량×형태 · 수령별 실제재배길이)÷표준수확량 • 미보상감수량 = (평년수확량 − 수확량) × 미보상비율 • 피해 구성 조사 − 피해구성률 = ((50%형 피해과실무게 × 0.5) + (80%형 피해과실무게 × 0.8) + (100%형 피해과실무게 × 1)) ÷ 표본과실무게
오미자	수확 개시 후 수확량조사 (조사일 기준)	사고 발생 직후	• 기본사항 ▷ 형태 · 수령별 조사대상길이 = 형태 · 수령별 실제재배길이 − 형태 · 수령별 미보상길이 − 형태 · 수령별 고사 길이 − 수확완료길이 ▷ 형태 · 수령별 평년수확량 = 평년수확량 ÷ 표준수확량 × 형태 · 수령별 표준수확량 ▷ 형태 · 수령별 길이(m)당 평년수확량 = 형태 · 수령별 평년수확량 ÷ 형태 · 수령별 실제재배길이 ▷ 형태 · 수령별 길이(m)당 착과량 = 형태 · 수령별 표본구간의 착과무게 ÷ 형태 · 수령별 표본구간 길이의 합 ▷ 표본구간 착과무게 = 조사 착과량 × 2(절반조사 시) ▷ 형태 · 수령별 금차 고사 길이 = 형태 · 수령별 고사 길이 − 형태 · 수령별 기조사 고사 길이 • 낙과량 조사 ▷ 표본조사 형태 · 수령별 길이(m)당 낙과량 = 형태 · 수령별 표본구간의 낙과량의 합 ÷ 형태 · 수령별 표본구간 길이의 합 ▷ 전수조사 길이(m)당 낙과량 = 낙과량 ÷ 전체 조사대상길이의 합 • 피해구성조사 ▷ 피해구성률 = ((50%형 과실무게×0.5) + ((80%형 과실무게×0.8) + (100%형 과실무게×1)) ÷ 표본과실무게 ▷ 금차 피해구성률 = 피해구성률 − max A − max A : 금차 사고전 기조사된 착과피해구성률 중 최댓값을 말함 ※ 금차 피해구성률이 영(0)보다 작은 경우 : 금차 감수과실수는 영(0)으로 함

품목별	조사종류별	조사시기	피해율 산정 방법
오미자	수확 개시 후 수확량조사 (조사일 기준)	사고 발생 직후	• 금차 수확량 = {형태 · 수령별 조사대상길이 × 형태 · 수령별 m당 착과량 × (1 − 금차 착과피해구성률)} + {형태 · 수령별 조사대상길이 × 형태 · 수령별 m당 낙과량 × (1 − 금차 낙과피해구성률)} + (형태 · 수령별 m당 평년수확량 × 형태별수령별 미보상 길이) • 금차 감수량 = (형태 · 수령별 조사대상길이 × 형태 · 수령별 m당 착과량 × 금차 착과피해구성률) + (형태 · 수령별 조사대상길이 × 형태 · 수령별 m당 낙과량 × 금차 낙과피해구성률) + (형태 · 수령별 금차 고사 길이 × (형태 · 수령별 m당 착과량 + 형태 · 수령별 m당 낙과량) × (1 − max A)) ■ **피해율 산정** • 금차 수확 개시 후 수확량조사가 최초 조사인 경우(이전 수확량조사가 없는 경우) 1) 『금차 수확량 + 금차 감수량 + 기수확량 < 평년수확량』인 경우 ▷ 피해율 = (평년수확량 − 수확량 − 미보상감수량) ÷ 평년수확량 − 수확량 = 평년수확량 − 금차 감수량 − 미보상 감수량 = 금차 감수량 × 미보상비율 2) 『금차 수확량 + 금차 감수량 + 기수확량 ≧ 평년수확량』인 경우 ▷ 피해율 = (평년수확량 − 수확량 − 미보상감수량) ÷ 평년수확량 − 수확량 = 금차 수확량 + 기수확량 − 미보상 감수량 = (평년수확량 − (금차 수확량 + 기수확량)) × 미보상비율 • 수확 개시 전 수확량 조사가 있는 경우(이전 수확량조사에 수확 개시 전 수확량조사가 포함된 경우) 1) 『금차 수확량 + 금차 감수량 + 기수확량 > 수확 개시 전 수확량조사 수확량』 ⇒ 오류 수정 필요 2) 『금차 수확량 + 금차 감수량 + 기수확량 > 이전 조사 금차 수확량 + 이전 조사 기수확량』 ⇒ 오류 수정 필요 3) 『금차 수확량 + 금차 감수량 + 기수확량 ≦ 수확 개시 전 수확량조사 수확량』 이면서 『금차 수확량 + 금차 감수량 + 기수확량 ≦ 이전 조사 금차 수확량 + 이전 조사 기수확량』인 경우 ▷ 피해율 = (평년수확량 − 수확량 − 미보상감수량) ÷ 평년수확량 − 수확량 = 수확개시전 수확량 − 사고당 감수량의 합 − 미보상감수량 = {평년수확량 − (수확 개시 전 수확량 − 사고당 감수량의 합)} × max(미보상비율) • 수확 개시 후 수확량 조사만 있는 경우(이전 수확량조사가 모두 수확 개시 후 수확량조사인 경우) 1) 『금차 수확량 + 금차 감수량 + 기수확량 > 이전 조사 금차 수확량 + 이전 조사 기수확량』 ⇒ 오류 수정 필요 2) 『금차 수확량 + 금차 감수량 + 기수확량 ≦ 이전 조사 금차 수확량 + 이전 조사 기수확량』인 경우

<table>
<tr><th>품목별</th><th>조사종류별</th><th>조사시기</th><th>피해율 산정 방법</th></tr>
<tr><td></td><td></td><td></td><td>① 최초 조사가 『금차 수확량 + 금차 감수량 + 기수확량 < 평년수확량』 인 경우
▷ 피해율 = (평년수확량 − 수확량 − 미보상감수량) ÷ 평년수확량
− 수확량 = 평년수확량 − 사고당 감수량의 합
− 미보상 감수량 = 사고당 감수량의 합 × max(미보상비율)
② 최초 조사가 『금차 수확량 + 금차 감수량 + 기수확량 ≧ 평년수확량』 인 경우
▷ 피해율 = (평년수확량 − 수확량 − 미보상감수량) ÷ 평년수확량
− 수확량 = 최초 조사 금차 수확량 + 최초 조사 기수확량 − 2차 이후 사고당 감수량의 합
− 미보상감수량 = {평년수확량 − (최초 조사 금차 수확량 + 최초 조사 기수확량) + 2차 이후 사고당 감수량의 합} × max(미보상비율)</td></tr>
<tr><td>유자</td><td>수확량조사</td><td>수확개시전</td><td>• 기본사항
▷ 품종 · 수령별 조사대상주수 = 품종 · 수령별 실제결과주수 − 품종 · 수령별 미보상주수 − 품종 · 수령별 고사주수
▷ 품종 · 수령별 평년수확량 = 평년수확량 ÷ 표준수확량 × 품종 · 수령별 표준수확량
− 품종 · 수령별 주당 평년수확량 = 품종 · 수령별 평년수확량 ÷ 품종 · 수령별 실제결과주수
▷ 품종 · 수령별 과중 = 품종 · 수령별 표본과실 무게합계 ÷ 품종 · 수령별 표본과실수
▷ 품종 · 수령별 표본주당 착과수 = 품종 · 수령별 표본주 착과수 합계 ÷ 품종 · 수령별 표본주수
▷ 품종 · 수령별 표본주당 착과량 = 품종 · 수령별 표본주당 착과수 × 품종 · 수령별 과중

• 피해구성 조사
▷ 피해구성률 = ((50%형 피해과실수 × 0.5) + (80%형 피해과실수 × 0.8) + (100%형 피해과실수 × 1)) ÷ 표본과실수

• 피해율 = (평년수확량 − 수확량 − 미보상감수량) ÷ 평년수확량
▷ 수확량 = {품종 · 수령별 표본조사 대상 주수 × 품종 · 수령별 표본주당 착과량 × (1 − 착과피해구성률)} + (품종 · 수령별 주당 평년수확량 × 품종 · 수령별 미보상주수)
▷ 미보상감수량 = (평년수확량 − 수확량) × 미보상비율</td></tr>
</table>

4. 종합위험 및 수확전 종합위험 과실손해보장방식

품목별	조사종류별	조사시기	피해율 산정 방법
복분자	종합위험 과실손해 조사	수정완료 시점 ~ 수확 전	■ **종합위험 과실손해 고사결과모지수 = 평년결과모지수 − (기준 살아있는 결과모지수 − 수정불량환산 고사결과모지수 + 미보상 고사결과모지수)** • 기준 살아있는 결과모지수 = 표본구간 살아있는 결과모지수의 합 ÷ (표본구간수 × 5) • 수정불량환산 고사결과모지수 = 표본구간 수정불량 고사결과모지수의 합 ÷ (표본구간수 × 5) • 표본구간 수정불량 고사결과모지수 = 표본구간 살아있는 결과모지수 × 수정불량환산계수 • 수정불량환산계수 = (수정불량결실수 ÷ 전체결실수) − 자연수정불량률 = 최댓값((표본포기 6송이 피해 열매수의 합 ÷ 표본포기 6송이 열매수의 합계) − 15%, 0) ▷ 자연수정불량률 : 15%(2014 복분자 수확량 연구용역 결과반영) • 미보상 고사결과모지수 = 최댓값({평년결과모지수 − (기준 살아있는 결과모지수 − 수정불량환산 고사결과모지수)} × 미보상비율, 0)
	특정위험 과실손해 조사	사고접수 직후	■ **특정위험 과실손해 고사결과모지수 = 수확감소환산 고사결과모지수 − 미보상 고사결과모지수** • 수확감소환산 고사결과모지수(종합위험 과실손해조사를 실시한 경우) = (기준 살아있는 결과모지수 − 수정불량환산 고사결과모지수) × 누적수확감소환산계수 • 수확감소환산 고사결과모지수(종합위험 과실손해조사를 실시하지 않은 경우) = 평년결과모지수 × 누적수확감소환산계수 ▷ 누적수확감소환산계수 = 특정위험 과실손해조사별 수확감소환산계수의 합 ▷ 수확감소환산계수 = 최댓값(기준일자별 잔여수확량 비율 − 결실율, 0) ▷ 결실율 = 전체결실수 ÷ 전체개화수 = Σ(표본송이의 수확 가능한 열매수) ÷ Σ(표본송이의 총열매수) • 미보상 고사결과모지수 = 수확감소환산 고사결과모지수 × 최댓값(특정위험 과실손해조사별 미보상비율) ■ **피해율 = 고사결과모지수 ÷ 평년결과모지수** • 고사결과모지수 = 종합위험 과실손해 고사결과모지수 + 특정위험 과실손해 고사결과모지수

품목별	조사종류별	조사시기	피해율 산정 방법
오디	과실손해 조사	결실완료 시점 ~ 수확 전	■ **피해율 = (평년결실수 − 조사결실수 − 미보상 감수 결실수) ÷ 평년결실수** • 조사결실수 = Σ{(품종 · 수령별 환산결실수 × 품종 · 수령별 조사대상주수) +(품종별 주당 평년결실수 × 품종 · 수령별 미보상주수)} ÷ 전체 실제결과주수 − 품종 · 수령별 환산결실수 = 품종 · 수령별 표본가지 결실수 합계 ÷ 품종 · 수령별 표본가지 길이 합계 − 품종 · 수령별 표본조사 대상 주수 = 품종 · 수령별 실제결과주수 − 품종 · 수령별 고사주수 − 품종 · 수령별 미보상주수 − 품종별 주당 평년결실수 = 품종별 평년결실수 ÷ 품종별 실제결과주수 − 품종별 평년결실수 = (평년결실수 × 전체 실제결과주수) × (대상 품종 표준결실수 × 대상 품종 실제결과주수) ÷ Σ(품종별 표준결실수 × 품종별 실제결과주수) • 미보상감수결실수 = Max((평년결실수 − 조사결실수) × 미보상비율, 0)
감귤 (온주밀감류)	과실손해 조사	착과피해 조사	• 과실손해 피해율 = {(등급 내 피해과실수 + 등급 외 피해과실수 × 50%) ÷ 기준과실수} × (1 − 미보상비율) • 피해 인정 과실수 = 등급 내 피해 과실수 + 등급 외 피해과실수 × 50% 1) 등급 내 피해 과실수 = (등급 내 30%형 과실수 합계×0.3) + (등급 내 50%형 과실수 합계×0.5) + (등급 내 80%형 과실수 합계×0.8) + (등급 내 100%형 과실수×1) 2) 등급 외 피해 과실수 = (등급 외 30%형 과실수 합계×0.3) + (등급 외 50%형 과실수 합계×0.5) + (등급 외 80%형 과실수 합계×0.8) + (등급 외 100%형 과실수×1) ※ 만감류는 등급 외 피해 과실수를 피해 인정 과실수 및 과실손해 피해율에 반영하지 않음 3) 기준과실수 : 모든 표본주의 과실수 총 합계 ※ 단, 수확전 사고조사를 실시한 경우에는 아래와 같이 적용한다. − (수확전 사고조사 결과가 있는 경우) 과실손해피해율 = {최종 수확전 과실손해 피해율÷(1 − 최종 수확전 과실손해 조사 미보상비율)} + {(1 − (최종 수확전 과실손해 피해율 ÷ (1 − 최종 수확전 과실손해 조사 미보상비율))) × (과실손해 피해율 ÷ (1 − 과실손해미보상비율))} × {1 − 최댓값(최종 수확전 과실손해 조사 미보상비율, 과실손해 미보상비율)} • 수확전 과실손해 피해율 = {100%형 피해과실수 ÷ (정상 과실수 + 100%형 피해과실수)} x (1 − 미보상비율) • 최종 수확전 과실손해 피해율 = {(이전 100%형 피해과실수 + 금차 100%형 피해과실수) ÷ (정상 과실수 + 100%형 피해과실수)} x (1 − 미보상비율)
	동상해조사	착과피해 조사	• 동상해 과실손해 피해율 = 동상해 피해 과실수 ÷ 기준과실수 $= \frac{(80\%\text{형피해과실수} \times 0.8) + (100\%\text{형피해과실수} \times 1)}{\text{정상과실수} + 80\%\text{형피해과실수} + 100\%\text{형피해과실수}}$ ※ 동상해 피해과실수 = (80%형 피해과실수 x 0.8) + (100%형 피해과실수 x 1) ※ 기준과실수(모든 표본주의 과실수 총 합계) = 정상과실수 + 80%형 피해과실수 + 100%형 피해과실수

품목별	조사종류별	조사시기	피해율 산정 방법
무화과	수확량조사	수확전 수확후	■ 기본사항 • 품종 · 수령별 조사대상주수 = 품종 · 수령별 실제결과주수 − 품종 · 수령별 미보상주수 − 품종 · 수령별 고사주수 • 품종 · 수령별 평년수확량 = 평년수확량×(품종 · 수령별 주당 표준수확량×품종 · 수령별 실제결과주수÷표준수확량) ▷ 품종 · 수령별 주당 평년수확량 = 품종 · 수령별 평년수확량 ÷ 품종 · 수령별 실제결과주수 ■ 7월 31일 이전 피해율 • 피해율 = (평년수확량 − 수확량 − 미보상감수량) ÷ 평년수확량 ▷ 수확량 = {품종별 · 수령별 조사대상주수 × 품종 · 수령별 주당 수확량 × (1 − 피해구성률)} + (품종 · 수령별 주당 평년수확량 × 미보상주수) − 품종 · 수령별 주당 수확량 = 품종 · 수령별 주당 착과수 × 표준과중 − 품종 · 수령별 주당 착과수 = 품종 · 수령별 표본주 과실수의 합계 ÷ 품종 · 수령별 표본주수 ▷ 미보상감수량 = (평년수확량 − 수확량) × 미보상비율 ▷ 피해구성 조사 − 피해구성률 : {(50%형 과실수 × 0.5) + (80%형 과실수 × 0.8) + (100%형 과실수 × 1)} ÷ 표본과실수 ■ 8월 1일 이후 피해율 • 피해율 = (1 − 수확전사고 피해율) × 잔여수확량비율 × 결과지 피해율 ▷ 결과지 피해율 = (고사결과지수 + 미고사결과지수 × 착과피해율 − 미보상고사결과지수) ÷ 기준결과지수 − 기준결과지수 = 고사결과지수 + 미고사결과지수 − 고사결과지수 = 보상고사결과지수 + 미보상고사결과지수 ※ 8월 1일 이후 사고가 중복 발생할 경우 금차 피해율에서 전차 피해율을 차감하고 산정함

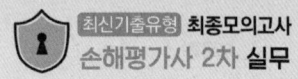

5. 종합위험 수확감소보장방식 논작물 품목

품목별	조사종류별	조사시기	피해율 산정 방법
벼	수량요소 (벼만 해당)	수확 전 14일 (전후)	• 피해율 = (평년수확량 − 수확량 − 미보상감수량) ÷ 평년수확량 (단, 병해충 단독사고일 경우 병해충 최대인정피해율 적용) ▷ 수확량 = 표준수확량 × 조사수확비율 × 피해면적 보정계수 ▷ 미보상감수량 = (평년수확량 − 수확량) × 미보상비율
	표본	수확 가능시기	• 피해율 : (평년수확량 − 수확량 − 미보상감수량) ÷ 평년수확량 (단, 병해충 단독사고일 경우 병해충 최대인정피해율 적용) ▷ 수확량 = (표본구간 단위면적당 유효중량 × 조사대상면적) + {단위면적당 평년수확량 × (타작물 및 미보상면적 + 기수확면적)} − 단위면적당 평년수확량 = 평년수확량 ÷ 실제경작면적 − 조사대상면적 = 실제경작면적 − 고사면적 − 타작물 및 미보상면적 − 기수확면적 − 표본구간 단위면적당 유효중량 = 표본구간 유효중량 ÷ 표본구간 면적 · 표본구간 유효중량 = 표본구간 작물 중량 합계 × (1 − Loss율) × {(1 − 함수율) ÷ (1 − 기준함수율)} · Loss율 : 7% / 기준함수율 : 메벼(15%), 찰벼(13%), 분질미(14%) · 표본구간 면적 = 4포기 길이 × 포기당 간격 × 표본구간 수 ▷ 미보상감수량 = (평년수확량 − 수확량) × 미보상비율
	전수	수확 시	• 피해율 : (평년수확량 − 수확량 − 미보상감수량) ÷ 평년수확량 (단, 병해충 단독사고일 경우 병해충 최대인정피해율 적용) ▷ 수확량 : 조사대상면적 수확량 + {단위면적당 평년수확량 × (타작물 및 미보상면적 + 기수확면적)} − 단위면적당 평년수확량 = 평년수확량 ÷ 실제경작면적 − 조사대상면적 = 실제경작면적 − 고사면적 − 타작물 및 미보상면적 − 기수확면적 − 조사대상면적 수확량 = 작물 중량 × {(1 − 함수율) ÷ (1 − 기준함수율)} · 기준함수율 : 메벼(15%), 찰벼(13%), 분질미(14%) ▷ 미보상감수량 = (평년수확량 − 수확량) × 미보상비율

<table>
<tr><th>품목별</th><th>조사종류별</th><th>조사시기</th><th>피해율 산정 방법</th></tr>
<tr><td rowspan="2">밀, 보리</td><td>표본</td><td>수확
가능시기</td><td>• 피해율 : (평년수확량 − 수확량 − 미보상감수량) ÷ 평년수확량
▷ 수확량 = (표본구간 단위면적당 유효중량 × 조사대상면적) + {단위면적당 평년수확량 × (타작물 및 미보상면적 + 기수확면적)}
− 단위면적당 평년수확량 = 평년수확량 ÷ 실제경작면적
− 조사대상면적 = 실제경작면적 − 고사면적 − 타작물 및 미보상면적 − 기수확면적
− 표본구간 단위면적당 유효중량 = 표본구간 유효중량 ÷ 표본구간 면적
· 표본구간 유효중량 = 표본구간 작물 중량 합계 × (1 − Loss율) × {(1 − 함수율) ÷ (1 − 기준함수율)}
· Loss율 : 7% / 기준함수율 : 밀(13%), 보리(13%)
· 표본구간 면적 = 4포기 길이 × 포기당 간격 × 표본구간 수
▷ 미보상감수량 : (평년수확량 − 수확량) × 미보상비율</td></tr>
<tr><td>전수</td><td>수확 시</td><td>• 피해율 : (평년수확량 − 수확량 − 미보상감수량) ÷ 평년수확량
▷ 수확량 : 조사대상면적 수확량 + {단위면적당 평년수확량 × (타작물 및 미보상면적 + 기수확면적)}
− 단위면적당 평년수확량 = 평년수확량 ÷ 실제경작면적
− 조사대상면적 = 실제경작면적 − 고사면적 − 타작물 및 미보상면적 − 기수확면적
− 조사대상면적 수확량 = 작물 중량 × {(1 − 함수율) ÷ (1 − 기준함수율)}
· 기준함수율 : 밀(13%), 보리(13%)
▷ 미보상감수량 : (평년수확량 − 수확량) × 미보상비율</td></tr>
</table>

6. 종합위험 수확감소보장방식 밭작물 품목

<table>
<tr><th>품목별</th><th>조사종류별</th><th>조사시기</th><th>피해율 산정 방법</th></tr>
<tr><td rowspan="2">양배추</td><td>수확량조사
(수확 전 사고가 발생한 경우)</td><td>수확직전</td><td rowspan="2">• 피해율 = (평년수확량 − 수확량 − 미보상감수량) ÷ 평년수확량
▷ 수확량 = (표본구간 단위면적당 수확량×조사대상면적) + {단위면적당 평년수확량 × (타작물 및 미보상면적 + 기수확면적)}
− 단위면적당 평년수확량 = 평년수확량 ÷ 실제경작면적
− 표본조사대상면적 = 실제경작면적 − 고사면적 − 타작물 및 미보상면적 − 기수확면적
− 표본구간 단위면적당 수확량 = 표본구간 수확량 합계 ÷ 표본구간 면적
· 표본구간 수확량 합계 = 표본구간 정상 양배추 중량 + (80% 피해 양배추 중량 × 0.2)
▷ 미보상감수량 = (평년수확량 − 수확량) × 미보상비율</td></tr>
<tr><td>수확량조사
(수확 중 사고가 발생한 경우)</td><td>사고발생
직후</td></tr>
</table>

품목별	조사종류별	조사시기	피해율 산정 방법
양파, 마늘	수확량조사 (수확 전 사고가 발생한 경우)	수확직전	• 피해율 = (평년수확량 – 수확량 – 미보상감수량) ÷ 평년수확량 ▷ 수확량 = (표본구간 단위면적당 수확량 × 조사대상면적) + {단위면적당 평년수확량 × (타작물 및 미보상면적 + 기수확면적)} – 단위면적당 평년수확량 = 평년수확량 ÷ 실제경작면적 – 조사대상면적 = 실제경작면적 – 고사면적 – 타작물 및 미보상면적 – 기수확면적 – 표본구간 단위면적당 수확량 = 표본구간 수확량 합계 ÷ 표본구간 면적 · 표본구간 수확량 합계 = (표본구간 정상 작물 중량 + (80% 피해 작물 중량 × 0.2)) × (1 + 비대추정지수) × 환산계수 · 환산계수는 마늘에 한하여 0.7(한지형), 0.72(난지형)를 적용 · 누적비대추정지수 = 지역별 수확적기까지 잔여일수 × 일자별 비대추정지수 ▷ 미보상감수량 = (평년수확량 – 수확량) × 미보상비율
	수확량조사 (수확 중 사고가 발생한 경우)	사고발생 직후	
차(茶)	수확량조사 (조사 가능일 전 사고가 발생한 경우)	조사 가능일 직전	• 피해율 = (평년수확량 – 수확량 – 미보상감수량) ÷ 평년수확량 ▷ 수확량 = (표본구간 단위면적당 수확량 × 조사대상면적) + {단위면적당 평년수확량 × (타작물 및 미보상면적 + 기수확면적)} – 단위면적당 평년수확량 = 평년수확량 ÷ 실제경작면적 – 조사대상면적 = 실제경작면적 – 고사면적 – 타작물 및 미보상면적 – 기수확면적 – 표본구간 단위면적당 수확량 = 표본구간 수확량 합계 ÷ 표본구간 면적 합계 × 수확면적율 · 표본구간 수확량 합계 = {(수확한 새싹무게 ÷ 수확한 새싹수) × 기수확 새싹수 × 기수확지수} + 수확한 새싹무게 ▷ 미보상감수량 = (평년수확량 – 수확량) × 미보상비율
	수확량조사 (조사 가능일 후 사고가 발생한 경우)	사고발생 직후	
콩	수확량조사 (수확 전 사고가 발생한 경우)	수확직전	• 피해율 = (평년수확량 – 수확량 – 미보상감수량) ÷ 평년수확량 ▷ 수확량(표본조사) = (표본구간 단위면적당 수확량 × 조사대상면적) + {단위면적당 평년수확량 × (타작물 및 미보상면적 + 기수확면적)} ▷ 수확량(전수조사) = {전수조사 수확량 × (1 – 함수율) ÷ (1 – 기준함수율)} + {단위면적당 평년수확량 × (타작물 및 미보상면적 + 기수확면적)} – 표본구간 단위면적당 수확량 = 표본구간 수확량 합계 ÷ 표본구간 면적 · 표본구간 수확량 합계 = 표본구간별 종실중량 합계 × {(1 – 함수율) ÷ (1 – 기준함수율)} · 기준함수율 : 콩(14%) – 조사대상면적 = 실경작면적 – 고사면적 – 타작물 및 미보상면적 – 기수확면적 – 단위면적당 평년수확량 = 평년수확량 ÷ 실제경작면적 ▷ 미보상감수량 = (평년수확량 – 수확량) × 미보상비율
	수확량조사 (수확 중 사고가 발생한 경우)	사고발생 직후	

<table>
<tr><th>품목별</th><th>조사종류별</th><th>조사시기</th><th>피해율 산정 방법</th></tr>
<tr><td rowspan="2">감자</td><td>수확량조사
(수확 전 사고가 발생한 경우)</td><td>수확직전</td><td rowspan="2">• 피해율 = {(평년수확량 − 수확량 − 미보상감수량) + 병충해감수량} ÷ 평년수확량
▷ 수확량 = (표본구간 단위면적당 수확량 × 조사대상면적) + {단위면적당 평년수확량 × (타작물 및 미보상면적 + 기수확면적)}
− 단위면적당 평년수확량 = 평년수확량 ÷ 실제경작면적
− 조사대상면적 = 실제경작면적 − 고사면적 − 타작물 및 미보상면적 − 기수확면적
− 표본구간 단위면적당 수확량 = 표본구간 수확량 합계 ÷ 표본구간 면적
· 표본구간 수확량 합계 = 표본구간별 정상 감자 중량 + (최대 지름이 5cm 미만이거나 50%형 피해 감자 중량 × 0.5) + 병충해 입은 감자 중량
▷ 병충해감수량 = 병충해 입은 괴경의 무게 × 손해정도비율 × 인정비율
☞ 위 산식은 각각의 표본구간별로 적용되며, 각 표본구간 면적을 감안하여 전체 병충해 감수량을 산정
− 손해정도비율 = 표 2-4-9) 참조, 인정비율 = 표 2-4-10) 참조
▷ 미보상감수량 = (평년수확량 − 수확량) × 미보상비율</td></tr>
<tr><td>수확량조사
(수확 중 사고가 발생한 경우)</td><td>사고발생 직후</td></tr>
<tr><td rowspan="2">고구마</td><td>수확량조사
(수확 전 사고가 발생한 경우)</td><td>수확직전</td><td rowspan="2">• 피해율 = (평년수확량 − 수확량 − 미보상감수량) ÷ 평년수확량
▷ 수확량 = (표본구간 단위면적당 수확량 × 조사대상면적) + {단위면적당 평년수확량 × (타작물 및 미보상면적 + 기수확면적)}
− 단위면적당 평년수확량 = 평년수확량 ÷ 실제경작면적
− 조사대상면적 = 실제경작면적 − 고사면적 − 타작물 및 미보상면적 − 기수확면적
− 표본구간 단위면적당 수확량 = 표본구간 수확량 합계 ÷ 표본구간 면적
· 표본구간 수확량 = 표본구간별 정상 고구마 중량 + (50% 피해 고구마 중량×0.5) + (80% 피해 고구미 중량×0.2)
▷ 미보상감수량 = (평년수확량 − 수확량) × 미보상비율</td></tr>
<tr><td>수확량조사
(수확 중 사고가 발생한 경우)</td><td>사고발생 직후</td></tr>
<tr><td rowspan="2">옥수수</td><td>수확량조사
(수확 전 사고가 발생한 경우)</td><td>수확직전</td><td rowspan="2">• 손해액 = (피해수확량 − 미보상감수량) × 표준가격
▷ 피해수확량 = (표본구간 단위면적당 피해수확량 × 표본조사대상면적) + (단위면적당 표준수확량 × 고사면적)
− 단위면적당 표준수확량 = 표준수확량 ÷ 실제경작면적
− 조사대상면적 = 실제경작면적 − 고사면적 − 타작물 및 미보상면적 − 기수확면적
− 표본구간 단위면적당 피해수확량 = 표본구간 피해수확량 합계 ÷ 표본구간 면적
− 표본구간 피해수확량 합계 = (표본구간 "하"품 이하 옥수수 개수 + "중"품 옥수수 개수 × 0.5) × 표준중량 × 재식시기지수 × 재식밀도지수
▷ 미보상감수량 = 피해수확량 × 미보상비율</td></tr>
<tr><td>수확량조사
(수확 중 사고가 발생한 경우)</td><td>사고발생 직후</td></tr>
</table>

7. 종합위험 생산비 보장방식 밭작물 품목 보험금 산정 방법

<table>
<tr><th>품목별</th><th>조사종류별</th><th>조사시기</th><th>피해율 산정 방법</th></tr>
<tr><td>고추,
브로콜리,
배추,
무,
단호박,
파,
당근,
메밀</td><td>생산비보장
손해조사</td><td>사고발생
직후</td><td>■ 보험금 산정(고추, 브로콜리)
• 보험금 = (잔존보험가입금액 × 경과비율 × 피해율) − 자기부담금
(단, 고추는 병충해가 있는 경우 병충해등급별 인정비율 추가하여 피해율에 곱함)
▷ 경과비율
· 수확기 이전에 사고시 = $\left\{a+(1-a)\times\frac{\text{생장일수}}{\text{표준생장일수}}\right\}$
· 수확기 중 사고시 = $\left(1-\frac{\text{수확일수}}{\text{표준수확일수}}\right)$
※ α(준비기생산비계수) = (고추 : 52.7%, 브로콜리 : 49.2%)

〈용어의 정의〉
• 생장일수 : 정식일로부터 사고발생일까지 경과일수
• 표준생장일수 : 정식일로부터 수확개시일까지의 일수로 작목별로 사전에 설정된 값(고추 : 100일, 브로콜리 : 130일)
• 수확일수 : 수확개시일로부터 사고발생일까지 경과일수
• 표준수확일수 : 수확개시일부터 수확종료(예정)일까지 일수

▷ 자기부담금 = 잔존보험가입금액 × (3% 또는 5%)

■ 보험금 산정(배추, 무, 단호박, 파, 당근, 메밀, 시금치(노지))
• 보험금 = 보험가입금액 × (피해율 − 자기부담비율)

■ 품목별 피해율 산정
• 고추 피해율 = 피해비율 × 손해정도비율(심도) × (1 − 미보상비율)
▷ 피해비율 = 피해면적 ÷ 실제경작면적(재배면적)
▷ 손해정도비율 = {(20%형 피해 고추주수 × 0.2) + (40%형 피해 고추주수 × 0.4) + (60%형 피해 고추주수 × 0.6) + (80%형 피해 고추주수 × 0.8) + (100형 피해 고추주수)} ÷ (정상 고추주수 + 20%형 피해 고추주수 + 40%형 피해 고추주수 + 60%형 피해 고추주수 + 80%형 피해 고추주수 + 100%형 피해 고추주수)
• 브로콜리 피해율 = 피해비율 × 작물피해율
▷ 피해비율 = 피해면적 ÷ 실제경작면적(재배면적)
▷ 작물피해율 = {(50%형 피해송이 개수 × 0.5) + (80%형 피해송이 개수 × 0.8) + (100%형 피해송이 개수)} ÷ (정상 송이 개수 + 50%형 피해송이 개수 + 80%형 피해송이 개수 + 100%형 피해송이 개수)
• 배추, 무, 단호박, 파, 당근, 시금치 피해율 = 피해비율 × 손해정도비율(심도) × (1 − 미보상비율)
▷ 피해비율 = 피해면적 ÷ 실제경작면적(재배면적)
▷ 손해정도비율 = {(20%형 피해작물 개수 × 0.2) + (40%형 피해작물 개수 × 0.4) + (60%형 피해작물 개수 × 0.6) + (80%형 피해작물 개수 × 0.8) + (100%형 피해작물 개수)} ÷ (정상 작물 개수 + 20%형 피해작물 개수 + 40%형 피해작물 개수 + 60%형 피해작물 개수 + 80%형 피</td></tr>
</table>

			해작물 개수 + 100%형 피해작물 개수) • 메밀 피해율 = 피해면적 ÷ 실제경작면적(재배면적) ▷ 피해면적 = (도복으로 인한 피해면적 × 70%) + [도복 이외로 인한 피해면적 × {(20%형 피해 표본면적 × 0.2) + (40%형 피해 표본면적 × 0.4) + (60%형 피해 표본면적 × 0.6) + (80%형 피해 표본면적 × 0.8) + (100%형 피해 표본면적 × 1)} ÷ 표본면적 합계]

8. 농업수입감소보장방식 과수작물 품목

품목별	조사종류별	조사시기	피해율 산정 방법
포도	수확량조사	착과수조사 (최초 수확 품종 수확전) / 과중조사 (품종별 수확시기) / 착과피해조사 (피해 확인 가능 시기) / 낙과피해조사 (착과수조사 이후 낙과피해 시) / 고사나무조사 (수확완료 후)	■ **착과수(수확개시 전 착과수조사 시)** • 품종 · 수령별 착과수 = 품종 · 수령별 조사대상주수 × 품종 · 수령별 주당 착과수 ▷ 품종 · 수령별 조사대상주수 = 품종 · 수령별 실제결과주수 − 품종 · 수령별 고사주수 − 품종 · 수령별 미보상주수 ▷ 품종 · 수령별 주당 착과수 = 품종 · 수령별 표본주의 착과수 ÷ 품종 · 수령별 표본주수 ■ **착과수(착과피해조사 시)** • 품종 · 수령별 착과수 = 품종 · 수령별 조사대상주수 × 품종 · 수령별 주당 착과수 ▷ 품종 · 수령별 조사대상주수 = 품종 · 수령별 실제결과주수 − 품종 · 수령별 고사주수 − 품종 · 수령별 미보상주수 − 품종 · 수령별 수확완료주수 ▷ 품종 · 수령별 주당 착과수 = 품종별 · 수령별 표본주의 착과수 ÷ 품종별 · 수령별 표본주수 ■ **과중조사 (사고접수 여부와 상관없이 모든 농지마다 실시)** • 품종별 과중 = 품종별 표본과실 무게 ÷ 품종별 표본과실 수 ■ **낙과수 산정 (착과수조사 이후 발생한 낙과사고마다 산정)** • 표본조사 시 : 품종 · 수령별 낙과수 조사 ▷ 품종 · 수령별 낙과수 = 품종 · 수령별 조사대상 주수 × 품종 · 수령별 주당 낙과수 − 품종 · 수령별 조사대상주수 = 품종 · 수령별 실제결과주수 − 품종 · 수령별 고사주수 − 품종 · 수령별 미보상주수 − 품종 · 수령별 수확완료주수 − 품종 · 수령별주당 낙과수 = 품종 · 수령별 표본주의 낙과수 ÷ 품종 · 수령별 표본주수 • 전수조사 시 : 품종별 낙과수 조사 ▷ 전체 낙과수에 대한 품종 구분이 가능할 때 : 품종별로 낙과수 조사

품목별	조사종류별	조사시기	피해율 산정 방법
포도	수확량조사	착과수조사 (최초 수확 품종 수확전) / 과중조사 (품종별 수확시기) / 착과피해조사 (피해 확인 가능 시기) / 낙과피해조사 (착과수조사 이후 낙과피해 시) / 고사나무조사 (수확완료 후)	▷ 전체 낙과수에 대한 품종 구분이 불가능할 때 (전체 낙과수 조사 후 품종별 안분) – 품종별 낙과수 = 전체 낙과수 × (품종별 표본과실 수 ÷ 품종별 표본과실 수의 합계) • 품종별 주당 낙과수 = 품종별 낙과수 ÷ 품종별 조사대상주수 – 품종별 조사대상주수 = 품종별 실제결과주수 – 품종별 고사주수 – 품종별 미보상주수 – 품종별 수확완료주수) ■ **피해구성조사 (낙과 및 착과피해 발생 시 실시)** • 피해구성률 = {(50%형 피해과실 수 × 0.5) + (80%형 피해과실 수 × 0.8) + (100%형 피해과실 수 × 1)} ÷ 표본과실 수 • 금차 피해구성률 = 피해구성률 – max A ▷ 금차 피해구성률은 다수 사고인 경우 적용 ▷ max A : 금차 사고전 기조사된 착과피해구성률 중 최댓값을 말함 ※ 금차 피해구성률이 영(0)보다 작은 경우에는 영(0)으로 함 ■ **착과량 산정** • 착과량 = 품종 · 수령별 착과량의 합 ▷ 품종 · 수령별 착과량 = (품종 · 수령별 착과수 × 품종별 과중) + (품종 · 수령별 주당 평년수확량 × 미보상주수) – 품종 · 수령별 주당 평년수확량 = 품종 · 수령별 평년수확량 ÷ 품종 · 수령별 실제결과주수 – 품종 · 수령별 평년수확량 = 평년수확량 × (품종 · 수령별 표준수확량 ÷ 표준수확량) – 품종 · 수령별 표준수확량 = 품종 · 수령별 주당 표준수확량 × 품종 · 수령별 실제결과주수 ■ **감수량 산정 (사고마다 산정)** • 금차 감수량 = 금차 착과 감수량 + 금차 낙과 감수량 + 금차 고사주수 감수량 ▷ 금차 착과 감수량 = 금차 품종별 · 수령별 착과 감수량의 합 – 금차 품종 · 수령별 착과 감수량 = 금차 품종 · 수령별 착과수 × 품종별 과중 × 금차 품종별 착과피해구성률 – 금차 낙과 감수량 = 금차 품종 · 수령별 낙과수 × 품종별 과중 × 금차 낙과피해구성률 – 금차 고사주수 감수량 = (금차 품종 · 수령별 고사분과실수) × 품종별 과중 ▷ 품종 · 수령별 금차 고사주수 = 품종 · 수령별 고사주수 – 품종 · 수령별 기조사 고사주수 ■ **피해율 산정** • 피해율 = (기준수입 – 실제수입) ÷ 기준수입 ▷ 기준수입 = 평년수확량 × 농지별 기준가격 ▷ 실제수입 = (수확량 + 미보상감수량) × 최솟값(농지별 기준가격,

품목별	조사종류별	조사시기	피해율 산정 방법
			농지별 수확기가격) – 미보상 감수량 = (평년수확량 – 수확량) × 최댓값(미보상비율) ■ **수확량 산정**(착과수조사 이전 사고의 피해사실이 인정된 경우) • 품종별 개당 과중이 모두 있는 경우 ▷ 수확량 = 착과량 – 사고당 감수량의 합 ■ **수확량 산정**(착과수조사 이전 사고의 접수가 없거나, 피해사실이 인정되지 않은 경우) • 수확량 = max[평년수확량,착과량] – 사고당 감수량의 합 ※ 수확량은 품종별 개당 과중조사 값이 모두 입력된 경우 산정됨

9. 농업수입감소보장방식 밭작물 품목

품목별	조사종류별	조사시기	피해율 산정 방법
콩	수확량조사	수확직전	• 피해율 = (기준수입 – 실제수입) ÷ 기준수입 ▷ 기준수입 = 평년수확량 × 농지별 기준가격 ▷ 실제수입 = (수확량 + 미보상감수량) × 최솟값(농지별 기준가격, 농지별 수확기가격) – 수확량(표본조사) = (표본구간 단위면적당 수확량×조사대상면적)+{단위면적당 평년수확량 ×(타작물 및 미보상면적+기수확면적)} – 수확량(전수조사) = {전수조사 수확량×(1 – 함수율)÷(1 – 기준함수율)}+{단위면적당 평년수확량×(타작물 및 미보상면적+기수확면적)} · 표본구간 단위면적당 수확량 = 표본구간 수확량 합계 ÷ 표본구간 면적 · 표본구간 수확량 합계 = 표본구간별 종실중량 합계 × {(1 – 함수율) ÷ (1 – 기준함수율)} · 기준함수율 : 콩(14%) · 조사대상면적 = 실경작면적 – 고사면적 – 타작물 및 미보상면적 – 기수확면적 · 단위면적당 평년수확량 = 평년수확량 ÷ 실제경작면적 ▷ 미보상감수량 = (평년수확량 – 수확량) × 미보상비율 (또는 보상하는 재해가 없이 감소된 수량)
양파	수확량조사	수확직전	• 피해율 = (기준수입 – 실제수입) ÷ 기준수입 ▷ 기준수입 = 평년수확량 × 농지별 기준가격 ▷ 실제수입 = (수확량 + 미보상감수량) × 최솟값(농지별 기준가격, 농지별 수확기가격) – 미보상감수량 = (평년수확량 – 수확량) × 미보상비율 (또는 보상하는 재해가 없이 감소된 수량) • 수확량 = (표본구간 단위면적당 수확량 × 조사대상면적) + {단위면적당 평년수확량 × (타작물 및 미보상면적 + 기수확면적)} ▷ 단위면적당 평년수확량 = 평년수확량 ÷ 실제경작면적 ▷ 조사대상면적 = 실경작면적 – 수확불능면적 – 타작물 및 미보상면적 – 기수확면적 ▷ 표본구간 단위면적당 수확량 = 표본구간 수확량 ÷ 표본구간 면적 – 표본구간 수확량 = (표본구간 정상 양파 중량 + 80%형 피해 양파 중량의 20%) × (1 + 누적비대추정지수) – 누적비대추정지수 = 지역별 수확적기까지 잔여일수 × 비대추정지수

품목별	조사종류별	조사시기	피해율 산정 방법
마늘	수확량조사	수확직전	• 피해율 = (기준수입 − 실제수입) ÷ 기준수입 ▷ 기준수입 = 평년수확량 × 농지별 기준가격 ▷ 실제수입 = (수확량 + 미보상감수량) × 최솟값(농지별 기준가격, 농지별 수확기가격) − 미보상감수량 = (평년수확량 − 수확량) × 미보상비율 (또는 보상하는 재해가 없이 감소된 수량) • 수확량 = (표본구간 단위면적당 수확량 × 조사대상면적) + {단위면적당 평년수확량 × (타작물 및 미보상면적 + 기수확면적)} ▷ 단위면적당 평년수확량 = 평년수확량 ÷ 실제경작면적 ▷ 조사대상면적 = 실경작면적 − 수확불능면적 − 타작물 및 미보상면적 − 기수확면적 ▷ 표본구간 단위면적당 수확량 = (표본구간 수확량 × 환산계수) ÷ 표본구간 면적 − 표본구간 수확량 = (표본구간 정상 마늘 중량 + 80%형 피해 마늘 중량의 20%) × (1 + 누적비대추정지수) − 환산계수 : 0.7(한지형), 0.72(난지형) − 누적비대추정지수 = 지역별 수확적기까지 잔여일수 × 비대추정지수
고구마	수확량조사	수확직전	• 피해율 = (기준수입 − 실제수입) ÷ 기준수입 ▷ 기준수입 = 평년수확량 × 농지별 기준가격 ▷ 실제수입 = (수확량 + 미보상감수량) × 최솟값(농지별 기준가격, 농지별 수확기가격) − 미보상감수량 = (평년수확량 − 수확량) × 미보상비율 (또는 보상하는 재해가 없이 감소된 수량) • 수확량 = (표본구간 단위면적당 수확량 × 조사대상면적) + {단위면적당 평년수확량 × (타작물 및 미보상면적 + 기수확면적)} ▷ 단위면적당 평년수확량 = 평년수확량 ÷ 실제경작면적 ▷ 조사대상면적 = 실경작면적 − 수확불능면적 − 타작물 및 미보상면적 − 기수확면적 ▷ 표본구간 단위면적당 수확량 = 표본구간 수확량 ÷ 표본구간 면적 − 표본구간 수확량 = (표본구간 정상 고구마 중량 + 50% 피해 고구마 중량 x 0.5 + 80% 피해 고구마 중량 x 0.2) ※ 위 산식은 표본구간 별로 적용됨

“꿈은
날짜와 함께 적으면 목표가 되고,
목표를 잘게 나누면 계획이 되며,
계획을 실행에 옮기면 꿈은 실현된다.”

당신의 합격메이커 에듀피디